新时代高等教育管理改革与高质量发展

——中国政法大学法学院专题理论文集

第一辑

中国政法大学法学院◎编

主编◎焦洪昌

执行主编◎王文英 李玲慧

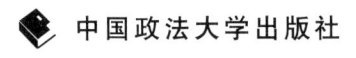

中国政法大学出版社

2022·北京

声　　明　　1. 版权所有，侵权必究。
　　　　　　2. 如有缺页、倒装问题，由出版社负责退换。

图书在版编目（CIP）数据

新时代高等教育管理改革与高质量发展：中国政法大学法学院专题理论文集. 第一辑/焦洪昌主编. —北京：中国政法大学出版社，2022.8
ISBN 978-7-5764-0584-2

Ⅰ.①新… Ⅱ.①焦… Ⅲ.①高等教育－教育改革－中国－文集②高等教育－发展－中国－文集　Ⅳ.①G649.21-53

中国版本图书馆CIP数据核字(2022)第132363号

出 版 者	中国政法大学出版社
地　　址	北京市海淀区西土城路 25 号
邮　　箱	fadapress@163.com
网　　址	http://www.cuplpress.com（网络实名：中国政法大学出版社）
电　　话	010-58908435(第一编辑部) 58908334(邮购部)
承　　印	固安华明印业有限公司
开　　本	720mm×960mm　1/16
印　　张	15
字　　数	257 千字
版　　次	2022 年 8 月第 1 版
印　　次	2022 年 8 月第 1 次印刷
定　　价	49.00 元

序　言

　　经过近两年的精心策划，中国政法大学法学院编的《新时代高等教育管理改革与高质量发展——中国政法大学法学院专题理论文集（第一辑）》终于与大家见面了。这本书的出版凝聚着学院同仁的付出和努力，是我院教师、辅导员和行政人员集体智慧的结晶。

　　我院是国家重大教育教学改革试点工作的具体承担学院，也是中国政法大学践行教授治学最早的试点学院，近年来在深入推进"双一流"建设高质量发展的进程中进行了有益探索，积累了宝贵经验。为深入总结高等教育管理规律，积极推进高等教育管理创新，加快提升大学治理体系和治理能力现代化水平，学院特别创设了"新时代高等教育管理改革与高质量发展"主题系列活动，已连续举办两届征文活动，主题涵盖高等教育管理改革的方方面面，从校院二级管理到科研体制机制改革，从学生管理与就业到师德师风建设，从国际交流合作到基层党建，等等，极大地激发了创新热情，引发了理性思考。同时，我们还成功举办了两届主题论坛，邀请清华大学、中国人民大学、北京师范大学等10余家兄弟院校法学院同仁、校部机关负责同志等开展深入研讨，在交流中凝聚共识，在碰撞中升华思想。在此基础上，我们选择其中的优秀成果，汇编成此论文集。

　　本书的内容编排体现了策划人的匠心。本辑论文集共分为三个篇章。高校治理篇，探讨高校院系治理结构、基层教学组织负责人职责、高等教育领域竞争机制、疫情防控常态化形势下的学生管理、学生出勤义务以及二级学院官方微信公众号等自媒体的运营。教学改革与人才培养篇，探究法学实验班研究生教育改革与发展、线上课程的有效教学、学业导师制度、课程思政教学改革、研究生职业生涯发展与规划、博士生延期毕业问题、研究生培养方案满意度调查、研究生联合培养、法律职业伦理、教学督导制度、第二课堂成绩单制度等。党建与德育教育篇，研究基层党组织党内法规执规标准、高校院系纪委职责、高校教师与大学生德育教育、高校党团共建模式下青年党史学习机制、高校学生组织党员骨干人才培养、突发公共卫生事件下大学生心理危机干预机制等。

  本书策划之初，正值中国共产党建党 100 周年。本书完成之时，恰逢中国政法大学建校 70 周年，也即将迎来党的二十大。我们将始终不忘立德树人初心，牢记为党育人、为国育才使命。希望这本书的出版，能推广法学教育管理经验，推进高校同行间深入交流，为新时代高等教育的高质量发展贡献一份力量！愿以该理论成果向法大 70 周年校庆献礼，并以实际行动迎接党的二十大胜利召开。

焦洪昌

中国政法大学法学院院长

2022 年 7 月

目录 contents

一、高校治理篇

论高等教育领域竞争机制的引入及其规制 　　　　　　　　　　张冬阳 / 1
完善公立高校院系治理结构的法治思考 　　　　　　　　　　　王文英 / 14
普通高等院校基层教学组织负责人岗位职责研究 　　　袁　钢　刘文豪 / 28
疫情防控常态化形势下学生管理工作的思考
　　——以法学院研究生管理为例 　　　　　　　　　　　　　郭　虹 / 44
高校学生出勤义务反思 　　　　　　　　　　　　　　　　　　张冬阳 / 52
高校二级学院微信公众号运营情况的分析与反思
　　——以中国政法大学法学院官方微信公众号为例 　　　　　李玲慧 / 68

二、教学改革与人才培养篇

法学实验班研究生教育的改革与发展建议 　　　　　　　　　　陈维厚 / 73
论线上课程的有效教学
　　——兼谈法学实务课程线上线下混合教学的经验 　　　　　程　滔 / 86
高校法学"课程思政"教学改革探析 　　　　　　　　　　　　刘　澍 / 100
法学院研究生培养支持体系的探索与思考 　　　　　　　　　　陈维厚 / 109
博士生延期毕业的问题与对策研究 　　　　　　　　　王秀红　袁　钢 / 119
法科研究生职业生涯发展课程建设的实践与思考 　　　　　　　陈维厚 / 129
研究生导学关系及培养方案满意度调查
　　——以法学院研究生为例 　　　　　　　　　　　王家启　李　月 / 137
法学院研究生联合培养的实践与建议 　　　　　　　　　　　　陈维厚 / 147
高校教学督导工作研究 　　　　　　　　　　　　　　　　　　王　民 / 158

研究生教育管理质量简报的内容与完善　　　　　　　　　陈维厚 / 165
砥砺前行的法职育人团队　　　　　　　陈　宜　王进喜　刘坤轮 / 172
"第二课堂成绩单"制度的初探
　　——以某学院学生组织开展法学实践类竞赛为切入点　　杨婷婷 / 179

三、党建与德育教育篇

基层党组织党内法规执规标准问题研究
　　——以高校基层党组织党建标准化建设为视角　　王建芹　彭小飞 / 184
高校院系纪委职责探讨　　　　　　　　　　　　　　　　王文英 / 199
论高校教师与大学生的德育教育　　　　　　　　　　　　罗智敏 / 206
高校党团共建模式下青年党史学习机制研究
　　——以中国政法大学法学院为例　　　　　　　　　　韩萌萌 / 213
中国共产党百年思想政治教育的启示探析　　　　　　　　刘　澍 / 220
疫情防控常态化下的高校学生组织党员骨干人才培养研究　管晓立 / 226
突发公共卫生事件下大学生心理危机干预机制研究　　　　杨婷婷 / 231

一、高校治理篇

论高等教育领域竞争机制的引入及其规制

张冬阳

2010年7月中共中央、国务院印发《国家中长期教育改革和发展规划纲要（2010-2020年）》（以下简称《纲要》），在"高等教育"章节明确提出加快建设一流大学和一流学科，要求"改进管理模式，引入竞争机制，实行绩效评估，进行动态管理"。国务院2015年10月印发的《统筹推进世界一流大学和一流学科建设总体方案》（以下简称《方案》）亦认为，原有的建设重点"存在身份固化、竞争缺失、重复交叉等问题"，因此"迫切需要加强资源整合，创新实施方式"。引入和强化竞争由此成为我国高等教育改革和发展的核心理念。回顾历史，如果将教育产业化等同于在教育产业引入竞争，自1999年《中共中央、国务院关于深化教育改革全面推进素质教育的决定》第11项提出"发展教育产业"时，竞争已经成为我国高等教育发展的组成部分。

高等教育竞争最为直接的表现形式是高等院校之间的竞争。但是作为一个独立法人机构，高校竞争优势的取得取决于其科研人员的科学研究水平。《中华人民共和国高等教育法》（以下简称《高等教育法》）第10条第1款为此规定："国家依法保障高等学校中的科学研究、文学艺术创作和其他文化活动的自由。"问题在于：竞争机制是否与科学研究兼容，是否会威胁到科学研究自由？国家在高等教育领域引入竞争的同时还需要在哪些方面进行规制？

一、竞争机制和科学研究之间的兼容性

(一) 竞争的概念和效用

经济学意义上的竞争是指，经济主体在市场上为实现自身的经济利益和既定目标而不断进行角逐的过程。竞争法意义上的竞争是指两个或者两个以上的经济活动主体在特定的市场上通过提供有利的价格、数量、质量、服务或其他条件，争取交易机会以获得更大经济利益的行为。[1]有效的竞争能够让经济活动主体在"优胜劣汰"的压力下提高经济效益，推动技术进步。这与我国高等教育的发展目标有着相同之处，《方案》提出，"双一流"建设任务之一是"提高基础研究水平，争做国际学术前沿并行者乃至领跑者"，竞争机制正好能为其所用。

(二) 竞争与科学研究的冲突

自20世纪80年代中期以来，各国政府纷纷尝试改革，将高等教育系统推向市场竞争。但是细观之下，经济领域的竞争机制和高校的科学研究有着不兼容之处：

第一，市场竞争的基本要素之一是：经济主体生产的是具有竞争性和排他性的私人商品。[2]不可否认，各个国家的高等教育都产出了经济学意义上的私人商品。许多高校的科研人员掌握本领域的尖端技术成果，与企业和实务界的合作能够取得巨大的经济社会效益。这在自然科学和科技领域中表现得最为突出，承担研究职能的高等学校被称为"催化产业技术变革、加速创新驱动的策源地"。面向社会开展的司法考试培训和继续教育等教育形式亦表明，高等学校的教学也可以成为私人商品。而基础科学研究领域则是另外一番景象：数学家发现的数学定理在发表后，在对它的使用上没有人被排除在外，并且一个人对它的使用也不损害另一个人使用它的机会。此类的研究和教学无法准确定价也

---

[1] 王先林：《竞争法学》，中国人民大学出版社2018年版，第4页。
[2] Paul A. Samuelson, "The Pure Theory of Public Expenditure", *The Review of Economics and Statistics*, Vol. 1954, No. 4.

无法向享用它的特定群体收费，因此构成公共产品。[1]由于市场价值为零，市场不会愿意生产这类产品，也没有提供这一公共产品的激励，只能由政府来提供这类产品或者提供财政支持。概而言之，高校的教学和研究是一个融合了私人商品和公共产品的领域，与以私人商品为基础的市场竞争存在着不一致之处。

第二，竞争在本质上是排挤和争夺，竞争者为了实现自身经济利益而给其他竞争者造成不利。[2]而高校之间的竞争只可能是"争夺"，没有被排挤出"市场"的可能性：在对特定优秀人才的争夺上，必然有一方高校竞争出局；但研究和教学卓越的大学不可能将研究和教学水平一般的高校排挤出高等教育领域，这也与各地高等教育发展方针相左。在针对本国学生的主流高等教育中，政府对学费水平和招生规模予以设定并加以限制，使得为市场份额和经济收入而进行的竞争要么被严格限制，要么根本不存在。

（三）竞争对科学研究自由的挑战

竞争法上，国家对竞争的保护并不是最终目的，而是提升生产力和科技水平的手段。竞争机制能够在多大程度上推动我国高等教育发展，取决于高校科学研究水平是否由此得到有力提升，而高校中的科学研究作为一项自由为宪法和法律所明确保障。除了《高等教育法》第10条，《中华人民共和国宪法》（以下简称《宪法》）第47条第1句规定，"中华人民共和国公民有进行科学研究、文学艺术创作和其他文化活动的自由"。我国学者认为，科学研究自由包括了研究自由和教学自由：[3]前者是指研究者不受非法的限制和拘束，具有选择研究对象、目的、方法、场所、时间的自由，以及发表研究成果的自由；后者是指对自己研究成果的讲授或发表自由，以及教学题材、内容、方法、形式、时间、场所的选择自由。从科学研究自由保护范围的界定可以看出，科学研究的进行有着其自身规律，只有远离各种功利性因素的科学研究才能真正地造福于国家和社会。[4]

高等教育引入竞争机制后，能够作为私人商品的教学科研领域迅速取得重

---

[1] Daniel Krausnick, *Staat und Hochschule im Gewährleistungsstaat*, Mohr Siebeck, 2012, p. 312.
[2] Christian von Coelln, "Universitäten im Wettbewerb", *Deutsches Verwaltungsblatt*, Vol. 2009, No. 17.
[3] 王德志："论我国学术自由的宪法基础"，载《中国法学》2012年第5期。
[4] BVerfG, Beschluss vom 1. 3. 1978 – 1 BvR 333/75.

要地位，基础科学研究因经费需求大、周期长、迭代快等因素无法在短短数年内取得绝对优势，投入被不断削减。[1]而在政府主导的项目竞争中，政府对科研的投入出现了以目标为导向、以合同为基础、考察投入产出比和注重绩效评价等趋势。加之很多高校将承担科研课题的数量和经费与职称晋升、个人待遇等直接挂钩，导致科研人员不仅需要拼命争取科研经费，还疲于在短期内完成科研项目要求。[2]最为重要的是，在竞争性评价机制下，学者们的学术研究不断地"异化"。英国国会下议院的科学技术委员会2002年指出，年轻学者在评价机制下转向短期、能够迅速发表的研究项目，而开创性、基础性研究乏人问津。[3]这与采用竞争机制提高科学研究水平的初衷背道而驰。

二、作为高校竞争前提条件的自治

竞争的核心要素是主体的自由和竞争中的平等。只有参与竞争的双方自主承担责任、灵活采取措施，才可能产生真正的竞争。1998年我国立法者在《高等教育法》第32条～第38条中规定了高校办学自主权，2010年的《纲要》提出从七个方面来"落实和扩大学校办学自主权"，与原有规定相比，该版本主要增加了"自主确定内部收入分配"和"自主管理和使用人才"。随后教育部专门印发文件引导高校在上述方面积极行使自主权。

（一）内部治理结构

在竞争机制的影响下，高校的组织框架也发生了改变，这主要表现在两方面：首先，为了增强高等学校与社会的联系和合作，许多高校建立了理事会制度，邀请高校所在的支持学校办学与发展的地方政府、行业组织、企业事业单位和其他社会组织等理事单位的代表参与到理事会当中（《普通高等学校理事会规程（试行）》第5条）。但由于高校理事会人员结构和功能定位都存在着不清

---

[1] 张应强、张浩正："从类市场化治理到准市场化治理：我国高等教育治理变革的方向"，载《高等教育研究》2018年第6期。

[2] 聂常虹、王丹："他山之石可以攻玉——西方典型国家科研经费管理体制对我国的启示"，载《科学与社会》2014年第3期。

[3] 张源泉："德国大学「卓越计划」对教学与研究之影响"，载《当代教育研究季刊》2014年第3期。

晰之处，还未能满足大学自治办学的需求。[1]其次，高校教师和学生应当拥有参与到形成大学意志和决策过程中的可能性，也即实现"充分的组织性自我决定"。《方案》明确要求，"完善民主管理和监督机制，扩大有序参与，加强议事协商，充分发挥教职工代表大会、共青团、学生会等在民主决策机制中的作用，积极探索师生代表参与学校决策的机制"。虽然立法者不可能赋予高校教师最大程度的参与权，但在没有建立起完善的教师参与校方决策的民主共决机制之前，高校引入"非升即走"制度的合法性存疑。[2]

（二）财政自主权

高校办学自主权的重要组成部分之一是在财政资源分配上的自治，主要体现在以下三个方面：首先，需要在财政支出上赋予高校自主权。传统的财政管理模式下，高校资金使用方面受到诸多限制，不能将本年度节余的办学资金转入下一年度，导致了年底突击花钱的现象。德国新公共管理改革引入了总体预算（Globalaushalte），让高校获得了自主支配政府作为总体拨付的办学资金的权力，本年度的剩余资金也可转入下一年度继续使用。[3]其次，在财政收入方面除了国家拨款，可以通过调整高校学费标准，健全成本分担机制。亦可积极吸引社会捐赠，扩大社会合作，多渠道汇聚资源，增强自我发展能力。最后，高校可以通过人事权来行使财政自主权。2017年教育部等五部门《关于深化高等教育领域简政放权放管结合优化服务改革的若干意见》提出，高校在核定的绩效工资总量内可采取年薪制、协议工资、项目工资等灵活多样的分配形式和分配办法，加强高校绩效工资管理。

（三）高校合并问题

自20世纪90年代开始，为优化高等教育布局，我国高校开始裁撤、合并和重组，在"双一流"建设第一阶段马上结束之日，许多地方政府发布文件，计

---

[1] 刘幸菡、朱丛琳："我国公立高校理事会定位与功能的若干问题探究"，载《北京工业大学学报（社会科学版）》2018年第1期。

[2] 娄宇："我国高校'非升即走'制度的合法性反思"，载《高等教育研究》2015年第6期。

[3] 孙进："政府放权与高校自治——德国高等教育管理的新公共管理改革"，载《现代大学教育》2014年第2期。

划"探索省属高校合并重组"。[1]此外，很多大学热衷于合并医院，将其变为附属医院。高校之间的合并和高校兼并其他科研机构已经成为我国高等教育发展不可忽视的现象，个别合并中出现了所涉高校师生的"身份危机"。法律层面上，高等学校和其他高等教育机构的合并需要根据《高等教育法》第29条的规定由教育行政部门审批；大学合并医院目前则尚无规定，我国法律学者对此尚未关注。在同样以公立院校为主的德国，2013年勃兰登堡州政府合并科特布斯理工大学和劳西茨应用科技学院时，联邦宪法法院允许大学的学院和教授提起宪法诉讼，法院认为大学的学院没有维持现状的请求权，因此驳回了要求禁止合并的诉讼请求；但同时要求州政府在合并高校时必须采取措施保证合并高校科研人员参与到合乎科学研究的组织当中。[2]对于高校兼并医院则要从竞争法上进行审查，考虑到兼并后的高校附属医院在医疗服务提供上是否具有垄断地位，抑或这种垄断从促进科学研究的角度上是否正当。[3]未来我国也应当逐步加强对此类合并的审查，并从经济社会利益和高校竞争角度上进行考量。

（四）高校：科学研究自由最大的威胁？

目前高等教育治理多强调扩大和落实高校更多的办学自主权，拥有良好治理结构和财政来源的高校当然能够更好地开展竞争，但对于提升高校办学水平来说，高校自主权只构成必要但不充分条件，因为直接处于竞争之中的是承担教学科研的高校教师。《宪法》第47条的规定中可以看出，宪法制定者并没有提及高校办学自主权，而是赋予我国公民从事科学研究的权利。从宪法教义学上来看，高校办学自主权只不过是《宪法》中科学研究自由条款客观价值秩序的间接衍生物。换而言之，高校所拥有的办学自主权来自于高校教师的科学研究自由，也就应当服务于高校教师的科学研究活动。

澄清上述论点在高校不断取得更多自主权的背景下是十分必要的，否则高校很可能利用法律赋予的自治空间形成过度管制，对科学研究自由形成"框架

---

[1]《湖北省人民政府关于推进一流大学和一流学科建设的实施意见》（鄂政发〔2016〕75号）。辽宁省人民政府甚至表示，"到2020年，省内普通高等学校调减15所左右"，参见《辽宁省人民政府关于推进高中等学校供给侧结构性改革的实施意见》（辽政发〔2016〕94号）。

[2] BVerfG, Beschl. v. 12.5.2015 - 1 BvR 1501/13, 1 BvR 1682/13.

[3] Björn A. Kuchinke, "Wissenschaftsfreiheit vor Wettbewerb?", *Zeitschrift für Wettbewerbsrecht*, Vol. 2009, No. 2.

性的威胁"。[1]以在高等教育领域开展新公共管理改革的德国为例，2009年，德国汉堡大学的教授们集体抗议，指责校长的威权式作风、大学过度官僚化以及沟通不畅问题。为了防止类似问题出现在我国高等教育领域之中，从2018年底开始，国务院多次强调推动赋予科研机构和科研人员更大自主权，推进科技领域"放管服"改革，特别是聚焦科研经费报销难等科研人员反映强烈的问题，进一步要求单位健全完善内部管理制度，推动单位实现"接得住、落得好"下放的自主权。[2]因此，未来高校内部机构的治理应当以服务科学研究为中心，组织框架上合乎科学研究规律，限制高校内部行政的过度官僚化。

三、高校间竞争的方式和改进空间

在被赋予更多办学自主权之后，高校方能根据高等教育市场的变化及时采取竞争措施。根据《方案》"建设任务"和"支持措施"部分的规定，可以从以下三个方面来引导和强化高校之间的竞争：师资上的竞争、学生上的竞争和资助上的竞争。

（一）师资上的竞争

高校之间的竞争很大程度上是优秀科研人员之间的竞争。优秀的科研人员能够有效提升教学科研的质量，是高校在竞争中脱颖而出的关键。高校在师资上的竞争表现在：首先，在科研人员的聘任上享有自主决定权能够让高校根据学科发展和教学需求寻找最为合适的人选。根据《中华人民共和国教育法》（以下简称《教育法》）第29条第1款第6项的规定，学校及其他教育机构行使聘任教师及其他职工、实施奖励或者处分的权利，高校招聘教师的行为属于高校办学自主权范畴。[3]其次，高校拥有职称评审权不仅可以减少行政权力干预，也能让专业水准和师德素质起到更大作用。自2012年《国务院关于第六批取消和调整行政审批项目的决定》将高校教授、副教授评审权审批调整为省级人民政府教育行政部门后，教育部和人社部2017年出台《高校教师职称评审监管暂

---

[1] BVerfGE 111, 333 (355).
[2] 参见《国务院办公厅关于抓好赋予科研机构和人员更大自主权有关文件贯彻落实工作的通知》（国办发〔2018〕127号）。
[3] 北京市第一中级人民法院（2015）一中行初字第2054号行政判决书。

行办法》将"高校教师职称评审权直接下放至高校"。再其次，灵活的工资收入分配方案能够有效地激励科研人员的教学科研，让学校和学生从中获益。这种工资分配方案应当包含固定工资和绩效工资，同时允许高校教师与高校或者学院就额外教学科研奖励进行协商谈判。最后，由于"双一流"建设致力于提升我国在世界高等教育中的地位，因此国际人才的引进则是不可或缺的一环。虽然我国采取了各种计划招揽引进国际人才，但由于国际人才市场具有半开放性特征，中国的人才市场带有一定的计划体制印记，二者对接长期面临着不对等、不对称的矛盾，如今随着中西方人才争夺的显著加剧，这些问题亟需解决。[1]

（二）学生上的竞争

"双一流"的建设任务之一是鼓励高校培养拔尖创新人才，拔尖创新人才的出现不仅证明高校的培养质量，也能够为高校赢取地位、资金和生源。而拔尖创新人才的培养离不开优秀的培养模式和生源。

1. 培养模式。市场经济中，差异化和多样化才能赢得竞争。[2]同一专业，相同或者类似的培养方案很难吸引学生，高校应当对重点专业的培养模式进行改革创新，以构建具有自身特色的大学教育教学体系。以法学本科专业为例，中国政法大学拥有法学人才培养模式改革实验班、涉外法学人才培养模式实验班等培养模式。培养模式的创新也要求高校保证培养模式的科学性和持续性。鉴于许多高中生选择专业和高校时缺乏背景知识，高校也应当将培养模式的创新性和科学性公布出来，供考生了解和选择。

在本科生的培养上，授予学士学位的标准起到关键性作用。《中华人民共和国学位条例暂行实施办法》第25条规定，学位授予单位可根据本暂行实施办法，制定本单位授予学位的工作细则。各高等院校根据自身的教学水平和实际情况在法定的基本原则范围内确定各自学士学位授予的学术标准，是学术自治原则在高等院校办学过程中的体现。[3]学位授予标准的高低直接关系到高校人才培养的质量和社会竞争力，高校应当充分利用该办学自主权。

---

[1] 高子平："中美竞争新格局下的我国海外人才战略转型研究"，载《华东师范大学学报（哲学社会科学版）》2019年第3期。

[2] [美]保罗·萨缪尔森、威廉·诺德豪斯：《经济学（第19版）》，萧琛主译，商务印书馆2013年版，第4页。

[3] 最高人民法院指导案例39号"何小强诉华中科技大学拒绝授予学位案"。

2. 学生的选拔和资助。培养对象的素质直接关系到培养质量，各个高校在优秀学生上也有着竞争：每年的高考招生工作中，各地高分考生成为名校工作的重点；因担心被同类型大学"挤压"，许多大学组织多个招生宣讲组，奔赴重点省份进行招生宣传。除了通过宣传提高影响力，个别学校还通过承诺减免学费、奖学金等资助措施来争夺优质生源。据报道，2019 年 6 月汕头大学决定将以 2019 级至 2022 级本科生为对象，利用李嘉诚基金会捐资设立的专项奖助学金来实施本科生学费全额奖励计划。通过资助措施来争取质生源的做法应当满足公平透明的原则，即提前予以确立且面向所有潜在考生。而在录取工作结束前向高分考生违规承诺录取或以"签订预录取协议""新生高额奖学金"等方式恶性抢夺生源的行为则被教育部严令禁止。[1]高校争取优质生源必须遵循公平有序的竞争原则。

据媒体报道，"双一流"建设的加速促使了各高校研究生招生规模扩张。尽管如此，我国研究生招生集权程度仍然较高：[2]总体规模和结构由教育部会同有关部门共同确定；选拔考试的实施、部分科目的命题与阅卷均由国家组织；我国具备推免资格的高校范围和统考复试线划定等重要权限均由政府掌握。在上述多重限制之下，高校在研究生生源上的竞争是有限的。

政府在高校招生的多重限制导致高校可以采取的竞争措施并不多，而且高校减免学费的措施是否能够真正地影响考生的选择也存疑。在德国 2008 年的一项调查中，是否缴纳学费在学校选择中只占据第 5 名的地位。高校声誉和所在地域在考生就读选择中起到更重要的作用。各种因素结合起来，高校采取的竞争措施所起作用有限。

（三）资助上的竞争

高校的研究经费大部分来自政府，通常可以分为机构式资助和项目式资助两类：[3]机构式资助主要体现为大额拨款制，政府按年度将获得通过的预算经费一揽子自动拨付给高校；项目式资助则是高校通过申请政府管理或者委托的资助方发布竞争性项目来获得研究经费。由于项目式资助是对国家财政资金的

---

[1] 参见《教育部关于做好 2017 年普通高校招生工作的通知》（教学〔2017〕1 号）。
[2] 朱鹏宇等："英美研究生招生制度对我国的启示"，载《研究生教育研究》2018 年第 3 期。
[3] 张九庆："科研竞争的演变：从业余爱好到过度竞争"，载《阅江学刊》2018 年第 5 期。

使用和分配，对项目资助的竞争与政府采购有着相似性，在选拔程序上应当同样遵循平等和透明的原则。

目前"双一流"高校的遴选和建设则是高校在机构式资助上的竞争，这种竞争方式告别了原有的"211工程"等建设项目的身份固化问题，能够鼓励和支持不同类型的高水平大学和学科差别化发展，但也引发了诸多顾虑。五年一个建设周期是否真的符合科学研究规律？对竞争的过度强调是否会导致研究草率、论文质量下降甚至是学术不端？[1]从入选一流学科的数量上看，自然科学领域显然比人文社会科学更占优势，文科型大学在竞争中劣势明显。随着五年建设周期的到来，如何评价我国"双一流"的建设水平和确定下一轮入围高校，亟需教育部出台评价标准。[2]

国家对特定高校机构式资助引发的另一个问题是，其他相邻高校可否取得使用该高校核心设施的权限，比如图书馆和大型科学装置。这些核心设施的共性在于花费昂贵且具有公共产品的属性。[3]可以想象的是，在高校间竞争越来越激烈的情况下，图书馆和大型科学装置上资源丰富的高校势必形成优势地位。加之排他成本低，如果缺乏合理措施，大型科学装置的依托单位会更倾向于将大型科学装置及其产出成果视为私有物品，而不是开放共享。[4]参照反垄断法上的关键设施原理（Essential facilities doctrine），此类核心设施可以理解为科研人员进行科研所需的关键设施，因依托高校可以轻易排除他人使用或者收取过高使用费，且其他高校无力建设，法律就有必要在非歧视基础上强制依托单位开放共享。从20世纪90年代中期开始，我国开始建设图书馆联盟，在教育部领导的全国性图书馆联盟带动下，区域性的高等教育文献共享中心纷纷建立，未来可以考虑将文献共建共享体系写入《高等教育法》之中。

---

〔1〕 2018年5月中共中央办公厅、国务院办公厅印发的《关于进一步加强科研诚信建设的若干意见》中指出，"近年来，我国科研诚信建设在工作机制、制度规范、教育引导、监督惩戒等方面取得了显著成效，但整体上仍存在短板和薄弱环节，违背科研诚信要求的行为时有发生"。

〔2〕 2019年3月7日全国政协教育界别联组讨论会上，教育部部长陈宝生针对政协委员的建议表示，教育部已经展开研究，"今年要出台'双一流'建设的评价标准"。

〔3〕 沈小玲："论图书馆的经济学属性——公共物品"，载《中国图书馆学报》2001年第1期。

〔4〕 黄振羽："论大科学装置的公共品性质"，载《科技管理研究》2017年第15期。

四、国家在高校竞争中的保障责任

根据《高等教育法》第 5 条的规定，高等教育的任务是培养具有社会责任感、创新精神和实践能力的高级专门人才，发展科学技术文化，促进社会主义现代化建设。结合《中华人民共和国学位条例》（以下简称《学位条例》）第 4 条、第 5 条和第 6 条的规定，高校的法定核心职能是为经济社会发展培养高级专门人才。竞争机制的引入服务于这个职能的实现，当竞争失灵时则需要国家承担起保障责任。

（一）高等教育需求的满足

竞争机制在高等教育领域的引入能够激励高校争夺优质生源、培养创新人才，但不能忽略普通民众的高等教育需求和地方经济社会发展的人才需求，以实现高等教育大众化和多样化的发展格局。《高等教育法》第 9 条第 1 款明确规定，公民依法享有接受高等教育的权利。该规定没有赋予公民个人请求直接入学的权利，但高校在名额充裕情况下不得以"保证录取学生整体水平"为由拒绝录取符合录取条件的考生。程序法上，高校招生工作必须严格遵守高校制定发布且经主管部门审核备案的招生章程；实体法上，高校应当考虑到录取结果对学生职业自由权利和平等权的妨碍程度。即使《高等教育法》第 32 条允许高等学校根据社会需求、办学条件和国家核定的办学规模，制定招生方案，自主调节系科招生比例，却并没有承认高校拥有所谓的"招生自主权"，[1]这说明在具体录取中考生接受高等教育的权利分量更重。此外，国家必须确保符合录取条件且有就读意愿的学生在当地也能接受高等教育，政府为此承担着"基础供应义务"。因此，高等教育的发展还必须关注到高水平大学之外的高校，尤其是在竞争中处于边缘地位的一般地方大学和新办本科院校，为其发展提供必要的财政支持。[2]

高等教育体系的根本性改革不应当只关注到优质教育的市场能力，还必须

---

[1] 北京市第一中级人民法院在两起高校招生案件的判决中均没有使用该表达，参见北京市第一中级人民法院（2018）京 01 行终 73 号行政判决书和北京市第一中级人民法院（2017）京 01 行终 176 号行政判决书。

[2] 李廉水："中国高等教育公平竞争制度的选择与构建"，载《中国高教研究》2010 年第 4 期。

考虑到研究教学统一性和有益品问题。德国"精英大学计划"建设表明，一流高校的打造不应当只关注研究成果，还应当提高教学品质在评判中的地位。基础科学研究作为公共产品，应当由国家提供财政支持。人文科学领域的科学研究因缺乏经济可利用性无法适用竞争机制，但对一国文化发展发挥着促进作用，同样需要国家的补贴。

（二）特定领域的监管责任

为了促进高校竞争所赋予的高校办学自主权并不是没有界限的，高校必须接受国家的法律监管。最高人民法院发布的指导案例39号"何小强诉华中科技大学拒绝授予学位案"中，二审法院认为："目前全国有很多高等院校均将通过全国大学英语四级考试作为学士学位授予必备的学术水平衡量标准，这一标准并未超出法定的学术水平范围，属于高等院校的学术自治范畴。"法院将许多高校的通行做法未经论证直接作为学术自治的论断似乎有欠妥之处：首先，《学位条例》第4条第1项只是要求学生"较好地掌握本门学科的基础理论、专门知识和基本技能"，并未提及学科外的大学英语四级考试；国务院学位委员会书面答复全国人大代表有关建议时也重申，国务院学位委员会和教育部并未制定学士学位授予与英语四级考试挂钩的办法。其次，学位授予标准的制定直接妨碍到毕业生的职业自由基本权利，根据基本权利的"重要性理论"，这种妨碍只能由立法者作出，而不能交给高校自行决定。即使高校可以自行决定，也必须符合民主原则（教师和学生的参与）和比例性原则（是否必要）。

从"何小强诉华中科技大学拒绝授予学位案"中可以看出，高校办学中的特定事项仍然要适用传统的规制工具予以调整。德国反垄断委员会在2000年发布的《竞争作为高校政策的指导方针》认为，国家在下列方面应当继续保持审批权限：[1]大学二级学院的设立和解散、各级学位授予标准制定、教授席位的赋予和剥夺等。我国虽然与德国高等教育存在体制上的差异，但国家对高校办学自主权的监管并不能退缩，必须建立健全事后审查和投诉机制。

---

[1] Monopolkommission, Wettbewerb als Leitbild für die Hochschulpolitik – Sondergutachten der gemäß § 44 Abs. 1 Satz 4 GWB, Nomos Verlag, 2000, Rn. 141.

五、结语

竞争是科学研究领域中不可缺少的因素，也是推动高等教育发展的动力。不过，将经济学上的竞争机制引入到高等教育领域时应当谨慎为之，充分考虑科学研究自身的规律特点。与市场经济一样，竞争的展开以参与者的自治为前提条件，高校办学自主权的扩大和落实是强化高校竞争的必要条件。但高校被赋予的办学自主权并不是最终目的，只是服务于高校教师科学研究活动的手段。所要警惕的是，高校利用法律赋予的自治空间导致过度官僚化，威胁到科学研究自由。高校之间可以从三个方面展开竞争：师资、学生和资助。即使在上述层面采取引入竞争机制，也并不意味着科学研究品质就能提升。较早在高等教育领域采用竞争机制的英国学者们一致认为，没有任何证据表明教学质量因此变得更好或者学术研究水平提高，能确认的是数量生产率更高，经济上更为有效。[1]政府需要制定一个更为细致、更有针对性的高等教育领域的规制模型，来适应高等教育和知识的特性。

---

[1] [英]西蒙·马金森等："为什么高等教育市场不遵循经济学教科书"，载《北京大学教育评论》2014年第1期。

完善公立高校院系治理结构的法治思考

王文英

伴随我国现代大学制度建设的推进,高校内部治理结构不断优化,治理权力重心开始下移,高校逐渐成为"底部沉重"的组织。院系作为人才培养、学术研究、学科发展、课程开设、社会服务和国际交流等高校主要职能的直接组织者和承担者,以及纳入了高校几乎所有学术人员和学科专业的学术共同体,它的规模、结构和功能都发生了变化,已经成为高校内部权力的聚集地和各种资源流动的交汇点,[1]也成为诸多矛盾和问题的汇集地。但由于院系治理结构不完善,大量汇集于院系的矛盾和问题难以得到有效解决和处理,进而直接影响和制约我国高等教育现代化及其高质量发展的进程。因此,完善高校内部治理结构已经成为深化我国新时代高等教育综合改革的重要内容,尤其是在党中央、国务院关于建设世界一流大学和一流学科(以下简称"双一流")这一重大战略决策的五大改革任务之一的背景下,院系治理结构的完善无疑成为其中的主体工程。但"改革发展已经开始进入深水区……如果没有成熟的理论指引就会迷失方向"。[2]反观理论界对院系治理结构的实证研究,对院系层面的治理研究仅占18.9%,法学视角的研究也只占14.3%,[3]本文以下即通过审视和反思相关改革实践和制度发展,梳理和分析目前我国公立高校院系治理结构存在的突出问题,并尝试从法学的视角提供制度建构和完善的建议。

---

[1] 参见张德祥、姜华主编:《二级学院治理:权力运行制约与监督》,科学出版社2017年版,第 i 页。

[2] 吴岩:"构建高质量发展体系 建设高等教育强国",载《中国教育报》2020年12月8日,第1版。

[3] 参见周光礼、郭卉:"大学治理实证研究2015—2019:特征、趋势与展望",载《华东师范大学学报(教育科学版)》2020年第9期。

一、改革实践和制度发展的反思

实际上，院系治理结构就是院系内外部利益相关者（多元权力主体），为实现共同目标而参与重大事务决策的权力配置和结构与制度安排，具体涵盖组织结构、权力配置结构和权力运行结构。就内外部关系而言，又可分为院系外部治理结构和内部治理结构。我国公立高校院系外部治理结构[1]最为核心的就是院系与学校的两级管理体制，组织结构具有明显的科层制特点，人事权和财权等在校院两级配置。院系内部治理组织结构由院系党组织（党委、党总支、党支部）、以院长（系主任）为负责人的院系行政领导班子、学术委员会或教授委员会、二级教职工代表大会和学生代表大会架构，内部权力结构由政治权力、行政权力、学术权力和民主权力配置和构成，并主要依托院系党组织会议制度、党政联席会议制度、教授委员会议制度以及二级教代会制度和二级学代会制度实现院系内部治理权力的运行。

（一）改革实践的反思

不可否认，国家一直在努力推进对于完善高校院系治理结构的改革实践。从 2010 年《纲要》原则性地提出"完善治理结构"要求，到 2011 年教育部在 17 所高校正式启动试点学院改革项目，并于 2012 年颁布《教育部关于全面提高高等教育质量的若干意见》提出"完善学院内部治理结构，实行教授治学、民主管理，扩大学院教学、科研、管理自主权"；以及《教育部关于推进试点学院改革的指导意见》提出 24 项支持性政策措施，再到 2017 年教育部、财政部等五部门联合发布的《关于深化高等教育领域简政放权放管结合优化服务改革的若干意见》和 2018 年教育部等三部门印发的《关于高等学校加快"双一流"建设的指导意见》都明确提出各高校要向院系放权，向研发团队和领军人物放权，确保各项改革措施落到实处。

然而，实践中国家推进院系治理结构的重塑性改革却极为艰难和复杂，原因在于要从大学校小学院改革为小学校大学院，需要公立高校和院系的自我革命。学校层面的治理机构要下放权力、转变身份，院系层面的治理机构则要自

---

[1] 院系外部治理结构涉及院系与学校、校内其他院系以及家长、政府、企业等的关系。

我加压,由弱变强,导致实践中经常出现校部"放管服"改革不彻底,该放的权力放不下去,学院治理能力偏弱,下放的权力不知如何使用等问题。同时,试点学院治理结构改革实践也存在不少问题,[1]不是严格的整体改革和综合改革,试点学院之外的旧体制没有发生实质性变化,也没有重塑学院与学校之间的职责分工等。此外,我国高校院系治理组织结构还推行了"学部制"改革,[2]动因主要是"学部被认为是一个跨学科、开放式的平台,它的学科整合、综合治理功能可以为建设世界一流大学提供重要支撑",创建模式多数采用"多学院多单位整合型",且多数大学的学部属于虚体型,只承担全部或部分学术管理的功能,不承担党政管理功能。[3]但这种学部制改革却进一步增加了院系治理的组织层级。

(二) 制度发展的审视

中华人民共和国成立后,我国高校院系治理大致经历了三个时期的历史变迁:第一个阶段是1949年~1989年高校院系领导体制的探索期;[4]第二个阶段是1989年~2009年院系党政联席会议制度形成期;[5]第三个阶段是2010年至今院系内部治理结构完善期。[6]2010年《中国共产党普通高等学校基层组织工作条例》(以下简称《组织工作条例》)的修订标志着我国高校院系治理结构逐渐完善。2021年《组织工作条例》的修订则是我国高校院系治理结构在制度层面进一步成熟的标志。根据该条例以及笔者所在高校关于院系党组织会

---

[1] 参见吉明明:《学院治理:结构·权力·文化》,科学出版社2019年版,第112页。

[2] 据统计,截至2018年12月,国内已有23所"985工程"大学实行学部制改革。

[3] 参见李均、屈西ní:"国内高水平大学学部制改革的现状与建议——基于23所'985工程'大学的考察",载《江苏高教》2020年第2期。

[4] 伴随高校领导体制的探索,院系领导体制在探索期也变更频繁,曾经历过六次变更:①1949~1956年:系主任(院长)负责制;②1956~1961年:系党总委员会领导下的系务委员会负责制;③1961~1966年:系总支委员会保证和监督下的以系主任为首的系务委员会负责制;④1966~1976年:军、工宣队代表的"三结合"领导小组负责制;⑤1977~1983年:系党总支委员会领导下的系主任分工负责制;⑥1983~1989年:系主任负责制。参见张德祥、方水凤:"1949年以来中国大学院(系)治理的历史变迁——基于政策变革的思考",载《中国高教研究》2017年第1期。

[5] 2007年《中共教育部党组关于加强普通高等学校基层党组织建设的意见》的颁布施行标志着我国高校院(系)"党政联席会议制度"的正式建立。

[6] 根据《组织工作条例》第7条的规定,"高校院(系)级单位根据工作需要和党员人数,经学校党委批准,设立党的基层委员会、总支部委员会、支部委员会……"第11条还就高校院(系)级单位党组织的主要职责及其与本单位行政领导班子和负责人的关系,党组织会议和党政联席会议的关系作了明确规定。

议议事规则和党政联席会议议事规则进行的最新修订，院系内部治理结构中政治权力和行政权力之间既分工合作、协调运行又相互监督和制约的机制进一步清晰和完善。如党员副院长（副主任）作为党委（党总支）委员的交叉参与，会前的协商沟通机制，涉及办学方向、教师队伍建设、师生员工切身利益等重大事项由院系党组织会议先把政治关的前置程序，以及院系党组织会议有关教风学风、师德师风建设和巡视巡察整改工作等议决后，提交党政联席会议共同研究落实的后置程序等。但涉及学术权力则仅有意见征求程序，教师和学生的民主参与和监督权行使也仅有列席制度和会前意见征求程序，相关制度发展较为滞后。

二、突出问题分析

鉴于章程是高校依法自主办学、实施管理和履行公共职能的基本准则，在高校治理中具有规范性与纲领性作用，也是高校院系治理结构在规范层面上的集中体现。为此，笔者以考察高校院系治理实践为基础，同时结合教育部核准发布的最新修订的20个"双一流"高校章程[1]样本进行分析，尝试对我国高校院系治理结构目前存在的突出问题进行梳理。

1. 院系外部治理结构中学校和院系治理权力失衡，院系治理权力不足，难以实现自身治理功能。如前所述，在校院关系上国家也在推进高校向院系放权。但实践中，伴随高等教育普及化，高校办学规模不断扩大和治理事务增多，不少高校只向院系下放事权，院系职责呈现"底部沉重"的现象日益明显，同时人员聘任、经费使用等资源配置权力却更多集中在学校层面，院系资源配置权力不足，难以应对日渐繁杂的院系治理事务，直接影响和制约院系治理功能的实现。尽管选取的章程样本都规定了院系相对独立的自主治理权力和职责，如

---

[1] 选取的20个章程样本包括10个世界一流大学建设高校章程：《中国农业大学章程》（2020）、《厦门大学章程》（2020）、《西北农林科技大学章程》（2020）、《复旦大学章程》（2019）、《南京大学章程》（2019）、《中国人民大学章程》（2019）、《同济大学章程》（2018）、《重庆大学章程》（2018）、《兰州大学章程》（2018）、《北京大学章程》（2017）；10个世界一流学科建设高校章程：《中国传媒大学章程》（2020）、《中国人民公安大学章程》（2017）、《中央美术学院章程》（2016）、《中国科学院大学章程》（2016）、《外交学院章程》（2016）、《中央戏剧学院章程》（2016）、《中国地质大学（北京）章程》（2015）、《北京中医药大学章程》（2015）、《中国政法大学章程》（2015）和《中南财经政法大学章程》（2015）。

《中国人民大学章程》第44条规定，"……学校本着事权相宜和权责一致的原则，在人、财、物等方面规范有序地赋予学院相应的管理权力，指导和监督学院相对独立地自主运行"。但院系具体享有的治理权力规定都不尽清晰，过于模糊，易流于形式，且不具有可操作性。

2. 院系治理组织结构不科学。我国高校院系治理组织结构由学校、学院（系）和基层教学和学术组织构成，同时有行政部门和后勤技术部门支持。但整体来看，横向上院系设置整体偏多。笔者选取的10个世界一流大学建设高校平均院系设置数为40个（其中厦门大学最多达到60个），10个世界一流学科建设高校平均院系设置数为16个。纵向上，我国高校院系治理组织采用的直线型科层制结构层级偏多，而前述学部制改革使层级进一步增多。目前，主要有学校—学院（系）—研究所/教研室三级模式，如中国政法大学、南京大学等；有学校—学部—学院—研究所/教研室（系）四级模式，如中国人民大学和试点改革的北京师范大学教育学部等；有学校—学院—系—研究所/教研室四级模式，如同济大学等；还有学校—学部—学院—系—研究所/教研室五级模式，如北京大学、厦门大学等。层级设置过多直接导致治理资源分散和治理效率低下。此外，校院两级行政机构设置失衡，校部行政机构过于庞大，院系行政机构过于弱化，与院系日益沉重的职责功能不匹配。

3. 院系内部治理权力结构失衡。目前院系党组织的政治权力和以院长（系主任）为代表的院级行政权力在院系内部治理权力结构中占据主导地位。尽管2014年教育部发布的《高等学校学术委员会规程》对"应当根据需要，在院系（学部）设置或者按照学科领域设置学术分委员会"，并就"学术分委员会根据法律规定、学术委员会的授权及各自章程开展工作，向学术委员会报告工作，接受学术委员会的指导和监督"进行了概括性规定，但整体而言，院系二级教授委员会（学术委员会）有关学术事务的决策、审议、评定和咨询等学术权力的行使还有随意化的倾向，二级教代会和二级学代会参与院系民主治理和监督的权力也比较弱化。从选取的20个"双一流"建设高校章程样本来看，全部没有涉及二级学代会参与院系民主治理和监督的规定，有1个章程没有涉及院系二级学术委员会的相关规定，11个章程没有涉及二级教代会参与院系民主治理和监督的规定。可见，我国高校对院系二级民主参与治理和监督权力重视程度不足，尤其是学生民主参与院系治理和监督的权力几乎被忽略。与此相应的是，理论界对"学术权力"的关注也十分有限，仅占5.4%，院系行政、院系学生参与等论题则无人关注。[1]

4. 院系治理权力运行和监督制约机制不完善。我国高校院系内部治理决策权、执行权和监督权的运行受制于外部学校，其至政府对院系治理权力过多过细的过程控制，院系外部治理权力运行的行政泛化现象依然存在。院系内部治理结构中的行政决策权和学术决策权分工协调和互动制约的机制和程序还不清晰、不完善，执行权力行使不够规范，决策执行后效果评估反馈机制没有建立。上级党组织的巡察监督和审计部门的审计监督、院系内部的二级纪委监督、教职工和学生代表民主监督等相关制度落实和责任追究力度还有进一步提升的空间。尽管《重庆大学章程》第 34 条规定，"学校根据健全决策权、执行权、监督权相互制约、相互协调的权力结构和运行机制的需要，设立重庆大学监督委员会。监督委员会由党代会代表、纪检监察部门代表、工会代表、教代会代表、民主党派代表、学生代表等组成，对学校的决策和执行情况进行监督"，但二级院系相应的监督机构在章程文本中却并未体现。

5. 院系治理权力运行的纠纷解决机制不健全。教师和学生无疑是高校院系治理结构中最主要的利益主体，毕竟培养学生是高校的首要功能，同时教师是教育工作的中坚力量。有高质量的教师，才会有高质量的教育。鉴于所有教师和学生都被纳入高校院系治理结构，院系治理权力就不可避免会介入高校治理权力运行，从而与高校教师的学术自由权和学生的受教育权之间发生冲突。实践中，较为常见的矛盾纠纷表现为高校行使学生处分权和学位授予权以及在教师聘任、待遇、职称评定等方面发生纠纷。但是现行规定并不完善，同时受传统的特别权力关系理论影响以及大学的学术自由事项和内部管理事项界限不清，都包含在"高校自主权"之中，给司法审查带来了相当的困难。[2]

此外，除章程文本表现出来的问题外，实践中部分高校将章程束之高阁，有关院系治理结构的相关规定无法落地的现象仍然存在。

---

[1] 参见周光礼、郭卉："大学治理实证研究 2015—2019：特征、趋势与展望"，载《华东师范大学学报（教育科学版）》2020 年第 9 期。

[2] 参见湛中乐、韩春晖："论大陆公立大学自治权的内在结构——结合北京大学的历史变迁分析"，载劳凯声主编：《中国教育法制评论（第 4 辑）》，教育科学出版社 2006 年版，第 49~72 页。

三、法治建构和制度保障

习近平总书记在中央全面依法治国工作会议上深刻指出,要坚持在法治轨道上推进国家治理体系和治理能力现代化,这也成为习近平法治思想的核心内容之一。"依法治校是学校治理的基本理念,也是学校管理的基本方式。"[1]公立高校院系治理结构的完善同样需要依托法治,以法治思维和法治方式在法治轨道上推进,才能有效保障其系统性、规范性和协调性,才能最大限度凝聚共识。

(一)院系作为治理主体的法治定位

相对于我国公立高校属于法律规定的事业单位法人,本文所指称的院系则属于公立高校依章程按不同学科、专业性质自主设立的集教学、科研和行政管理服务于一体的内部二级组织机构,不具有独立的法人资格,但院系依章程在学校授权范围内自主管理并代表学校对外进行交往,其行为产生的法律效果由公立高校承担。同时,院系又是高校内部管理体制的中间层次和核心治理主体,并与高校职责同构。正如有学者所说,院系"聚集了一批专注于教学和科研的专家、学者以及学生,其工作的核心内容是进行知识传播、知识发现、知识应用、知识理解等知识生产活动",其"办学水平和治理水平与大学办学水平和治理水平休戚相关、密不可分"。[2]

高校的组织特性决定了它的根本属性是一个"知识的共同体"。[3]这可以看作高校的"学术性"或"专业性"的体现,同时国家为保证"公民依法享有接受高等教育的权利"而举办高校,又决定了高校的"行政性"或"公共性"。相应地,院系作为高校办学活动的基本单元,是兼具学术性和行政性的基本治理层级。学术群体应该参与到院系的治理中,同时院系又是一级具有科层制特点的行政单位,有明确的职位层级和职责权力。德国作为大陆法系的主要代表

---

[1] 陈宝生:"全面推进依法治教 为加快教育现代化、建设教育强国提供坚实保障——在全国教育法治工作会议上的讲话",载《中国教育报》2018年12月25日,第3版。

[2] 张德祥、李洋帆:"二级学院治理:大学治理的重要课题",载《中国高教研究》2017年第3期。

[3] 参见邓磊:《中世纪大学组织权力研究》,人民出版社2014年版,第204页。

性国家是通过《高校框架法》确定高校的法律形式和法律地位的,规定"高校通常既是公法团体,也是国家的设施,是团体和设施的一种混合形式","高校的法定自治权不受有关法律形式规定的影响"。在"学术研究领域实行具有部分法律能力的公法团体模式,由同样具有部分法律能力的学院组成"。[1]这对于我国公立高校院系作为治理主体的法治定位具有一定的借鉴意义。

从法学的视角看,自治是法治的基础,法治又是自治的保障。我国公立高校的院系所具有的"学术性"和"专业性"决定其治理的"自治性","行政性"和"公共性"又决定其治理的"公务性",也决定了我国公立高校院系作为治理主体法治定位的复杂性和混合性。实际上,我国公立高校治理可分为两部分:一部分是国家治理的延伸,如学校根据《教育法》《高等教育法》等法律授权制定治理规则,负责学生的录取、派遣、学位授予和开除违纪学生等;另一部分是自治治理,如学术规则、聘任教师、课程安排等。高校自治主要是为了实现学术自由,鼓励创新。另外,还可通过高校自治吸收、动员社会资源来满足日益增长的教育需求。[2]我国公立高校可以归入利益行政主体中公务行政主体和社会行政主体[3]的混合形式。它具有以下特点:一是组织和实施特定的公务,主要是国家治理延伸的相关教育职能;二是不以营利为目的的公益性;三是由国家或地方政府设定,经费全部或部分由设置主体提供;四是在治理上可以相对独立,主要是在学术研究或与之密切相关领域履行自治治理相关职能,存在独立的利益空间,可以通过创新和自我治理实现。本文认为,院系属于代理行政主体,就是经公立高校章程授权或委托,代表公立高校进行公务治理和自治治理,并承担形式责任的行政主体。作为代理行政主体,院系的行为后果全部归属于所代理的公立高校,但同时也为师生和社会引入更高效、更优质的教育行政服务。当然,如因院系的不当行为产生不良后果,公立高校可进行事后内部追责。

---

〔1〕 参见 [德] 汉斯·J. 沃尔夫、奥托·巴霍夫、罗尔夫·施托贝尔:《行政法(第三卷)》,高家伟译,商务印书馆2007年版,第610页。

〔2〕 薛刚凌、王文英:"社会自治规则探讨——兼论社会自治规则与国家法律的关系",载《行政法学研究》2006年第1期。

〔3〕 关于公务行政主体、社会行政主体和代理行政主体的界定,参见薛刚凌主编:《行政主体的理论与实践——以公共行政改革为视角》,中国方正出版社2009年版,第79~80页。

(二) 以善治为目标的法治原则

完善高校院系治理结构需要以承认并尊重治理主体的多元性，正视并努力协调利益诉求的差异性为前提。[1]要达成善治的目标即满足正当性、透明性、答责性、法治、回应性和有效性[2]的具体要求，需要法治来引领、以法治为保障、靠法治来奠基，最终实现院系治理的结构优化和功能优化。具体需遵循的法治原则体现为：

第一，合法性原则。首先，需要完善的治理规则并依规则而治。这种治理规则既包括国家有关治理的上位法规范，也包括高校或院系自身通过一定程序制定的治理规则，如学校和院系的章程、校规校纪等，这是形式合法性的要求。其次，需要通过多种制度安排保障多元利益主体参与院系治理的意见表达权、民主参与和监督权等，以最大限度地实现利益协调和共识，从而取得广泛的正当性基础，这是实质合法性的要求。最后，它要求院系治理组织的设置、调整、解散法定，治理权力和治理职责法定以及问责追责法定。

第二，程序公开原则。首先，要求院系治理信息的公开透明，保证院系治理的多元利益主体及时获得与自己利益相关的治理规则制定和实施、预算开支等信息的权利，必要时还应当定期、主动地解释规则和回答问题。其次，需要治理程序开放，以便教师、学生等利益相关者能有效参与院系治理决策过程，并以此来保障责任明晰，实现对院系治理权力运行的监督和问责。如讨论事项涉及师生切身利益时，教职工代表和学生代表列席会议制度，以及会前深入调查研究，广泛征求意见等程序。

第三，效益优先原则。首先，院系治理过程回应诉求要充分、及时、合理、高效。它要求院系治理组织基于其承担的职务而必须对教师、学生等利益相关者的要求作出及时和负责的反应，没有履行或不当迟延履行，就是失职。其次，要求不同院系治理权力主体行使决策权，具备相应的科学性和专业性。一方面基于院系治理事务日益专业化，由相应治理权力主体行使核心决策权，如职称、学位等学术事务由学术权力作实质判断，财务、人事、信息技术等事务由行政

---

[1] 参见湛中乐：《大学法治与权益保护》，中国法制出版社2011年版，第90页。

[2] 王锡锌：《公众参与和行政过程——一个理念和制度分析的框架》，中国民主法制出版社2007年版，第91页。俞可平："治理和善治：一种新的政治分析框架"，载《南京社会科学》2001年第9期。

权力及时处理等。另一方面要求院系治理决策权行使时，必要时要通过事前组织专家论证和风险评估等方式体现院系治理结构的科学性和专业性。最后，要求治理组织设置合理，治理方式灵活以及治理成本最低。

（三）路径选择和运行机制完善

1. 坚持和加强党对高校院系治理工作的全面领导。2021年中共中央政治局审议《组织工作条例》时强调，必须毫不动摇坚持和加强党对高校的全面领导，不断加强和改进高校党的建设，推动高校党建与高等教育事业发展深度融合，确保党的教育政策和党中央重大决策部署在高校有效贯彻落实。因此，坚持和加强党对高校院系治理工作的全面领导就成为必然要求。实际上，这也是在处理"双一流"建设背景下高等教育的国家性和国际性的协调，以及冲突中坚守中国的国家性的必然要求。我国是中国共产党领导的社会主义国家，这就决定了我们的高等教育必须把培养社会主义建设者和接班人作为根本任务，坚持"四个服务"[1]的发展方向，坚守为党育人、为国育才。同时，要扎根中国大地办好中国特色社会主义大学，从我国改革发展实践中提出新观点、创造新理论，努力构建具有中国特色、中国风格、中国气派的学科体系、学术体系、话语体系。

2. 依法保障院系治理权力与职责的协调统一。可通过权力清单制度[2]保障学校与院系治理责、权、利以及事权、财权和组织人事权的协调统一，并在章程中具体确认院系相对独立的办学主体地位和相应的办学自主权。"高等学校是一种以学科、专业为基础的'底部沉重'的学术组织，教育教学、科学研究和为社会服务等职能活动都是由广大教职员工在学校基层组织中进行的，基层的自主权是职能活动健康发展、兴旺发达的重要前提。"[3]应当说，权力清单制度就是通过行政规范性文件的形式将行政权力的主体、依据、程序及责任等编

---

[1] 2016年习近平总书记在全国高校思想政治工作会议上发表重要讲话，对我国高等教育发展方向提出了"四个服务"的明确要求，即为人民服务、为中国共产党治国理政服务、为巩固和发展中国特色社会主义制度服务、为改革开放和社会主义现代化建设服务。

[2] 2014年李克强总理在夏季达沃斯论坛开幕式致辞中详解政府三张施政"清单"：权力清单、负面清单和责任清单。笔者认为，同样可以适用于高校内部治理领域。"李克强详解三张施政'清单'"，载中国政府网：http://www.gov.cn/guowuyuan/2014-09/10/content_2748393.htm，最后访问时间：2022年6月30日。

[3] 潘懋元主编：《多学科观点的高等教育研究》，上海教育出版社2001年版，第342页。

制成清单，并向社会公示的制度。[1]具体而言，我国公立高校作为独立的利益行政主体，其权力责任清单包括：行政计划权、行政合同权、行政指导权等，并承担公共服务和与政府、社会的沟通交流等职责。如对学校整体办学目标和发展规划的编制，并据此对院系办学行为进行指导，学校职能部门可以通过与院系签订目标责任书这种契约行政的形式，由具体的过程管理转变为宏观的目标绩效管理，来达成相应任务的完成。同时，学校应承担接受政府指导、办学任务以及与社会合作交流、争取社会资源等职责，并提供图书、信息、技术、后勤、安全保障等公共服务。

院系作为高校的代理行政主体，其权力责任清单包括：事权、财权、组织人事权和资源配置权等，并承担人才培养、科学研究、学科建设、社会服务、文化传承创新、国际交流合作以及为教师和学生提供综合行政管理服务等职责。其中院系的权力应与学院承担的人才培养等职责相匹配，同时考虑学院规模、学科数量等，院系人、财、物等资源配置应足以支撑院系相关职责的实现。支持院系制定章程，自主确定发展规划并组织实施，自主配置各类资源，自主设置和调整学科专业以及院内教学、科研、行政等组织机构和岗位职责及任职条件，根据学科专业需求制订人才队伍和师资培养计划，自主选聘引进人才、师资调配流动和职称评定，自主编制预算和确定内部收入分配等。

3. 理性架构院系治理组织结构和权力结构。院系治理组织结构和权力结构的理性架构应遵循效益优先原则。首先，院系自身设置应当理性建构。笔者赞成将相关联学科进行整合的高校"学部制"（或称为"大部制"）改革，从而大幅减少二级院系设置数量。同时学部应建构配备有相应党政机构的实体组织，一方面避免行政资源分散化，另一方面也有利于跨学科学术资源整合，以满足全球化进程和知识形态转变对跨学科协同育人和协同创新的需求。同时，以保证科学性和专业性，其设置和调整应经过教授委员会（学术委员会）的咨询论

---

[1] 参见李欣："政府权力清单制度的绩效评估体系构建与实践应用——基于模糊层次分析法的研究"，载《党政研究》2019年第5期。也有学者认为"权力清单是指通过一个文本，对行政系统的行政权，包括行政系统作为一个机构体系的权力范畴和各职能部门作为一个非系统的职能范畴，乃至于作为一个机构所享有的职能范畴予以明确列举并成为依据的行政法文件，或者不具有行政法效力的相关文本"。参见关保英："权力清单的行政法价值研究"，载《江汉论坛》2015年第1期。

证程序。目前北京大学、重庆大学等高校章程[1]都有相关规定。其次，我国高校院系治理应进行扁平化的组织架构，尽可能减少治理层级，为此宜设置为学校—学部/学院—研究所/教研室/系，毕竟治理层次越多，效率越低，信息失真的可能性越大。最后，鉴于院系治理职责的增加和校部治理职责的缩减，应精简学校层面的行政机构，同时扩大院系行政机构设置和行政人员配置。

按照效益优先原则中有关科学性和专业性的要求，首先，在院系内部治理权力结构中，政治权力、行政权力、学术权力和民主权力应当就其自身的核心权能行使实质决策权。其次，在校院治理权力配置上，学校部分治理权力应下移给院系行使。一方面是学术权力下移，校部权力应以行政权力为主，院系则应以学术权力为主，落实教授治学和学术自治，保证院系教授委员会（学术委员会）在学科建设、学术评价和学术发展中的审议权，在学术成果评价等方面的评定权。另一方面是部分行政权力下移，涉及教学、科研、学生管理、学科建设、专业建设等方面的行政权力主要由院系行使。[2]毕竟，由院系对学科发展、人员选聘和资源配置等行使治理权力成本更低。在院系治理权力结构中，政治权力和行政权力应当是自上而下的领导与被领导的权力导向，这种权力导向有利于组织效率和服务品质的提升；学术权力和民主权力则应当是自下而上的自发的内生的权力导向，这种权力导向是尊重知识的专业性、复杂性和师生主体地位的必然要求。

4. 完善院系治理权力运行规则和程序。一是校院两级治理权力运行模式应将目前过细的具体过程管理模式变更为宏观的目标监管模式，并通过采用契约行政、计划行政、指导行政等方式将绩效奖惩和资源配置作为学校对院系治理权力运行的重要监管手段。二是着力细化和强化院系党组织会议和党政联席会议决议涉及教学科研、人才引进和学科建设中的重要事项，院系学术委员会或教授委员会及其他专门教学、学术组织等审议讨论的前置程序和配套制度；事

---

[1]《北京大学章程》第35条规定："学院（系）、研究院（所、中心）的设立、变更或者撤销须经过充分论证后由校长动议，经学术委员会审议，提交校长办公会拟订，由校党委常务委员会讨论决定。"《重庆大学章程》第31条规定："学校以一级学科（群）为主要依据设置学院，也可根据人才培养和学科建设需要设置单科性特色学院或研究院，并根据需要适时调整。其增设及调整由相关部门研究提出，学术委员会组织咨询论证后，提请校长办公会或党委常委会审核批准。"

[2] 参见周光礼："大学校院两级运行的制度逻辑：国际经验与中国探索"，载《高等教育研究》2019年第8期。

关师生员工切身利益的重要事项，院系二级教代会代表和学代会代表参与院系党组织会议和党政联席会议议决的前置程序和配套制度。三是进一步强化巡察监督、审计监督和二级纪委监督、二级教职工和学生代表民主监督等相关制度落实，包括在二级纪委之下成立由院系党代会代表、工会代表、教代会代表、民主党派代表、学生代表等组成专门的二级监督委员会，必要时对学院行使决策权和执行权进行有效的督查、跟踪和绩效评估以及合法合规性审查，对行使院系治理决策权、执行权和监督权不力的相关人员就其应当承担的政治责任、法律责任等进行追责问责。

5. 健全院系治理多元利益主体的矛盾纠纷解决机制。一是保障教师和学生的听证权等程序权利。尤其是依据2021年修正的《教育法》对学生行使有关开除学籍等重大不利决定时，应保障当事人本人的意见陈述权、申辩权、听证权等程序性权利。二是完善教师和学生的申诉制度。[1]申诉制度是教师和学生权利救济的专门性、基础性制度，应进一步完善申诉程序规则以及加强申诉与行政复议、行政诉讼等其他救济途径的衔接等，并在《中华人民共和国教师法》（以下简称《教师法》）等修正时予以明确。三是扩大行政诉讼对高校治理纠纷的司法审查范围。[2]高校教师的职业权利包括：学术自由权、教育教学活动权、获得培训权、物质保障权、参与治理权。学生的受教育权可细化为：获得录取资格权、获得帮助权、知情权、事务参与权、自主安排学业权、获得公正评价权、证书获取权等，它们在规范层面上强弱程度不等，因此其效力

---

[1] 教师申诉制度主要是根据《教师法》第39条第1款的规定，"教师对学校或者其他教育机构侵犯其合法权益的，或者对学校或者其他教育机构作出的处理不服的，可以向教育行政部门提出申诉，教育行政部门应当在接到申诉的三十日内，作出处理"。学生申诉制度则主要依据《教育法》第43条规定，受教育者享有权利"对学校给予的处分不服向有关部门提出申诉，对学校、教师侵犯其人身权、财产权等合法权益，提出申诉或者依法提起诉讼"。

[2] 根据2017年修正的《中华人民共和国行政诉讼法》以及2018年施行的《最高人民法院关于适用〈中华人民共和国行政诉讼法〉的解释》的规定，当事人对高等学校等事业单位依据法律、法规、规章的授权实施的行政行为不服提起诉讼的，以该事业单位为被告。当事人对高等学校等事业单位受行政机关委托作出的行为不服提起诉讼的，以委托的行政机关为被告。同时参照上述两个规定以及2019年《最高人民法院关于审理行政协议案件若干问题的规定》，高校及其内设院系做出的行政指导行为、对教师的奖惩任免等决定以及内部协议、人事协议等是不属于行政诉讼受案范围的。但根据2014年修正的《中华人民共和国行政诉讼法》第53条的规定，在对行政行为提起诉讼时，可以对规章以下规范性文件进行附带性审查，校规显然属于规章以下可以进行附带性审查的规范性文件。因此，2015年实施后，高等教育行政诉讼正式进入校规附带审查阶段。

以及获得司法救济的机会也有很大差别。[1]高校实施的事项可分为自治事项、委办事项和协办事项。对自治事项,尤其是研究与教学事项,例如教师的聘任、职称的评定,可进行合法性监督,但不得对之进行适当性监督;对委办事项,即行政机关基于行政效率、便利或其他正当原因委托大学执行的事务,可进行合法性监督和适当性监督;对协办事项,即大学和国家合作的事项,可进行合法性监督和目的性监督。[2]比如教师对院系教授委员会(学术委员会)在内的高校学术委员会根据《高等教育法》的规定履行有关评定教学、科学研究成果,调查、处理学术纠纷,调查、认定学术不端行为等相关职责有异议,可提起行政诉讼,但司法机关应仅对其进行合法性审查。

结语

教育是国之大计、党之大计。我国已建成世界上规模最大的高等教育体系,初步形成了中国特色高等教育发展道路。但要在新起点上构建高质量发展体系,实现我国从高等教育大国到高等教育强国的历史性跨越还任重道远。进一步推进高等教育综合改革和完善高校院系治理结构的改革仍具有复杂性和艰巨性,如何充分发挥法治所具有的引领性、基础性、规范性、保障性的重要作用,尤其是在重塑校院权力配置中,如何依托法治确保学校治理主体不缺位、不越位、不错位,院系治理主体接住权力、用好权力以及多元参与、协商共治、监督制约等,还需要更深入的理论研究和探索,从而加速推进我国高等教育的高质量发展和现代化进程。

---

[1] 参见湛中乐:《大学法治与权益保护》,中国法制出版社2011年版,第39~40、42~43页。
[2] 参见董保城、朱敏贤:"国家与公立大学之监督关系及其救济程序",载湛中乐主编:《大学自治、自律与他律》,北京大学出版社2006年版,第3~44页。

普通高等院校基层教学组织负责人岗位职责研究

袁　钢　刘文豪[*]

基层教学组织是高校开展各项工作的最小单元，其形式多样，包括教研室、研究所、教学团队、研究中心、课程组、虚拟教研室等。《高等教育法》第 37 条规定，"高等学校根据实际需要和精简、效能的原则，自主确定教学、科学研究、行政职能部门等内部组织机构的设置和人员配备；按照国家有关规定，评聘教师和其他专业技术人员的职务，调整津贴及工资分配"。该条文是目前高等院校设立基层教学组织的上位法依据。基层教学组织的负责人是基层教学组织的领头人，在基层教学组织各项职能建设中发挥着重要的引领作用。基层教学组织负责人对于基层教学组织的建设与发展至关重要，负责人责任心强，认真履行职责，可以有效带动组织内部成员参与基层教学组织建设，实现基层教学组织的各项职能建设目标。

长期以来，学界和实务部门对高校基层教学组织负责人岗位职责研究的重视程度不足，在立法和各高校制定的规范中普遍缺少负责人岗位职责的直接规定，或规定笼统、模糊，缺乏可操作性。为深入了解我国高校基层教学组织负责人职责的现状，更好地发挥基层教学组织负责人的引领作用、建设作用，不断完善高校基层教学组织的人才培养、科学研究、学科建设、师资建设、社会服务、国际交流职能，本文以"普通高等院校基层教学组织负责人岗位职责"为切入点，通过分析我国高校基层教学组织负责人岗位职责的相应规范、历史沿革，以实证研究的方法，通过问卷调查归纳总结现实问题，提出我国高校基层教学组织负责人岗位职责建设的完善建议。

---

[*] 袁钢，中国政法大学法学院体育法研究所所长、教授、博导、钱端升学者；刘文豪，中国政法大学法学院硕士研究生。

一、普通高等院校基层教学组织负责人岗位职责规范梳理

（一）法律法规依据梳理

以"高校""基层教学组织"为关键词在北大法宝进行检索，共检索到相关中央法规13篇。其中绝大多数法律法规内容涉及加强高校基层组织建设，建立健全基层教学组织，创新高校基层教学组织形式，开展虚拟基层教学组织试点，等等。仅部分法律法规提及了高校基层教学组织负责人，但主要与负责人选任相关。例如《教育部高等教育司关于开展虚拟教研室试点建设工作的通知》要求，"虚拟教研室建设试点应具备如下条件：1. 教研室负责人应由教学名师、国家级一流专业负责人、一流课程负责人等高水平教师担任……"再如《教育部关于深化本科教育教学改革全面提高人才培养质量的意见》指出，"加强基层教学组织建设……选聘高水平教授担任基层教学组织负责人，激发基层教学组织活力"。中央法规层面，缺少对高校基层教学组织负责人岗位职责的具体规定，即以单独制定规范的形式对负责人在基层教学组织各项职能建设过程中的权利、义务和责任作出规定。

（二）高等院校规范梳理

笔者通过网页检索，共搜集到中国海洋大学、中国矿业大学（北京）、中国农业大学、中国人民大学、中国政法大学关于基层教学组织职责的相关规定（详见表1），通过对上述规范归纳总结，高校关于基层教学组织的规定具有如下特点：

1. 缺少关于基层教学组织负责人岗位职责的直接规定文件。上述高校均制定关于基层教学组织职责的规范，但校级层面普遍缺失关于基层教学组织负责人岗位职责的规定。仅中国政法大学的部分学院，例如法学院制定了《中国政法大学法学院研究所所长、教研室主任岗位职责》。这从侧面反映了当前高校对基层组织负责人职责重要性的重视程度不足。

2. 基层教学组织职责的规定中包含部分负责人岗位职责的内容。上述高校基层教学组织职责的规定中均涉及了基层教学组织负责人的选任内容，包括负责人的任职条件或解聘条件等。除此以外，部分规范还包括负责人日常工作职责的具体规定。例如《中国人民大学教研室和教学团队管理办法》规定，"教研

室实行主任负责制；每个教学团队设团队负责人 1 人，全面负责教学团队的相关工作；教研室和教学团队负责人每学期至少听课 4 次"。《中国农业大学本科基层教学组织建设实施方案》对负责人的惩戒进行了规定，对"考核不合格的基层教学组织，必须调整基层教学组织负责人，并扣发津贴补助"。再如，《中国矿业大学（北京）关于加强学院基层教学组织建设的实施意见》在青年教师培养方面对负责人提出了要求，"专业带头人和教学名师指导青年教师专业发展，实行传帮带"。

3. 基层教学组织负责人职责的规定内容尚不完善。现有的高校基层组织负责人岗位职责的规定存在以下问题：一是义务过重，边界不清。现有的职责规范从内容上看，主要从教学、科研、师资培养、国际交流、对外宣传等不同领域规定了负责人的义务，存在义务过重的现象。规范最后往往附有兜底条款（例如，院领导安排的其他工作），使得负责人岗位职责存在边界不清的问题，甚至可能出现负责人"大包大揽"现象。二是负责人岗位职责的责任不明确。责任或惩戒规则的设定与执行是保障义务主体履行特定义务的重要手段，区别于负责人义务条款繁多的状况，现有规范缺失责任条款，这不利于负责人认真履行职责，甚至可能导致义务条款形式化。三是负责人岗位职责缺少相关权利规定。提供必要的保障、赋予一定权利是负责人更好发挥岗位职责的积极因素，现有规范不仅仅缺失责任条款的规定，而且缺失权利条款的规定，这不利于充分调动负责人履行规定职责的积极性。四是现有规范较为粗糙，部分义务规定存在重合现象。现有负责人岗位职责的规定过于混乱，有待于进一步细化、具体化，以增强其明确性、可操作性，避免现有规范形式化。

表 1　部分高校基层教学组织职责规定汇总表

学校名称	是否有基层教学组织职责规定	是否有基层教学组织负责人职责规定	具体内容
中国海洋大学	是〔1〕	否	1. 教学基本建设与规划 2. 日常教学工作组织与管理 3. 教学研讨交流和青年教师培养 4. 教学研究与创新

〔1〕"海大教字【2021】85 号　中国海洋大学基层教学组织建设管理办法"，载中国海洋大学信息公开平台：http://dxb.ouc.edu.cn/xxgk/2021/1110/c8501a356169/page.htm，最后访问时间：2022 年 2 月 28 日。

续表

学校名称	是否有基层教学组织职责规定	是否有基层教学组织负责人职责规定	具体内容
中国矿业大学（北京）	是〔1〕	否	1. 师德师风建设 2. 教学组织运行 3. 教学基本建设 4. 教学能力提升 5. 教学改革研究
中国农业大学	是〔2〕	否	1. 制度建设 2. 一流课程建设 3. 一流课堂建设 4. 青年教师培养 5. 教学研究与改革
中国人民大学	是〔3〕	否	主要涉及专业建设、教学工作、科研工作、师德师风建设、学生培养等
中国政法大学	是〔4〕	是〔5〕（部分学院有规定）	**基层组织**：主要涉及教学、科研、师资建设、日常教学管理、学生培养等 **负责人**：主要涉及教学、科研、教师考核、宣传工作等

---

〔1〕"中国矿业大学（北京）关于加强学院基层教学组织建设的实施意见"，载中国矿业大学（北京）信息公开网：https://xxgk.cumtb.edu.cn/info/1182/1395.htm，最后访问时间：2022年2月28日。

〔2〕"关于印发《中国农业大学本科基层教学组织建设实施方案》的通知"，载中国农业大学本科生院官网：http：//jwc.cau.edu.cn/module/download/down.jsp? i_ ID＝682053&colID＝14220，最后访问时间：2022年2月28日。

〔3〕"中国人民大学教研室和教学团队管理办法"，载中国人民大学本科教学质量建设官网：http：//jiaowu.ruc.edu.cn/jikan/bkjxzljk/zd47q/gzzn3/d9c1d304dd724e25908bed783ccf3fc7.htm，最后访问时间：2022年2月28日。

〔4〕"中国政法大学基层教学组织规程（法大发〔2014〕57号）"，载中国政法大学教务处官网：http：//jwc.cupl.edu.cn/info/1051/4356.htm，最后访问时间：2022年2月28日。

〔5〕"中国政法大学法学院研究所所长、教研室主任岗位职责"，载中国政法大学法学院官网：http：//fxy.cupl.edu.cn/info/1134/5377.htm，最后访问时间：2022年2月28日。

二、普通高等院校基层教学组织历史沿革

（一）兴起发展阶段

中华人民共和国成立之前，我国高校的教学组织大多是仿照西方资本主义国家高等院校的学院制，实行"校—院—系"三级管理体制，不存在基层教学组织。中华人民共和国成立之后，我国确立了全面向苏联学习的基本方针，在高等教育领域，学习苏联高校的基层教学组织形式，设置教学研究指导组。中华人民共和国成立初期学习苏联设置教研室的做法仅限于少数几所学校，因此这一时期也被称为学习苏联教研室的试点阶段。例如1949年，《关于成立中国人民大学的决定》指出，"为适应国家建设的需要，中央人民政府政务院决定设立中国人民大学，接受苏联先进的建设经验，并聘请苏联教授……"[1] 1950年8月14日教育部颁布《高等学校暂行规程》规定，"教学研究指导组（以下简称教研组）为教学的基本组织，由一种课目或性质相近的几种课目之全体教师组成之；各教研组设主任一人，由校（院）长就教授中聘任，报请中央教育部备案。其职责如下：（一）领导本组全体教师，讨论及制定本组课目的教学计划与教学大纲；（二）领导及检查本组的教学工作和研究工作；（三）领导与组织本组学生的自习、实验及实习"。但这一时期教学研究室的发展受到了大跃进下生产劳动代替教育的"左倾"错误思想的影响，其制约了教研室的进一步发展。

1961年，教育部颁布的《教育部直属高等学校暂行工作条例（草案）》（又被称为《高教六十条》，以下简称为此）规定，"教学研究室是按照一门或者几门课程设置的教学组织"。[2] 该条例明确了系是教学行政组织，教学研究室是教学组织的性质定位，使高校教研室的工作重心恢复到以教学为主，为基层教学组织的进一步发展创造了可能。自此高校教研室逐渐回归教学与科研相

---

[1] 参见中国人民大学校史研究丛书编委会编：《中国人民大学纪事（1937—2007）（上卷）》，中国人民大学出版社2007年版，第95页。

[2] "中共中央关于讨论和试行教育部直属高等学校暂行工作条例（草案）的指示"，载中国经济网：http://www.ce.cn/xwzx/gnsz/szyw/200706/12/t20070612_11710374.shtml，最后访问时间：2022年6月29日。

结合、理论与实际相结合的道路。[1]

（二）破坏阶段

"文化大革命"时期，高校的教研室被视为"资产阶级知识分子统治的基础"，教研室被撤销。高校"校—系"两级管理体制被"校—系"两级革委会取代；专业委员会（也称专业连队）一度取代教研室成为基层教学组织。[2]这一时期高校的教学工作遭受重创，基层教学组织的发展再次陷入停滞不前的局面。

（三）恢复阶段

1978年，教育部《关于讨论和试行全国重点高等学校暂行工作条例（试行草案）》规定，"教研室是按专业或课程设置的教学组织，教研室主任的主要职责是领导和组织执行教学计划、选编教材、拟定教学大纲、编制教学日历等教学工作，科学研究工作和学术活动；组织教师进修工作和研究生培养的工作；领导所属实验室、资料室的建设和管理工作；教研室工作中的重大问题，应该提交到教学研究室会议讨论"。[3]这一阶段教研室主任的职责与《高教六十条》完全一致，但该草案对于教研室的定性以及教研室主任的领导主体的规定略有差异。一方面，将"教学研究室是按照一门或性质相近的几门课程设置的教学组织"修改为"教研室是按专业或课程设置的教学组织"。另一方面，将"教学研究室主任，在系主任或教务长领导下，全面负责教学研究工作"修改为"在系主任领导下"。在该条例的指导下，高校教研室再次回归教学组织的定性，为高校教学秩序维护、科研工作的顺利进行提供了可能。

（四）式微阶段

20世纪90年代，我国高校开始学习欧美高等教育的经验，进行了新一轮的内部管理体制改革，将"校—系"两级管理体制改为"校—院—系"三级管理

---

[1] 陆国栋等："高校最基本的教师教学共同体：基层教学组织"，载《高等工程教育研究》2014年第1期。
[2] 李静："改革开放以来高校基层教学组织发展研究"，厦门大学2017年硕士学位论文。
[3] 何东昌主编：《中华人民共和国重要教育文献（1976~1990）》，海南出版社1998年版，第1646页。

体制。管理体制的变革使学校将更多的管理权力下放给学院，使得研究室享有的教学管理权力进一步淡化，导致部分教研室被缩小或撤销。此外，为了促进科学技术的发展、顺应不同学科交叉融合的背景，部分高校进行了高校教研室职能的改革。一方面，部分高校为了促进科研工作的开展，新设了许多科研机构，专门从事科研工作，大量的研究院、研究所（重心）以及科研团队、课题组等机构涌现。另一方面，为了打破不同学科相对独立的壁垒，促进不同学科之间的交叉融合，部分高校开始撤销教研室、进行学科组试点，从而促进了新学科的发展。

（五）再发展阶段

21世纪以来，教育主管部门和高校再次认识到基层教学组织的重要性，先后制定并颁布意见开展基层教学组织改革。2012年《教育部关于全面提高高等教育质量的若干意见》提出，"提高教师业务水平和教学能力……完善教研室、教学团队、课程组等基层教学组织，坚持集体备课，深化教学重点难点问题研究。健全老中青教师传帮带机制，实行新开课、开新课试讲制度。完善助教制度，加强助教、助研、助管工作"。该意见充分肯定了基层教学组织对于提高教室业务水平和教学能力的重要性，明确提出了完善教研室、教学团队、课程组等基层教学组织的要求。

三、普通高等院校基层教学组织负责人岗位职责存在的问题

笔者通过发放调查问卷[1]与整理文献，归纳我国普通高等院校基层教学组织负责人岗位职责存在的现实问题，具体内容总结如下：

（一）基层教学组织负责人职责不明确

高等教育领域无论是法律法规，还是大部分高等院校制定的规范，普遍缺乏对基层教学组织负责人岗位职责的明确规定，现有的规范也多是规定负责人

---

[1] 本次问卷调查的主题为"我国高校基层教学组织负责人岗位职责研究调查问卷"，共回收问卷158份，其中有效问卷158份。实际参与问卷调查者的职业包括教师、辅导员、教学辅助人员、院校领导等，年龄呈现正态分布，符合抽样调查要求，以下数据均是对本样本统计分析的结果。

应当承担的义务，没有权利和责任条款，从而导致负责人职责不明确。问卷调查中，53.8%的被调查者认为相关规范不完善是当前负责人履责难的主要原因。相关规范不完善，使得负责人岗位职责的界限不清。问卷调查中90.51%的被调查者认为人才培养是负责人的岗位职责，绝大多数被调查者认为科学研究和师资建设是负责人的岗位职责；但在行政事务、文化传承和国际交流等领域，部分被调查者不认为其属于负责人的岗位职责（详见图1），由此可知相应规范缺失或规定笼统，导致高校教师对负责人岗位职责的范围产生困惑。对负责人而言，岗位职责界限不清，专业领头人作用则难以发挥，高校也难以对专业负责人进行规范化、制度化管理，进而不利于基层教学组织教学、科研任务的顺利开展，影响学科整体建设。

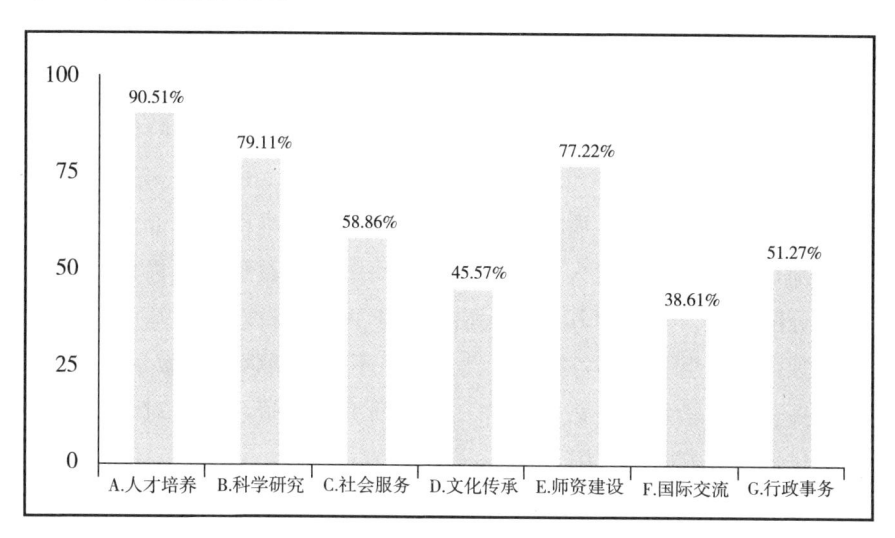

图1 属于高校基层教学组织负责人岗位职责的具体事项统计图

（二）负责人行政职责过重

基层教学组织既是教学科研组织，同时也承担一定的行政管理职能。因此，基层教学组织的负责人除了学术身份外，往往还具有行政身份，但行政身份无论如何都不能成为首要身份。实践中，部分高校的基层教学组织承担了过重的行政管理职能，日常事务性工作繁多导致基层教学组织负责人难以专注于本教学组织的教学科研工作，不利于基层教学组织的整体建设。问卷调查中，仅有51.27%的被调查者认为行政事务属于负责人的岗位职责，有12.03%的被调查人认为负责人职责方面完全没有必要规定行政事务，50%的被调查者认为行政事务过重是当前负责人履责存在的主要问题，57.59%的被调查人认为减少行政事务安排是负责人职责的完善路径。（详见表2）

表2　基层教学组织负责人行政事务职责统计内容汇总表

统计内容	占比
行政事务属于负责人岗位职能	51.27%
行政事务过重是当前负责人履责存在的主要问题	50%
减少行政事务安排是负责人职责的完善路径	57.59%
负责人职责方面完全没有必要规定行政事务	12.03%

（三）管理职权较弱，对组织内部成员控制程度较低

部分基层教学组织负责人存在"唱独角戏"现象，严重影响组织功能的发挥。[1] 基层教学组织的根本定性是基层教学科研组织，虽承担一定的行政事务，但基层教学组织的负责人实质上不具有行政管理权，难以对内部成员形成有效控制。特别是对于青年负责人而言，如何调动中老年教师的积极性，如何给中老年教师分配任务，常常令其手足无措。由于管理职权较弱，基层教学组织负责人往往独自承担组织内部各类事务性工作，不利于增强基层教学组织凝聚力、更好地发挥基层教学组织在教学工作、科学研究、师资建设、对外交流、社会服务、文化传承等方面的作用。

（四）基层教学组织负责人责任心不强，主动性较差

在基层教学组织负责人的选任方面，教育主管部门出台的文件中多次提出要选拔高水平教授或由教学名师担任基层教学组织负责人，有效发挥负责人的带头作用和建设作用。但问卷数据表明负责人的职称具有多样化特征，其中副教授担任基层教学组织负责人的占比最多，为44.94%；其次是教授，占比为43.67%；另有11.39%的讲师担任基层教学组织的负责人。

---

[1] 罗及红："高职院校教研室主任工作现状及对策"，载《文教资料》2019年第30期。

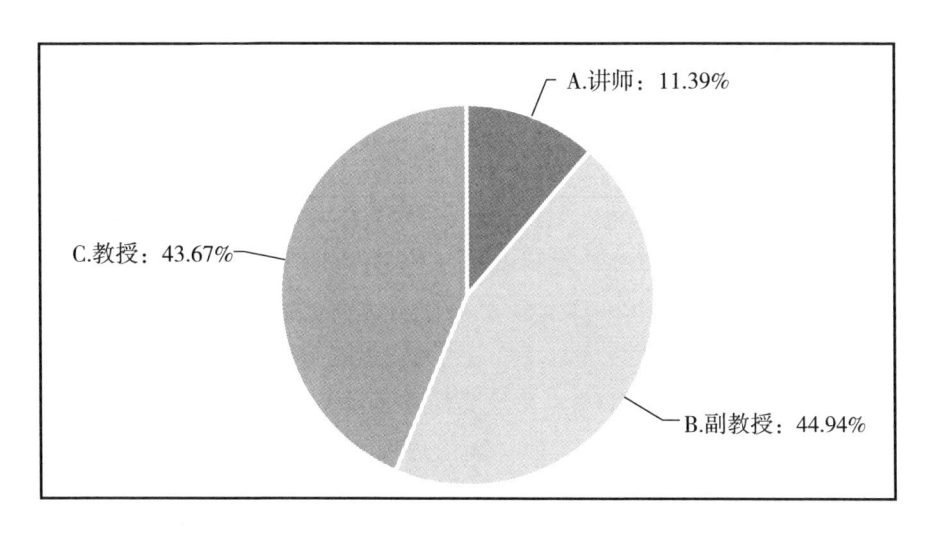

图2 高等院校基层教学组织负责人职称统计图

选任高水平教授或教学名师对基层教学组织建设具有重要意义，但也存在一定不足。例如，部分基层教学组织人数较少，具有高级职称的老师人数更少，甚至只有一名，因此存在"被动"担任负责人现象，即其本身不具有担任负责人的意愿，责任心不强，主动性较差，难以积极履行岗位职责，不能起到带头作用。此外，基层教学组织负责人往往是学科带头人，其时间被大量的教学科研任务占用，因此部分负责人对于主动参与基层教学组织管理工作的意识较差，仅限于日常性的管理工作，难以积极履行岗位职责。根据问卷数据，42.41%的被调查者认为积极性不高，责任心不强是基层教学组织负责人履责难的主要问题，而选任制度不合理是导致出现上述情况的重要原因。

（五）场地、经费、人员等保障措施不健全

必要的场地、经费、人员保障是基层组织负责人履责的物质基础。根据问卷数据，63.92%的被调查人认为相关履责保障措施不健全是基层教学组织负责人履责过程中存在的主要问题；54.43%的被调查者认为场地、经费、人员保障不健全是导致负责人履责难的原因；76.58%的被调查者认为完善相应保障措施是基层教学组织负责人岗位职责的完善路径。由此可知，当前高校对于基层教学组织负责人履责的保障措施尚不健全，导致负责人履责面临种种困难，这同时也是负责人岗位对高校教师吸引力弱的主要原因。大部分教师对担任基层组织负责人的意愿一般，特别是资深教师。根据调查数据，22.15%的被调查者反映其所在的基层教学组织的资深教师完全没有意愿担任负责人；32.28%的被调查者反映其所在的基层教学组织的资深教师比较没有意愿担任负责人（详见图3）。

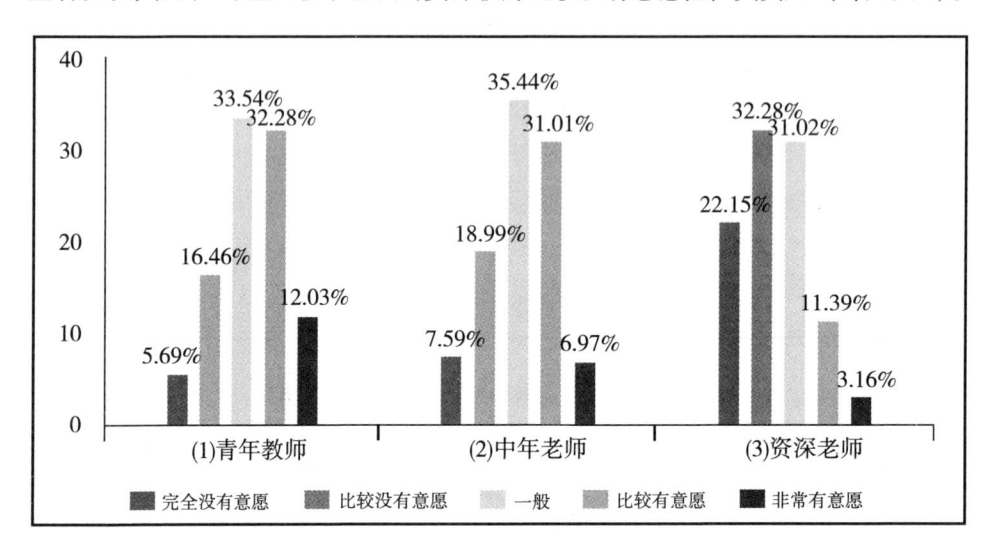

图3　各阶段教师担任基层教学组织负责人岗位意愿统计图

四、普通高等院校基层教学组织负责人岗位职责的完善建议

（一）完善基层教学组织负责人岗位职责规范

高校要加大对基层教学组织负责人岗位职责的重视，一是制定相应规范，明确负责人岗位职责的内容，使负责人履责有章可循，更好地履行岗位职责，引领组织内部成员积极参与教学、科研工作，从而提高人才培养质量和内部科研成果量。二是要摒弃当前规范内容宽泛、模糊、事务繁多的弊端，应当进一步明确负责人岗位职责的内容，使岗位职责具体化，从而让负责人切实了解并履行其岗位职责，避免其承担过多与岗位职责无关的事务性工作，同时制约院校领导任意安排职责范围之外的其他工作。当然，强调负责人岗位职责的具体化并不意味着规范中不再需要宏观的义务要求，负责人岗位职责的规范应当由低限度的职责和高限度的职责两部分构成。所谓低限度的职责，是为了增强负责人岗位职责的明确性与可操作性而制定的规范。例如，规定负责人每学期组

织教师相互听课不少于4次等。所谓高限度的职责，是为了突出负责人岗位的职业伦理要求而制定的更高层次的义务要求，这些义务要求难以精确测量，但仍是年终考核的重要依据。例如，规定负责人要爱岗敬业、具有前瞻意识等。三是要改变当前职责规范体系义务模式的弊端，应当以"权利—义务—责任"模式为核心，岗位职责规范的内容具体应当包括享有的权利、应当履行的职责、考核标准、奖惩措施和申诉渠道等。特别是赋予负责人一定的权利，例如明确其参与内部成员的年度考评、评奖评优的规则等，从而实现对组织内部成员的有效控制，促进内部成员积极参与基层组织各项职能建设，避免负责人一人大包大揽的现象。

（二）减少基层教学组织负责人行政事务安排

当前高校基层教学组织负责人普遍承担过重的行政性事务，导致其工作压力过大，用于教学、科研等工作的时间减少、精力分散，从而难以专注于本组织内部工作。因此有学者主张可以通过"配齐助手"的手段予以解决，配齐助手即在组织内部配置教学秘书，专职处理行政事务；设置党务干部，专职处理党建事务工作。[1]通过配置相应人员使负责人从繁重的事务性工作中解脱，更专心于自身的工作。但该手段涉及编制和财务问题，对组织内部人员较少或所在院校编制、财务受限的基层教学组织而言，通常不具有可行性。因此，减少负责人行政事务安排要从源头治理。要切实明确基层教学组织定性，基层教学组织是高校从事教学、科研工作的最小单元，同时其他承担一定的行政事务。因此学术职能是基层教学组织负责人的首要职责，负责人不应承担过重的行政性事务。院、系作为基层教学组织的上一级单元，应当强化其行政职能，主动承担行政性事务，避免行政性事务过度下放；对于必须由基层教学组织承担的事务，应当事先明确负责人承担的范围，划清职责边界，不可使其负担过多、过重行政事务，导致大量占用负责人时间、精力，妨碍其组织开展教学、科研、师资培养工作。

（三）重视选任环节，注重负责人责任心与主动性

现有的选任模式易导致部分基层教学组织负责人出现领导指定或"被动"

---

[1] 参见凌镜："高职院校基层教学组织负责人岗位吸引力研究——以浙江省为例"，载《中国职业技术教育》2021年第11期。

担任负责人现象，严重违背选任目的，上述负责人往往也不具备责任心和积极性，难以积极履行岗位职责。负责人的选任应当将责任心与主动性作为重要的选拔标准，这是负责人后期能否履行职责的关键。负责人的选任应当摒弃职称、成果、身份的限制，[1]有针对性地选拔熟悉本组织教学、科研工作，致力于推进本组织专业建设、对外宣传的，具有积极性、责任心、乐于担任负责人职位的教师。此外，还要注重负责人责任心、主动性的动态化评价，利用考核与惩戒规则，及时对负责人各项职责的履行情况进行评定，对于不认真履行岗位职责、态度消极的负责人，院校相关部门应当及时作出惩戒，督促其认真履行岗位职责。情况严重的，可以免去负责人职务，及时补选新的负责人，由新负责人履行岗位职责，保障基层教学组织各项工作有序进行。

（四）完善履职保障，增强负责人岗位对内吸引力

相关履责保障措施不健全是基层教学组织负责人履责过程中遇到的首要问题。为了保障负责人认真履行岗位职责，增强基层教学组织负责人岗位的吸引力，必须要建立并完善相应保障机制和激励机制。保障机制方面，一是要制定相关配套政策，切实保障基层教学组织各项工作的有序开展，保障负责人履行岗位职责。二是要配备必要的固定场所，供负责人组织召开内部会议，组织开展内部教学研究。同时要明确并简化会议室、学术报告厅等场所借用手续，供负责人组织开展学术活动、国际交流活动。三是给予必要的经费支持，鼓励负责人积极组织、开展科研工作、学科建设和国际交流活动。四是有条件的高校可以配备教学秘书、党务干部等协助负责人处理日常性事务。激励机制方面，要创新形式，提高负责人岗位吸引力，激励负责人积极履行岗位职责。可以通过减免课时量，给予一定津贴、绩效、补助，或给予一定教分等形式，吸引教师积极竞聘负责人岗位。此外学校和院系还要定期对负责人履职情况进行评定，对积极履行岗位职责、为组织教学、科研作出重要贡献的负责人要予以表彰或给予一定物质奖励，以促进负责人积极履行职责。同时，在职称评定、岗位竞聘方面也要给予认真履责的负责人一定照顾，以表彰其作出的贡献，并且鼓励其他教师积极参与负责人选任。

---

[1] 参见赵心亮："高职院校教研室主任管理考核探究"，载《第五届世纪之星创新教育论坛论文集》2016年版。

高等院校基层教学组织负责人不仅仅是专业课程的讲授者，而且是基层教学组织各项职能建设的领头人，在教学、科研、师资建设、对外交流等领域发挥着重要作用。基层教学组织的负责人身份给予了负责人一定的权利，同样也提出了相应的职责要求。负责人积极履行岗位职责，有利于制订科学合理的教学计划，组织课程教学，不断提高教学质量；有利于有效整合各种资源，开展科学研究工作，进一步服务社会；有利于培养青年师资，进行教学研究，提高团队凝聚力与团队质量……因此，开展负责人岗位职责研究具有必要性和重要意义。当然，学界和高校对于负责人岗位职责的重视程度与研究尚存不足，本文也仅仅是从宏观角度对该领域进行了初步研究。在微观层面，不同院校、不同形式、不同专业的基层教学组织负责人岗位职责的特殊性为该领域的进一步研究创造了可能，负责人岗位职责的完善、负责人积极履行岗位职责的保障仍有待于各界的进一步关注。

附：

我国高校基层教学组织负责人岗位职责研究调查问卷

尊敬的各位老师：

您好！为深入了解我国高校基层教学组织负责人（特指研究所所长、教研室主任等，不含副职）职责现状，更好地发挥基层教学组织负责人的领导作用，不断完善高校基层教学组织的教学工作、科研工作、学科建设、社会服务、国际交流的能力，本研究特设计了以下问题，想了解您所在院校基层教学组织负责人职责的实际情况，从而进一步了解我国高校基层教学组织负责人职责的现状、存在的问题以及意见建议。恳请您在百忙之中抽时间填写此份问卷，非常感谢您的支持与帮助！

一、基本情况

1. 您的年龄：（　　　）周岁（后台提供选项）
2. 您的性别：

A. 男　　B. 女

3. 您的职称是：

A. 讲师　　B. 副教授　　C. 教授

4. 您所在的基层教学组织属于（不定项）：

A. 教研室　　B. 研究所　　C. 教学团队　　D. 研究中心

E. 课程组　　F. 虚拟教研室　　G. 其他，请填写____

5. 您是基层教学组织的负责人（研究所所长、教研室主任等）吗？

A. 是　　B. 否

6. 您所在基层教学组织的负责人（研究所所长、教研室主任等）的职称是：

A. 讲师　　B. 副教授　　C. 教授

二、基层教学组织负责人职责的总体情况

7. 您所在的高校关于基层教学组织负责人职责的规定程度如何？

A. 完全没有规定　　B. 规定比较不完善　　C. 规定比较完善　　D. 规定非常完善　　E. 不太清楚

8. 您所在的高校关于基层教学组织负责人的选任重视程度如何？

A. 完全不重视　　B. 比较不重视　　C. 一般　　D. 比较重视　　E. 非常重视

9. 您认为以下哪些属于基层教学组织负责人的职责？（多选题）

A. 人才培养　　B. 科学研究　　C. 社会服务　　D. 文化传承　　E. 师资建设　　F. 国际交流　　G. 行政事务

10. 据您了解，您所在高校不同年龄高校教师担任基层教学组织负责人的意愿如何？

（1~5分别代表：完全没有意愿、比较没意愿、一般、比较有意愿、非常有意愿）

（1）青年教师	1	2	3	4	5
（2）中年教师	1	2	3	4	5
（3）资深教师	1	2	3	4	5

11. 据您了解，您所在高校基层教学组织负责人有无特别待遇、特殊津贴？

A. 有　　B. 没有　　C. 不知道

三、基层教学组织负责人职责的具体情况

12. 您认为基层教学组织负责人履责存在哪些问题？（不定项）

A. 相关规范不完善　　B. 高校重视程度不足　　C. 行政任务过重

D. 积极性不高，责任心不强　　E. 相关履责保障举措不健全　　F. 其他，请填写____

13. 您认为产生以上问题的原因有哪些？（不定项）

A. 负责人教学、科研任务重　　B. 负责人待遇低、津贴少　　C. 负责人权责不明确　　D. 负责人个人认识不到位，管理形式化　　E. 场地、经费、人员保障不健全　　F. 学校监督管理不尽责　　G. 其他，请填写____

14. 您认为以下哪些是基层教学组织负责人职责的完善路径？（多选题）

A. 强化负责人的业务能力和专业素质　　B. 完善相应规范　　C. 完善相应保障　　D. 减少行政事务安排　　E. 其他，请填写____

15. 请您对所在基层教学组织负责人职责的具体规范进行评分。（1~10代表完全没有规定——规定十分完善）

（1）权利	
（2）义务	
（3）责任	

16. 您认为是否有必要对基层教学组织负责人以下各方面职责进行规定？（1~5分别代表：完全没有必要，比较没有必要，一般，比较有必要，非常有必要）

（1）人才培养	1	2	3	4	5
（2）科学研究	1	2	3	4	5
（3）社会服务	1	2	3	4	5
（4）文化传承	1	2	3	4	5
（5）师资建设	1	2	3	4	5
（6）国际交流	1	2	3	4	5
（7）行政事务	1	2	3	4	5

17. 您对完善我国基层教学组织负责人职责的意见建议。（选填）

疫情防控常态化形势下学生管理工作的思考

——以法学院研究生管理为例

郭 虹

在国家的有力控制下，全国疫情已经呈现出整体向好趋势。随着疫情态势趋于稳定，当前疫情防控已进入常态化时期。疫情常态化管理要求抓细、抓实疫情防控举措、防疫到位，以确保校园安全、教学工作有序开展。在工作量倍增、精细化管理实施困难、学生心理压力大、就业工作面临更大困难的形势下，探索开展疫情防控常态化背景下的学生管理工作模式具有重要意义。

一、疫情防控常态化学生工作面临的挑战

（一）疫情导致工作量剧增

法学院目前在籍硕博研究生共710人，其中包含硕、博各三个年级以及部分延期毕业学生。学院有两位辅导员负责研究生学生管理工作。疫情以来，辅导员老师要负责所有学生的"每日疫情健康打卡"上报、日常进出校园网上审批、进出京材料审核和网上审批、组织新冠疫苗注射和核酸检测并完成统计数据汇总上报、涉疫学生隔离和情况总结上报、违反校园防疫规定违纪学生的处理与教育等。而全国多地疫情不间断出现，突发的疫情紧急排查和数据汇总上报工作应接不暇，且时间紧、任务重；每年寒暑假学生放假离校、开学返校，全国各地来回往返都要进行疫情排查和审核。大量与疫情防控和管理相关的工作，给学院的学生管理工作开展带来巨大压力与新的挑战。

（二）实施精细化管理难度升级

疫情防控常态化背景下，防疫政策发生变化，需要学生管理工作进行相应的改变。学生管理工作中安全稳定、日常监督和精准防控成为主旋律。法学专业研究生培养环节要求学生更多地参与实践调研，学生根据个人学习需要申请出校或出京；学院在职博士学生因工作、家庭的原因也需要经常离校离京；延期毕业学生因论文写作、答辩、办理毕业手续等原因不定期出入学校；已毕业学生因办理档案户籍手续需要申请临时入校……随着学生人数的增多，需要辅导员"一对一"处理的问题以几何倍数增长，无疑大大提升了学生工作难度。而学生数量多，需要处理的事情也会多，发生问题的概率也会增加，在时间和精力有限的情况下，如何高效率实施精细化管理、处理好大量需要"一对一"解决的问题，是疫情防控常态化背景下学生管理工作面临的又一严峻挑战。

（三）学生心理问题多发

受北京具体疫情管控要求的影响，在疫情防控常态化形势下我们学校大多数情况下依然实行封闭式校园管理。学校研究生院校园面积小、户外活动场地有限、各项服务设施不全，对学生生活造成影响；封闭式管理对于研究生在学业方面亦有诸多的影响：科研项目调研无法进行、专业实习被迫中断、博士论文因需要去特定机构查询资料导致写作受到影响。学习和生活需求得不到满足，有些学生在封闭管理期间会感到压抑和烦躁，受心理问题困扰的学生人数有所增多。还有一部分学生在研究生入学时就存在心理问题，这些学生在封闭管理期间更易出现孤独、无助、焦虑等负面情绪。心理问题引起大量心理疏导工作，给学生管理工作也带来巨大挑战。

（四）就业工作面临更大挑战

持续疫情给社会经济运行带来明显的影响，在很大程度上也影响了毕业生就业工作。从用人单位角度来看，持续的疫情影响导致利润下降、用人需求缩减；从毕业生角度来看，疫情影响毕业生就业观念，在找工作过程中更加"求稳"，更多毕业生倾向于选择考公务员或事业单位，学生个人就业难度提升，可选择就业范围缩小。受疫情经济影响，学生不能正常流动。在疫情防控状态下，学生无法正常线下实地实习，单位面试、线下签约步骤因疫情影响停滞，线上求职在某些方面影响就业心态以及学生对招聘单位和岗位信息的深入了解，导致学生求职就业自信不足。因疫情影响，某些省市公务员考试不得不更改时间，又会和学生所报其他省市公务员考试时间产生冲突，影响了学生的整体计划和就业机会。这一系列负面影响，引发毕业生就业焦虑。可以说，疫情的持续给高校毕业生就业带来时间、空间叠加的双重就业困难，严重增加了学院的就业工作压力。[1]

二、疫情防控常态化形势下学生管理工作新举措和新实践

（一）充分发挥学生骨干的作用

为更好地实施疫情常态化防控、高效处理因疫情带来的繁重工作，学生管理工作需要充分调动学生骨干积极性，与学生干部形成合力，这既能够减轻辅导员在疫情防控期间的工作压力，也进一步加强了学生干部队伍建设。针对疫情防控期间学院需要"一对一"为学生解决的问题，逐层分解，让学生骨干也参与其中，形成"学校—学院—年级（辅导员）—班级（班长）—宿舍（宿舍长）"网格化管理体系，通过分级管理和纵横结合确保全覆盖。[2]关于疫情每日健康打卡信息上报，当出现个别同学错误填写某些信息项的情况，需要快速核实修改时，作为与学生日常生活在一起的学生干部，能够快速联系到有关同学核实情况并报给辅导员，有利于精快准地排查情况解决问题。还有，在寒暑假开学季，大量学生返校，辅导员需要登录个人系统，并在2天之内完成400多名同学的健康宝、大数据行程码、核酸检测结果等多项材料网上初审和复审，工作量繁重且容易出错。这时就可以采取以下方式：在学校指定辅导员网上审核日期前1~2日，宿舍长收集需审核的电子版材料提交—班长预审—辅导员网上通过。班长预审如有问题可提前发现报给辅导员，减少在网上审核阶段人数多、时间紧、易出错的概率；辅导员老师能够在规定时间内快速完成网上审核，减少同学等待时间，并能兼顾到开学前2个工作日其他需要紧急处理的工作事

---

[1] 万维等："疫情背景下经济转型对就业模式的影响"，载《现代商贸工业》2021年第5期。
[2] 张琰："高校研究生网格化管理的探索与实践——以中国石油大学（华东）材料科学与工程学院为例"，载《中国新通信》2021年第18期。

项。以学生骨干为抓手，使其在疫情防控常态化时期充分发挥出老师"左膀右臂"的作用，能让大量繁琐工作化繁为简、事半功倍。

（二）实施疫情防控精细化管理

1. 通过分项流程化管理做好分项工作台账统计。辅导员从年级团总支干部和班长中选拔出一些干部，分项成立工作小组。针对疫情常态化形势下统计频次高、涉及同学个人详细信息汇总上报、定期需要更新信息的几项工作，专项专人负责。目前根据需要分别设置了：进出京审核工作组、疫情紧急排查工作组、疫苗注射台账工作组和健康监测工作组。成立专项工作小组，一是便利同学，同学有相关事务需要办理就扫码进群，按照群公告说明的规定流程提交申请材料；二是工作效率高，小组负责同学专门负责一项工作使其对于处理流程很熟悉，同学有疑问也能快速解答，能够配合辅导员老师快速完成审批；三是便于信息保存和倒查，例如对于要求实时更新的数据统计可以参考对照之前群里统计结果，对于出京返京同学，可以查看统计信息快速倒查是否涉疫。

2. 对涉疫同学管理采取"一人一策"。疫情防控常态化学生管理工作中，要求精细化程度最高的当属出现密接和次密接涉疫的情况。对涉疫相关同学，辅导员会采取"一人一策"的管理方式，并做好"四步骤""两注意"环节的工作。四步骤分别是：中高风险区域时空排查—涉疫同学隔离—隔离期间管理—隔离结束健康监测。"两注意"分别是：注意做好被隔离同学的信息统计和提交健康观察报告，注意关心被隔离同学身心健康状况和学习生活困难。

3. 加强疫情防控常态化违规违纪教育。疫情防控常态化状态下，有部分学生放松警惕、麻痹大意，不少学院都出现有学生违反学校疫情管理规定、不经审批外出聚餐的情况。我们院也有几名研究生同学有此类违纪情况，对学生出现的违规违纪行为，学院高度重视，及时在全院进行违规违纪处分通报；辅导员对相关学生进行了谈话教育；及时给年级干部和学生代表召开线上会议。以此事件为契机，加深学生对本校疫情防控政策及校规校纪的理解和认识，使其他同学能够引以为戒、端正思想。[1]

---

〔1〕 向润清等："疫情防控下高校辅导员的学生管理工作方法建议"，载《内江科技》2021年第4期。

（三）及时做好学生的心理疏导工作

1. 关注疫情防控常态化下学生心理状况。疫情防控常态化下学院注重加强心理健康教育、关注学生心理状态，引导学生正确认识疫情、积极面对压力。对于学校在很长时间内实行封闭式管理，部分同学存在不理解学校疫情防控相关的情况。针对此类学生，学院及时关注学生的思想动态、了解学生需求，疏导和解决学生思想和心理问题，确保教学、就业工作顺利进行。必要时学院辅导员老师会和相关同学进行一对一的谈话疏导，或者向学校心理咨询中心老师求助，处理好疫情防控下常态化期间学生的心理问题。

2. 做好因涉疫需要隔离学生的心理疏导工作。对于因涉疫影响需要隔离的学生，有些同学会担心自己会不会被感染新冠病毒，隔离是否会影响学习和课程，隔离的环境和生活是否适应，等等，因此产生焦虑不安等不良情绪。对于接到隔离通知的同学，辅导员老师都会单独联系，告知同学隔离时间、地点，并预先进行隔离相关情况的介绍，对同学进行心理疏导，缓解同学内心压力。对于以下三类被要求隔离的同学，辅导员会进行重点心理疏导：一是研究生入学的新生，他们刚来到新环境就要进入"空间隔离"状态，特别担心被耽误和落后，会产生焦虑不安情绪；二是入校前有过心理疾病史的同学，因为本身心理承受力差，隔离会让同学压力大、烦躁不安；三是毕业年级忙于面试和找工作的同学，时间对于他们很珍贵，尤其因同上一堂课或同宿舍出现密接被迫要求隔离，进而影响之后的求职面试安排，同学会出现愤怒、急躁或失落的情绪。对于以上三类同学的问题，辅导员会详细了解情况，并由学生干部协助，进行及时到位的心理疏导和隔离期间的持续关注。

3. 发挥研究生导师在心理工作中的作用。基于研究生培养模式的特殊性，研究生导师在研究生的培养教育中的作用是无可替代的。当学生遇到困难产生心理问题时，如果能够将专业导师纳入心理疏导工作中，会起到积极正向的作用，促进问题的有效快速解决。持续疫情影响引发较多学生的心理问题，学院很多专业导师也加强了对自己所带学生的关心、关怀，当发现学生遇到困境、持续被不良情绪困扰时，导师会主动跟学院研工办和辅导员沟通，共同努力促进学生心理问题的解决。

（四）克服困难做好研究生就业指导与服务工作

1. 充分利用校友资源。为了降低持续疫情给学生就业造成的不利影响，学院开拓思路利用多方渠道，为学生的就业提供切实帮助。其中充分利用校友资源，特别是和法律专业学生就业对口的法院、检察院和律所的校友资源，对学院毕业生提供就业信息分享、进行就业面试相关指导讲座和经验分享、问题答疑等多方面帮助，对促进学院就业工作效果显著。

2. 做好就业指导与服务工作。常态化疫情防控背景下，因疫情影响会带来各类不同的问题和困难，学院克服困难为学院毕业生做好就业指导与服务工作。一直以来，参加全国各地的公务员考试是很多法大毕业生的一个主流就业选择，而疫情的影响让学生的公考之路客观上增加了很多困难，比如受疫情影响考试时间的不确定性、考试前和返京、返校前要求多次核酸检测、考公务员途中可能会受到各地突发疫情影响被隔离等。毕业生遇到以上类似问题时，辅导员老师会及时为同学疏解焦虑情绪，做好毕业生的心理疏导，指导学生克服困难应对挑战，帮助学生树立信心；同时借助学院和学校的支持，想尽一切办法为毕业生解决实际困难，例如，集中组织核酸检测、两校区加派校车等。学院为毕业生举办"巅峰职场"系列活动，涵盖了就业形势分析、公考备考及面试指南、全真模拟面试等多个备受毕业生关注的主题活动；针对通过公考笔试的同学，组织公务员模拟面试，为学生提供了很好的锻炼机会，有助于提高同学们公务员面试的通过率，这些活动备受学院毕业生关注和欢迎。

三、疫情防控常态化形势下学生管理工作的应对思路

（一）注重思想引领，做好疫情常态化防控

怎样在疫情防控常态化背景下开展思想政治教育工作，是对学生管理工作提出的新挑战，也是开展学生思想教育工作的契机。学院非常重视此项工作，在学院党委的领导和推动下，一是进一步发挥学生党支部的战斗堡垒作用、党员的先锋模范作用，增强党组织的凝聚力，在常态化疫情防控期间保证党建活动顺利有序开展。学生党支部开展视频党课、线上主题党日活动、线上组织生活会，在研究生党员微信公众号"先锋法苑"定期推送党支部活动、党员学习

心得体会，在学生中广泛开展宣传工作，进一步加强对学生的理想信念教育。二是积极引导、帮助学生提高认知、规范自身行为，做好常态化疫情防控期间学生思想教育工作。[1]要让更多的学生感受到疫情防控中体现出的社会主义制度的优越性和强大的中国精神凝聚力，了解我国在疫情防控中取得的重大成果，增强对中国梦的认同和爱国主义情怀，认识到疫情发生后青年人应该担当的社会责任和使命。

（二）坚持以学生为本，平衡好管理和服务工作

随着疫情的发展变化，学生管理工作的内容也随之发生变化，与疫情相关的大量工作，成为学生管理工作的一项重要内容。为落实北京市关于疫情防控工作的总体要求，学院在日常学生工作中，坚持以学生为本，将学生安全作为学生工作的重点，从关心学生的基本学习和生活情况入手，兼顾好管理与服务工作之间的平衡。研究生因在职工作、专业实习和就业需要，受到疫情管理限制的影响更多，学院针对毕业生、实习生、贫困生等重点群体要多关注和有耐心，兼顾疫情管理工作需要和研究生学习生活具体需要，既保证疫情防控举措的实施，又能够坚持以学生为本，引导学生自觉遵守学校防疫规定，以保证疫情期间学院学生工作稳步开展。

（三）创新工作方式方法，筑牢防疫底线

在学院的防疫工作中，分项流程化管理和网络新型信息化手段的运用都起到了重要作用。实践证明，创新和运用新的方式方法能起到事半功倍的效果。以信息的收集和录入工作为例：可以借助各种网络平台了解掌握学生的相关信息，如学生目前所在地、学生健康情况；可以用腾讯文档、接龙工具等小程序快速完成核酸检测和疫苗接种情况统计工作；也可借助"问卷星"了解学生在疫情期间的思想动态、身体状态、心理健康情况等，把握学生的动态信息，通过信息技术分析学生的各种行为。而运用腾讯会议、企业微信进行线上班会、支部会、党员学习、学生骨干工作会也非常高效便捷。利用此类网络信息化软件、配合分项流程化管理，不仅解决了疫情期间无法线下开展班级和支部活动的问题，更有助于精准摸排学生出行轨迹、及时解决各类安全隐患，有效提高

---

[1] 孙文建："疫情背景下高校辅导员的思想引领作用"，载《教育观察》2020年第10期。

疫情防控工作的管理水平，为构建疫情防控常态化形势下学生安全管理体系提供了有力支持。

结语

疫情常态化防控给学生管理工作提出了新挑战。通过研究生管理工作实践可以发现，在实践中探索和发现新方法、新举措，整合好各方面的资源十分重要。发挥各类资源的集成之力，可以有效兼顾疫情防控常态化形势下的疫情管理、思想教育、心理疏导与就业等各项管理目标，助力学生管理工作稳步开展。

高校学生出勤义务反思

张冬阳

一、问题的提出

　　提升高等教育发展水平，高校学生的学业质量是关键。2015 年 10 月印发的《统筹推进世界一流大学和一流学科建设总体方案》在"建设任务"中指出，"完善质量保障体系，将学生成长成才作为出发点和落脚点，建立导向正确、科学有效、简明清晰的评价体系，激励学生刻苦学习、健康成长"。2017 年修订后的《普通高等学校学生管理规定》第 19 条明确规定："学生应当按时参加教育教学计划规定的活动。不能按时参加的，应当事先请假并获得批准。无故缺席的，根据学校有关规定给予批评教育，情节严重的，给予相应的纪律处分。"与修订前的"学生应当参加学校教育教学计划规定的课程"条款相比，新条例不仅扩展学生应当参加的教育教学范围，而且完善了教育教学考勤制度。

　　高校学生课堂考勤制度作为教育教学顺利开展的重要保障，在实践中却不尽如人意：对北京高校学生的实证调查显示，2010 年 65% 的学生有逃课行为，2011 年高达 20% 的学生出勤率不足 90%，"逃课现象仍然是较为普遍的事实"。[1]对此出现了主张高校学生享有"逃课自由"的激进声音，[2]缓和观点认为，如果高校课程和教学存在问题，"逃课是学生对于自身学习权利、全面发展权利遭遇无视、受到侵害的自然抗争，是用一种固然不合法但却合理的方式来表达自

---

[1] 王达品："大学生学业发展状况与对策分析——兼论高校学业辅导体系的构建"，载《教育研究》2014 年第 5 期。

[2] 林来梵：《宪法学讲义》，清华大学出版社 2018 年版，第 419 页。

身在教学活动中的权利、维护自身的学习利益"。[1]《普通高等学校学生管理规定》第 19 条（参加教育教学计划规定的活动）和第 30 条第 1 款第 4 项（参加学校规定的教学活动）都要求学生"参加"规定的活动，这里的"参加"应当理解为学生按照学校安排的时间、地点和内容出席课程，通常称之为出勤。[2]问题在于，《普通高等学校学生管理规定》给学生施加的出勤义务是否真的不合理。

二、高校学生学业自由：渊源和内涵

讨论出勤义务是否对高校学生利益造成不合理限制之前，首先需要界定的是宪法和法律是否赋予其权利，以及何种内涵。对于公民经过竞争性考试进入高校就读期间所享有的权利，一般被称为"学业自由"或者"学习自由"。我国台湾地区主流观点认为学业自由是学术自由的基本保护法益之一，此种观点有待商榷。

（一）学业自由：学术自由的组成部分？

根据学界主流观点，学术自由的规范依据蕴含在我国《宪法》第 47 条表述之中，可以通过法解释的方法从"科学研究""文化活动"和"文化事业"中推导而出。[3]学术自由应当至少由研究自由与教学自由组成。研究自由包括但不限于研究问题的提出、方法的选择、研究结果的评判和传播；教学自由则特别指教学内容、教学方法和科学性教学观点的表达。[4]研究和教学之间关系紧密，但也并非不可分割，尤其是当今的研究交流越来越多地集中在专业场合和期刊，教学依然承担着储存知识、体系化和跨越代际传递知识的功能，应当遵循各自不同的理性，区分研究自由和教学自由。[5]

---

[1] 李克、朱国良："高校教学制度民主化视角下大学生逃课现象的思考"，载《山东青年政治学院学报》2013 年第 3 期。

[2] 江苏省宿迁市中级人民法院（2007）宿中行终字第 0028 号行政判决书。

[3] 湛中乐、黄宇骁："再论学术自由：规范依据、消极权利与积极义务"，载《法制与社会发展》2017 年第 4 期。

[4] BVerfGE 35, 79.

[5] Klaus Ferdinand Gärditz, Die Lehrfreiheit – Wiederentdeckung oder Rückbau?, WissR 2007, 67, 71.

高校学生的学业自由是否也为学术自由的组成部分呢？对这个问题的回答即使是在重视学术自由保障的德国尚存争议。德国联邦宪法法院截至今天也没有作出明确表态，仅在"不来梅模式案"中指出："学业自由在多大程度上受到宪法保护在本宪法诉愿程序中无需作出最终判断。但高校学生并非中小学学生，不是知识传授的单纯客体，而应当是独立参与到科学讨论中的高校成员。至少当高校学生有意愿和有能力参加到科学性教学之中时，也可以享有《德国基本法》第5条第3款第1句的基本权利。"[1]裁判看似直接肯认高校学生拥有学术自由，但法院将基本权利主体能力与学生的意愿和能力相联结，导致基本权利主体保护范围的开启出现不恰当的个人化（inadäquate Individualisierung）。[2]由于宪法文本没有提及"学习"或者"学业"，应当根据学术自由基本权保护体系来判定高校学生的学业自由能否被纳入到学术自由保护范围。

1. 学业自由作为研究自由的组成部分？学业自由是否作为研究自由组成部分的争议焦点在于对研究活动的界定。德国联邦宪法法院认为，研究活动的核心在于"在内容和形式上对真理进行严肃且有计划的探寻"。[3]真理探寻的严肃性要求已经具备特定知识储备，探寻活动与现有知识水平相接续；需要对现有研究知识进行有批判性和自我批判性的讨论分析。真理探寻的有计划性则指，探寻真理时所采用的是可重复性和主体间互相理解的方式或方法。对真理的探寻还要求所获取的知识用于专业讨论，能够与其他科研人员讨论辩论和提出批评。[4]

对于低年级学生来说，其专业知识储备尚不足以支撑起探寻真理的基础。个别观点认为，高年级学生偶尔参与教师开展的研究工作或者"研究型教学"，对于学术研究有一定程度的贡献，故能让其共同受研究自由的保障。但学生参与研究是例外性的，在整体学生中占据少数。研究自由是一种探索发现"客观未知"的自由，[5]研究型教学则意在让学生"在研究中积累知识、培养能力和锻炼思维"，更多是培养学生独立寻找和学习"主观未知"的能力。积极参与研

---

[1] BVerfGE 55, 37.

[2] Wolfgang Löwer, Freiheit wissenschaftlicher Forschung und Lehre, Papier / Merten (Hrsg.), Handbuch der Grundrechte in Deutschland und Europa, Band IV, 2011, § 99 Rn. 68.

[3] BVerfGE 35, 79.

[4] Sarah Gronemeyer, Die Zulässigkeit vonAnwesenheitspflichten inLehrveranstaltungen, 2020, S. 108.

[5] 王德志："论我国学术自由的宪法基础"，载《中国法学》2012年第5期。

究也非我国高等教育所追求的培养目标，《高等教育法》对学生的学业要求是：掌握较高的科学文化知识和专业技能（第53条）以及在规定的修业年限内学完规定的课程，成绩合格或者修满相应的学分（第58条）。只有当学业被典型地作为自身参与研究来开展或者是以此模型构建，方受研究自由的保护，例如学生独立自主撰写学位论文。[1]因此学业自由原则上不能作为研究自由的组成部分予以保障。

2. 学业自由作为教学自由的权利反射。主张学业应当作为学术自由实体保护范围的另一种观点认为，学业自由应当是教学自由的构成部分。这种观点的依据在于：首先，教学永远是教和学的双边活动，教师的教和学生的学是教学活动的一体两面；教学活动的发生以互动交流的形态存在，是教与学合力的结果。[2]鉴于教学和学习之间互相依存的关系，不将学业自由纳入教学自由会使得教学自由成为一副空壳。其次，教学自由不仅包括教师自主决定教学内容、教学流程和教学方法的权利，还有表达科学见解的自由。[3]教学直接作用于学生时，学生不是单纯的知识传授客体，而是独立参与到科学讨论中的高校成员，正是教师和学生之间的科学交互结构形成了教学的最重要特征。[4]如果将教学自由的主体保护范围限缩为教师，不仅有违科学交互结构，也使得教师获得凌驾于学生之上的地位。

教与学固然是共生共长、深度交互的过程，但这不能直接得出学习自由在法律层面上应当成为教师自由互补权利（Komplementärrecht）的结论。言论自由同样强调人际交流过程，但通说并没有将所谓的"接受自由"一同纳入到言论自由保护范围之中。[5]更重要的是，随着高等教育普及、高校招生规模急速增加以及高等教育体系结构日益丰富，在个别高校师生比1∶18形势下，[6]教师和学生之间的科学交互结构仅为理想架构；为了提升学生就业市场竞争力，高等教育教学向职业培训靠拢，很多课程成为教师的单方知识传授，根本谈不上"科学

---

[1] Wilhelm Karl Geck, Die Stellung der Studenten in der Universität, VVDStRL 27 (1969), S. 143, S. 157.

[2] 刘旭、苟晓玲："从摇摆到统一：教与学的关系辨正"，载《现代大学教育》2021年第2期。

[3] BVerfGE 35, 79.

[4] Ann-Katrin Kaufhold, Die Lehrfreiheit – ein verlorenes Grundrecht, 2006, S. 204.

[5] Ann-Katrin Kaufhold, Die Lehrfreiheit – ein verlorenes Grundrecht, 2006, S. 204.

[6] 车辉、徐彤："高校资源'捉襟见肘'刺痛扩招之踵"，载《工人日报》2010年9月25日，第5版。

性对话"。[1]洪堡大学所倡导的"教师与学生共同追求知识"理念[2]在当今高等教育渐行渐远。教师决定了教学内容，承担教学和研究的责任，也就当然地具有决定优先权。因此压倒性观点认为，学业自由只是教学自由的权利反射，不能作为被教学自由同等保护的权利。[3]

（二）学业自由：受教育权内涵的拓展

我国《宪法》第46条第1款规定："中华人民共和国公民有受教育的权利和义务。"受教育权的结构和内容比较复杂，林来梵教授认为主要包括学习的权利、义务教育无偿化和接受教育的平等。[4]1985年联合国教科文组织发表的《学习权利宣言》使用了学习权（right to learn）概念，将其认定为一项基本人权，它是指阅读和写字、提出问题与思考问题、想象和创造、了解人的环境和编写历史、接受教育咨询、发展个人和团体技能的权利。"学习权"概念的出现拓展了受教育权的内涵，它强调知识学习过程中的自主选择，通过适当的学习情境和学习活动，充分发展个人潜能。尽管学习权内涵外延过于宽泛，但以自我实现方式开展学习的理念有着积极意义。[5]学习权内涵的融入不仅表明了现代学习制度建构的趋势，更意味着学生法律地位的变革。[6]以培养具有社会责任感的高级专门人才为任务（《高等教育法》第5条）的高等教育更是如此，与中学教育不同，高等教育更多的是培养学生自觉、自主、自律的学习能力。[7]对于高校来说，在向符合条件的学生提供高等教育时必须将学生自主性纳入考量，方能落实宪法和法律对公民受教育权的保障。[8]因此学业自由构成高校学生受教育权的重要组成部分。

---

[1] Glaser, Die Studierfreiheit - Analyse eines ungeklärten "Grundrechts" in historischer und europäischer Perspektive, Der Staat 47 (2008), 213, 223.

[2] 张叶鸿："创造性思维教育与洪堡大学理念"，载《清华大学教育研究》2020年第5期。

[3] Josef Franz Lindner, Rechtsfragen des Studiums, in: Michael Hartmer/Hubert Detmer（Hrsg.）, Hochschulrecht: Ein Handbuch für die Praxis, 2. Aufl. 2011, S. 522.

[4] 林来梵：《从宪法规范到规范宪法》，商务印书馆2017年版，第236页。

[5] 申素平："受教育权的理论内涵与现实边界"，载《中国高教研究》2008年第4期。

[6] 姚荣："从'管理法'走向'平衡法'：中国公立高校学生管理规则系统的演进逻辑"，载《首都师范大学学报（社会科学版）》2017年第2期。

[7] 湖北省武汉市洪山区人民法院（2017）鄂0111行初133号行政判决书。

[8] 新疆维吾尔自治区乌鲁木齐市水磨沟区人民法院（2015）水行初字第75号行政赔偿判决书。

高校学生的学业自由是指学生在学业构建上承担自我责任。[1]学业自由不仅包括学习或者不学习的自由，还有其他具体自由。《德国高校框架法》第4条第4款明确规定了学业自由，包括了"自由选择课程、按照自身选择确定学业重心以及撰写和表达科学和艺术见地"。许育典教授将学业自由的具体内容总结为：参与大学自治决定权、大学信息请求权、教学活动参与权、考试请求权、大学设施使用权和旁听请求权。[2]教育部《普通高等学校学生管理规定》第6条明确规定，学生在校期间依法享有参加学校教育教学计划安排的各项活动权、使用学校资源权、参加社会实践活动权、参与学校管理权等权利。所要强调的是，学业自由更多的是防御公权力的干预，无法从中导出请求高校或者教师在基本课程之外开设特定主题课程的权利。学业自由也不是"懒人特权"：学生必须对自身懒惰给学业造成的风险承担责任，学业自由保障的是学生努力学习，优秀地完成学业的权利。[3]

三、出勤义务对基本权利的干预

高校学生出勤义务影响到多方法律主体的权利：不仅直接干预到高校学生的学业自由，也对教师的教学自由和大学自治权形成干预。

（一）高校学生的学业自由受到干预

学业自由的保障使得学生能够在法律框架内独立自主地按照自身设想组织学业，其前提则是学生有着充分的时间来实现上述设想。如果高校在提供高等教育时施加过多限制，导致学生在学校安排的教育教学活动之外无法独立且自我负责地从事其他与学习有关的活动，此时学习自由面临被抽空的威胁。因此当学生对特定教学观点产生抗拒时，应当享有自主决定是否以及在多大程度上参与课程的权利。[4]特别是"学生认为教学内容过于片面"于学业毫无助益，其可以决定不再参加教学活动，而是通过参加类似课程、自我学习等方式提升

---

[1] Sarah Gronemeyer, Die Zulässigkeit von Anwesenheitspflichten in Lehrveranstaltungen, 2020, S. 133.
[2] 许育典："大学生的基本权保障与限制：以学习自由为核心"，载《教育政策论坛》2017年第1期。
[3] Sarah Gronemeyer, Die Zulässigkeit von Anwesenheitspflichten in Lehrveranstaltungen, 2020, S. 133.
[4] Thomas Bauer, Wissenschaftsfreiheit in Lehre und Studium, 1980, S. 133.

自身。这种自主学习能力正成为高等教育所倡导的学生学习方式之一。斯坦福大学教育学院院长施瓦兹·丹认为："真正需要的或许应该是培养学生的自我学习能力。"[1]加之每个学生学习效率不同，学生如果能通过个性化学习提高学习效果，就不应该强制其必须参加教学活动。进入高等教育阶段的学生多为成年人，在具备签订合同等完全民事行为能力的情况下如果被剥夺学业构建自由，延续中学教育模式，实属无法理解。[2]高校学生通过受教育权保障的学业自由因此包括远离教学活动的自由。

根据《普通高等学校学生管理规定》第19条和第30条的规定，高校学生必须按时参加教育教学计划规定的活动，如果未经批准连续两周未参加学校规定的教学活动的，学校可予退学处理。上述规定直接对高校学生的学业自由形成了干预。

（二）出勤义务对高校教师教学自由构成干预

德国曼海姆高等行政法院认为，高校学生被施加的出勤义务也对教师的教学自由构成干预；[3]教学自由保障教师在教学内容和教学过程上的构建自由。[4]教学作为教师工作义务，其理应接受学校时间和空间上的协调和安排，出勤义务则直接导致教师在教学过程中必须遵守学校的教育教学考勤制度，严格执行考勤制度，为此花费较多的时间和精力。[5]

（三）出勤义务对高校自治形成干预

学术自由不仅具有主观防御权面向，还可以从中导出属于客观面向的制度性保障，即高校自治，以保障作为制度之高校的存续与发展，这包括了高校制

---

[1] 郭峰等："论高水平本科教育语境下大学生学习文化生态的优化"，载《江苏高教》2021年第8期。

[2] Jackob Horneber/Marco Penz, Anwesenheitspflicht von Studierenden in Lehrveranstaltungen an Hochschulen, WissR 2018, 150, 166.

[3] VGH Baden-Württemberg, Urt. v. 21. 11. 2017- 9 S 1145/16, BeckRS 2017, 133425, Rn. 42.

[4] BVerfGE 55, 37: Es gehört zu seiner Lehrfreiheit und zu der durch das Grundrecht des Art. 5 Abs. 3 Satz 1 GG geschützten verfassungsrechtlichen Position, selbst über Inhalt und Ablauf der Lehrveranstaltung bestimmen zu können.

[5] 陈星宇、张春勇："大学生对上课出勤严格考核的态度调查——基于云南农业大学的调查分析"，载《云南农业大学学报（社会科学）》2016年第4期。

定学业和考试方面规定的权限。[1]立法者在制定出台相关规定时需要顾及高校自治，防止立法权及行政权对学术自由进行不当干预和扭曲。我国《高等教育法》第34条规定："高等学校根据教学需要，自主制定教学计划、选编教材、组织实施教学活动。"学校制定教育教学计划及后续的组织实施，是高校自治的重要体现。[2]《普通高等学校学生管理规定》第19条所规定的高校学生出勤义务，使得高校必须根据该规定要求学生参加所有教学活动，并为此建立健全相应的教育教学考勤制度。因此，出勤义务相关规定对高校自治形成干预。

四、出勤义务的法治要求

自学生在与高校纠纷中通过行政诉讼就自身受教育权维权第一案——"田永诉北京科技大学案"以来，以惯例法形式事实上存在于我国高等教育领域的特别权力关系被打破，高校对学生的纪律处分权不再是法治的"真空地带"。[3]在受教育权、学术自由和大学自治权互相重叠冲突的局面下，平衡三方权利是高校学生管理法治化的必然追求。这就要求高校学生被施加出勤义务的规定必须满足法治要求，特别是符合法律保留原则、规范明确性原则和比例原则等法治要求。

（一）法律保留原则

法治原则和民主原则都要求，对于基本权利实现来说，重要的规制应当由立法者自身作出规定，而不能将决定权留给行政者。至于何种决定达到重要程度从而必须由立法者予以规定，取决于受影响规制客体的事实领域和特性。立法者负有自身采取措施的义务主要出现在含义多维且复杂的基本权情形之中——有着竞合关系的自由权发生冲突，每个基本权利的界限流动难以确定。[4]那么，高校学生管理中的哪些事项当属法律保留范围之内？我国台湾地区在"惩罚退

---

[1] VGH Baden-Württemberg, Urt. v. 21.11.2017－9 S 1145/16, BeckRS 2017, 133425, Rn. 43.

[2] 李华、赵建编著：《普通高等学校学生管理规定条文精义与案例解析》，经济管理出版社2017年版，第87页。

[3] 黄硕、申素平："我国高等教育领域中特别权力关系的变迁史考察"，载《中国人民大学教育学刊》2014年第4期。

[4] VGH Baden-Württemberg, Urt. v. 21.11.2017－9 S 1145/16, BeckRS 2017, 133425, Rn. 26.

学制度案"中认为：举凡教育内容、学习目的、修课目录、学生之地位等有关大学生学习自由之"重要事项"，皆应以法律明文限制之，或需有法律明确之授权。尤其足以剥夺大学生学习自由之退学处分，更应以法律明定其事由、范围与效力，而不得仅以行政命令或各校之学则即予剥夺，始符法律保留之基本要求。

  法律保留原则固然能够让国家活动变得可预见和可计算，杜绝恣意、实现平等，但也正如学者所警告的，不恰当地使用法律保留原则容易导致国家立法权的过度扩张，在高等教育领域内更是不能简单地移植法律保留原则：为了保障高校教师学术自由，尊重高校自治权限，国家立法应当避免过度规制。由此看来，并非涉及高校成员权利的事项都必须严格遵循法律保留原则，只有与学术自由及高校自治无关，且对成员基本权利产生重大影响的事项方适用法律保留原则。[1]上述标准看似清晰，对于高校学生权利义务事项法律保留的适用仍然存在分歧。我国台湾地区法院起初认为：各大学之教学、研究、学习等学术活动，甚为复杂多样，且各具特性，以法律就学术活动有关事项为高密度之规范，实有困难；加以大学具有自治权，则法律就有关学生权利义务之事项，以低密度之规范为已足。后来又认为：教学自由之范畴，诸如课程设计、科目订定、讲授内容，学力评定、考试规则等，均在保障之列，为大学自治之事项，其影响于学生权益者，所在多有，唯属教学自由本质上之需求所生之当然结果，基于保障教学自由之本质，仍应任由大学自治，不能反以学生有受教育权或学习权之存在，认在此范围内有法律保留原则之适用，致失法律对于"大学自治设为制度性保障之规范价值"。

  两则裁判法律见解和理由差异明显：前者主张适用低密度的法律保留，后者则直接排除法律保留的适用。产生差别的根本原因在于对高校自治功能地位的认识不同。如前所述，高校自治保障是学术自由客观面向的一种解释，只有在确保高校成员学术自由发展的必要范围内，大学才享有该基本权的保护。裁判中"大学自治设为制度性保障之规范价值"的论证有失偏颇：学术自由首先是高校成员的个人自由权，是"目的"；高校自治作为客观保障具有服务性功能，是"手段"。之所以强调个人自由保障优先于客观保障，意在防止高校利用

---

[1] 伏创宇："高校校规合法性审查的逻辑与路径——以最高人民法院的两则指导案例为切入点"，载《法学家》2015年第6期。

自治权不正当限制高校成员基本权利。[1]综上所述,高校自治相对于个人自由保障仅具有"手段"地位,自治权行使必须既要维护学术自由,也要尊重高校学生的受教育权。

考虑到所涉基本权含义多维且复杂,特定情形下发生竞合,寻求均衡点的任务应当由立法者承担,适用法律保留原则。只不过法律规范密度上存在着差异——这同样是法律保留所要求的:"对公民的基本权利影响越严重,法律规定也就应当越严密。"[2]对于剥夺学生受教育权的高校管理事项,主流观点认为应就剥夺原因适用不同程度的法律保留:对于保障学校教学效果和教学质量的淘汰性管理决定以低密度规范为限;就因品行原因等与学术自由没有直接关系的惩戒性管理决定仍需适用严格的法律保留。[3]

以上述理论审视高校学生出勤义务可以发现,违反出勤义务严重情形下学校可予以退学处理,学生受教育权被剥夺,此种规定应当适用法律保留;只不过出勤义务规定是为了保障学校的教学效果和教学质量,属于学术事项,是学校自治的范畴,需要低密度的法律保留。我国台湾地区在"师范学院学生退学案"中认为,低密度法律保留只要求立法者在法律中就大学生基本权利义务为最低条件之规范,将具体事项授权主管部门以命令形式规定,或者再授权给高校以学则方式定之。对于法院来说,法律已经专章列举高校学生事务,且已经授权教育行政机关制定实施细则,实施细则亦明确授权大学就退学制定学则,即满足上述要求。以此为准,《高等教育法》以"高等学校的学生"为题作专章规定,第14条指明国务院教育行政部门主管全国高等教育工作,第41条赋予高等学校的校长行使对学生进行学籍管理并实施奖励或者处分的职权,似也满足低密度法律保留之要求。

学生资格的丧失虽与高校维护学术自由有着关联,但更与学生受教育权紧密相关,该问题"处在大学自治的边缘地带",由法律规定学生资格丧失条件对高校自治的侵害远比想象的低。放宽低密度法律保留要求不仅可能导致扩大高校

---

[1] Klaus Ferdinand Gärditz, Hochschulorganisationund verwaltungsrechtlicheSystembildung, 2009, S. 382.

[2] Steffen Detterbeck, AllgemeinesVerwaltungsrecht mit Verwaltungsprozessrecht, 18. Aufl. 2020, Rn. 278.

[3] 黄耀南:"大学自治、退学处分与法律保留原则、比例原则之探讨",载《社会科教育研究》第8期;王敬波:《高等教育领域里的行政法问题研究》,中国法制出版社2007年版,第126页。

自治范围，还可能错误衡量学生受教育权的份量。对上述法益冲突的权衡性决定应当至少由立法者"先行预构（vorgeformt）"，只有这样方能使得高校充分确定自身制定的校规可以在多大程度上干预成员的基本权利。因此，低密度法律保留并不能满足于立法者在法律中的简单提及，而应当首先由立法者在法律中通过抽象的方式确定权衡法益冲突的基本标准，再由高校借助上述标准制定具有可操作性的校规，实现个案利益调和。[1]出勤义务之下，学生学习自由、教师教学自由和高校自治权限同时受到干预，只不过干预强度不一：对于严重违反出勤义务面临退学后果的学生来说，干预强度尤甚；出勤义务被作为提升课堂教学质量手段之一被众多高校所推崇，对学术自由的干预较为轻微。立法者应当首先以抽象、一般的方式规定施加出勤义务的衡量标准，再由高校出台详细规定。

（二）比例原则

鉴于学业自由的宪法地位，即使降低法律保留原则的适用要求，出勤义务对学生形成的限制还必须满足比例原则：出勤义务必须服务于正当法定目的且适当、必要和均衡。[2]之所以将参加学校规定的教学活动规定为学生义务，"主要是为了维持学校正常的教育教学秩序"，"规范和培育学生良好的行为，提高办学水平和教学质量"。[3]结合《高等教育法》第56条（不得影响学业任务的完成）和《普通高等学校学生管理规定》第30条第1款第6项（学校规定的不能完成学业、应予退学的其他情形）的规定，出勤义务一方面服务于学生在规定年限内完成学业任务，另一方面保证高校的正常运作。学业任务使得学生掌握所学专业的基础理论和展示，掌握本专业基本技能和方法，为以后从事所学专业做准备。学业任务的高质量完成，也能对高校办学水平和教学质量的提升起到促进作用。对于上述目的的实现来说，向学生施加出勤义务并非不适当：与从未参加课程的学生相比，持续参加课程的学生能够及时发现知识空白点，更

---

[1] Hermann-Josef Blanke/Robert Böttner, Zur verfassungsrechtlichen Bewertungdes Thüringer Hochschulgesetzes, WissR 2020, 288, 340.

[2] Robert Böttner, Das（neue）Thüringer Hochschulrecht und die Anwesenheitspflicht, ThürVBl 2018, 169, 170.

[3] 教育部高校学生司组织编写：《〈普通高等学校学生管理规定〉解读》，北京第二外国语学院旅游教育出版社2005年版，第52页。

好地实现学习目标。

有疑问的则是，出勤义务对于上述目的的实现来说是否必要，即必要性审查是否存在着对受影响人造成的负担更小，但同样有效的手段。对此法院审查较为严格，仅在"所建议的另一种选项造成干预更轻微，目的实现具有等价性，在任何角度上都是明显的"情形下，[1]才否认公权力措施的必要性，防止审判权僭越行政权。自治行政领域案件中对于教育要求的必要性审查，法院更持保守态度，认为根本无法准确地确定出于保护公共利益目的受教育者必须具备何种基本知识和技能，规范制定者在理性界限内所设定的一定程度高要求，受教育者原则上应当予以容忍。[2]德国联邦宪法法院早在"药店案"中就明确指出："个人在所规定正式教育形式下只是被期待原则上必须接受合乎本质的知识和技能，以便未来能够合规地从事相关职业。这种自由限制被证实是防范可能不利和危险的合适手段；因为限制同等适用于所有的职业申请人且其事先予以告知，个人在选择职业前已经能够判断自身是否可能满足所要求的条件。"[3]学生的职责与任务是学习，应当参加学校规定的教学活动，遵守教学纪律。[4]如前所述，教学是教和学的双边活动，缺乏学生到场和积极参与的教学在质量上很难得到有效提升。根据上述观点，学生出勤义务因此合乎必要性要求。[5]

上述裁判甚至被联邦宪法法院自身所质疑，更新的裁判主张随着社会发展，必须重新审视教育考试要求所造成的时间、专业、金钱花费和立法者借此实现目标之间的关系，应当保有期待可能性。[6]主流观点认为，教育和考试规定不能设置过高要求，必须保持在未来职业活动需求所需限度之内。[7]将上述理念适用于出勤义务立法意味着，只有当学业任务完成、教学质量提升等目标仅能通过学生参加学校规定的教学活动才能实现时，出勤义务方为必要。至于是否如此，不能一概而论，主要取决于教学活动的组织形式和学生的学业参与模式。

---

［1］ BVerfGE 30, 292, 319.

［2］ BVerfG, Beschluss vom 17. 7. 1961 – 1 BvL 44/55, NJW 1961, 2011, 2015.

［3］ BVerfGE 7, 377, 407.

［4］ 李华、赵建编著：《普通高等学校学生管理规定条文精义与案例解析》，经济管理出版社2017年版，第118页。

［5］ Volker Epping, „Ist Dasein förderlich?" – Zur Anwesenheitspflicht in Lehrveranstaltungen an Hochschulen, WissR 2012, 112, 118.

［6］ BVerfG, Beschluss vom 5. 12. 2005 – 1 BvR 1730/02, NJOZ 2006, 446, 448.

［7］ Joachim Wieland, in: Horst Dreier (Hrsg.), GG, Bd. 1, 3. Aufl. 2013, Art. 12 Rn. 110.

中外高等教育的教学活动在组织形式上都可以分为基础理论课、分析研讨课和实践技能课：[1]基础理论课侧重以教师为主导的纯粹讲授理论知识，注重系统性和学术性；分析研讨课则是围绕特定领域具体问题展开讨论，训练学生研究能力；实践技能课以示范性讲授和操作训练相结合方法为主，锻炼学生动手能力。与三种形式教学活动相伴随发生的则是三种学生参与模式，分别为规则性参与、过程性参与、自主性参与：规则性参与是指学生遵守纪律性规定，做到不逃课；过程性参与则是学生积极参与课堂内各种学习环节；自主性参与则是发生在课堂场域之外自发学习。[2]实证研究表明，过程性参与和自主性参与对学生学业成就才能起到正向效应，"严格控制课堂出勤率等并不一定能有效激发学生主动投入学习，也就不能有效提高学生学业成就，提高教学质量"。[3]加之高校个别课堂盛行"隐性逃课"，[4]即学生虽然按时上课，实质则不听教师讲课，睡觉、聊天、玩手机等，很难说强制出勤能够真正地维护学校教育教学秩序。

尽管以学生为中心的新式教学法在高校教学中越来越受重视，但以讲授法为代表的传统教学法仍占据教学形式的主流。[5]主要是由于，一方面注重学术性和体系性的知识传授对有效教学来说非常必要；另一方面个体教师不具有课程组织形式的实际决定权。[6]对于此种组织形式的课程来说，单纯强调出勤义务并不能提高教学质量和维护教学秩序。德国曼海姆高等行政法院就认为："无论如何，对于那些纯粹讲授理论的教学活动，学习目标通常还可以通过其他给学生带来更轻负担的方式来实现，尤其是通过自我学习。当今个人还可以通过网络和社会媒体所提供的可能性自学，对此被告也未否认。"[7]因此对于以纯粹讲授理论为主的教学活动，由于实现目的存在着更为缓和的手段，即使承认规

---

〔1〕 林燕、孟建伟："大学课程类型的细分及课程定位"，载《山西大学师范学院学报（哲学社会科学版）》1997年第2期。

〔2〕 鲍威、张晓玥："中国高校学生学业参与的多维结构及其影响机制"，载《复旦教育论坛》2012年第6期。

〔3〕 石卫林："本科院校教学质量改进路径研究"，载《高教发展与评估》2012年第4期。

〔4〕 尹仲泽等："学业自我概念对大学生隐性逃课的影响：一个有调节的中介模型"，载《心理技术与应用》2020年第8期。

〔5〕 阎光才："讲授与板书为代表的传统教学已经过时？——不同方法与技术在本科课堂教学中的有效性评价"，载《教育发展研究》2019年第23期。

〔6〕 徐国兴："研究型大学本科教学的学习促进功能探析"，载《复旦教育论坛》2021年第4期。

〔7〕 VGH Baden-Württemberg, Urt. v. 21. 11. 2017- 9 S 1145/16, BeckRS 2017, 133425, Rn. 47.

范制定者的判断空间，也缺乏基本权干预的必要性。

"高校课堂教育中最为有效的教学模式是，在课堂中引入互动要素、提供案例讨论、并且为学生提供完成独立研究陈述机会的互动型教学模式。"[1]根据该实证研究结论，注重过程性参与的教学活动在出勤义务必要性上可以予以肯定。与纯粹讲授理论的课程不同，许多分析研讨课将学生积极参与课堂作为重要的教学环节来设计：课堂内认真听课、发表观点和参与讨论，课堂外查阅文献并撰写论文。积极参与学术对话的前提则是教师和学生到场参加，否则无法开展所设计的教学环节。不过要注意的是，互动型教学模式只能在参加人数有限的情况下才具有开展的现实性，如果参加人数达到上百人，几乎无法实现学生参与学术对话的目的。因此，课程形式称呼对于出勤义务的必要性判断无关紧要，重要的是其教学模式和学生人数。[2]同样，以示范性讲授和操作训练为重心的语言课、实验课和诊所课也以学生的出勤为前提条件，出勤义务必要性也能得到肯认。[3]因此，规范制定者不能一概地向学生施加出勤义务，而是应当根据教学活动的组织形式和学生规模作出差别性处理。

均衡性审查要求公权力行为的手段所增进的公共利益与其所造成的损害成比例。在上述必要性审查结论之前提下，这里只讨论注重过程性参与教学活动中的出勤义务。向学生施加出勤义务一定程度上剥夺了学生构建学业的灵活性，却使得学生与教师形成有效互动成为可能，提升教学质量，改善学生学业成绩。加之此类课程一般不以闭卷考试作为期末考核，课堂参与情况直接反映在学生成绩之中，要求出勤并非不可期待。因此，注重过程性参与的教学活动所要求的出勤义务，并没有对学习自由构成不均衡的干预，可能超出均衡性要求的则是因为违反出勤义务而被退学。根据《普通高等学校学生管理规定》第30条第1款第4项的规定，学生有未经批准连续两周未参加学校规定的教学活动的情形，学校可予退学处理。高校在此被赋予行政裁量权，但个别高校制定校规时压缩裁量空间，直接规定为"应予退学处理"，基于大学教育的目的和学生受教育权，退学决定无论是属于惩戒处分或者淘汰处分，均应属于最后之手段，必

---

[1] 鲍威、张晓玥："中国高校学生学业参与的多维结构及其影响机制"，载《复旦教育论坛》2012年第6期。

[2] Robert Böttner, Das (neue) Thüringer Hochschulrecht und die Anwesenheitspflicht, ThürVBl 2018, 169, 171.

[3] VGH Baden-Württemberg, Urt. v. 21.11.2017- 9 S 1145/16, BeckRS 2017, 133425, Rn. 47.

须极为慎重。[1]根据行政诉讼证明责任规则，高校对因旷课作出退学决定承担提供考勤记录的举证责任，[2]并遵循法定程序。[3]

(三) 规范明确性原则

法治原则所衍生的规范明确性原则要求，法律条款的内容清楚且确定，能够使受影响人确知法律对自身的具体要求，可以据此调整自身行为。清楚确定的标准不仅为权衡性决定做准备，还防止发生权力滥用的情况。[4]在出勤义务具体制度构建上，《普通高等学校学生管理规定》第19条要求各高校建立教育教学考勤制度，实践中高校一方面制定课堂考勤和请假管理办法，另一方面在成绩管理办法中要求教师加强课程过程性评价，其中包括学生出勤情况。不过对于学生出勤情况在课程总成绩中的地位往往缺乏有约束力的统一性规定。例如《北京大学本科生成绩评定和记载办法》第5条规定："课程的总成绩由平时成绩（包括期中考试、课堂讨论、测验、作业、论文、出勤情况等）和期末成绩综合评定。应加强过程性评价，平时成绩在总成绩中所占比例一般不低于30%。"该条款将出勤情况作为过程性评价的一种因素处理，甚至同样课程仅因任课教师的不同也导致考勤评价不同，使得出勤义务的履行被置于教师裁量之中。

存在同样问题的还有《中国政法大学本科生课程考核与成绩管理办法》第14条，其中规定："无故缺课累计超过该门课程教学课时三分之一或一门课程未交作业达三分之一的，任课教师可以取消学生考核资格，并于考前向教务处备案；该等学生课程成绩以0分、缺考计。"学生出勤直接与考核资格相关联，且教师可以自主决定是否取消。裁量权的赋予容易引发教师裁量权行使不一的问题，从而损害到机会均等原则。机会均等原则要求，对于同类考生应当尽最大可能适用同等的考试条件和判断标准。[5]缺勤情况判断上可能出现的不一致有违机会均等原则。即使是高校教师的教学自由也无法正当化这种侵害，学生受

---

[1] 黄耀南："大学自治、退学处分与法律保留原则、比例原则之探讨"，载《社会科教育研究》第8期。
[2] 江苏省宿迁市中级人民法院（2007）宿中行终字第0028号行政判决书。
[3] 北京市海淀区人民法院（2018）京0108行初126号行政判决书。
[4] VGH Bayern, Urt. v. 14. März 2019 – 20 BV 17.1507.
[5] BVerwG, Urt. v. 15. März 2017 – 6 C 46/15 –, zitiert nach jurisRn. 25.

教育权的份量更重，而且有约束力且统一的规定也不会妨碍到教师对特定教学形式和考核方式的使用。[1]

四、结语

高校学生出勤义务问题表面上是学生在高校中的地位，深层次则是对高等教育定位和教学活动组织形式的拷问。出勤义务是促进学业成就、提高教学质量的合适工具，但必须恰当应用。特别是应当避免过度规制学业，充分尊重学生的学业自由。高等教育不同于中小学教育，必须给学生充足的自我学习时间，毕竟自主性参与可能会带来更多的成效。高校可以对课堂考勤办法进行更为科学的限定，无边界地要求出勤只会给学生带来失望。

---

[1] Andreas Gietl, Anwesenheitspflicht vs. Studierfreiheit, BayVBl 2020, 366, 368; VGH Baden-Württemberg, Urt. v. 21.11.2017－9 S 1145/16, BeckRS 2017, 133425, Rn. 67.

高校二级学院微信公众号运营情况的分析与反思
——以中国政法大学法学院官方微信公众号为例

李玲慧

微信公众平台自 2012 年 8 月在国内正式上线以来，因其使用便捷、更新及时、功能丰富、内容多样、注重互动等特点，已逐渐成为新媒体矩阵中的重要成员。[1]顺应新媒体时代的到来，高校及其二级学院、部处等陆续开通官方微信公众号，在传统媒介基础上，创新开拓宣传途径与方式。经过近十年的发展，微信公众号已逐渐成为高校媒体宣传的重要载体。[2]

2015 年以来不断有文章从不同侧面研究高校官方微信公众号的运营情况。这些文章多以校级微信公众号为研究对象，对于高校二级学院官方微信公众号运营情况的分析较为缺乏。高校二级学院承担着人才培养、学科建设、学术研究等重要作用，二级学院官方微信公众号的建设与发展对于学院对内、对外宣传都十分重要。[3]本文通过分析中国政法大学法学院官方微信公众号运营情况，旨在总结出高校二级学院微信公众号的发展方向与创新发展思路，促使二级学院结合自身特点，更全面与深入地用好微信公众号，增加凝聚力、扩大影响力。

---

〔1〕 姜秀芹："高校微信公众号发展及运营策略研究——基于高校微信公众号排行的分析"，载《湖北函授大学学报》2015 年第 21 期。

〔2〕 王晨、王海稳："基于 WCI 的浙江省高校官方微信公众号影响力评价与提升"，载《评价与管理》2021 年第 4 期。

〔3〕 石海玉："高校二级学院微信公众号的内容运营——以中华女子学院二级微信公众号'CWU 文传'为例"，载《传媒论坛》2021 年第 20 期。

一、中国政法大学法学院官方微信公众号运营情况

中国政法大学法学院微信公众号最早注册于2015年，在2017年规范建设后迁移至中国政法大学组织名下，成为学院正式官方微信公众号。截止到2022年3月12日，微信公众号累计推送578次，累计关注人数为40 321人。其中，2015年推送一次，2016年推送4次，2017年下半年以来，学院加大微信公众号投入，微信公众号产出逐年提升。到2018年5月，公众号关注人数为4000人左右，经过近4年的发展，学院微信公众号用户关注量翻了10倍。[1]

在关注学院官方微信公众号的用户群中，18岁到25岁用户有21 667名，占比53.87%；26岁到35岁用户有8148人，占比20.26%；36岁到45岁用户4741人，占11.79%；46岁到60岁用户有3819人，占9.49%。可见大学生仍是目前微信公众号关注人群的主力。

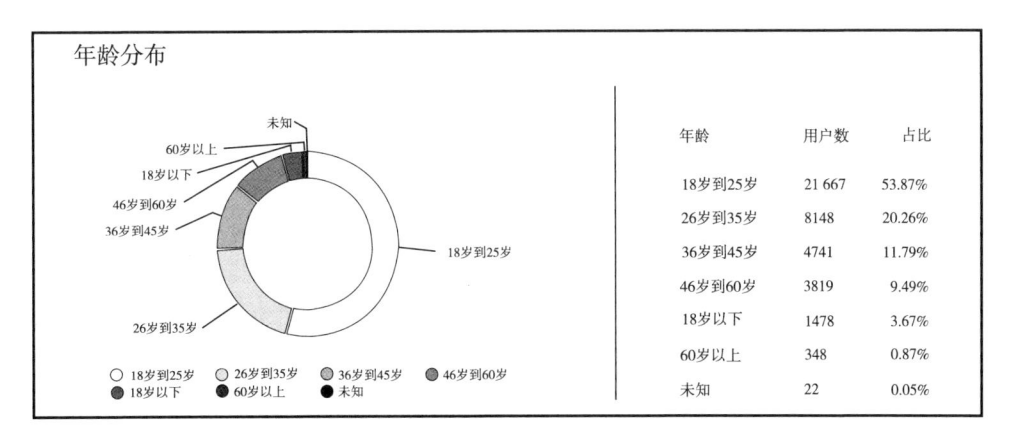

年龄分布

年龄	用户数	占比
18岁到25岁	21 667	53.87%
26岁到35岁	8148	20.26%
36岁到45岁	4741	11.79%
46岁到60岁	3819	9.49%
18岁以下	1478	3.67%
60岁以上	348	0.87%
未知	22	0.05%

图4

目前，微信公众号推送内容涵盖但不限于：学院动态、通知公告、学术讲座会议信息、原创文章和专题栏目，如院庆专栏、"法实榜样"专栏、"法心战疫"专栏、冬奥专栏等。不同内容的推送全方位展示了学院各项工作的发展，满足了不同用户获取不同信息的需求。

本文将通过对微信公众号单篇文章阅读总次数、阅读后新增关注人数、内

---

[1] 中国政法大学法学院官方微信公众号运营数据均来自后台数据导出。

容获取渠道等数据的定量分析，研究微信公众号用户喜好、宣传效果等，从而对学院公众号进一步建设给出建设性意见建议。

2018年以来，总阅读数在2000次以上的文章主要有以下几个方面内容：

第一，学生竞赛或实践项目的通知公告，如《第二届"首信杯"全国行政法鉴定式案例研习大赛公告》《关于第一届薛梅卿法律史奖学金评选的通知》《关于选拔2021年"史丹森"国际环境法模拟法庭竞赛队员的通知》《关于法学院2021年第五届法律精英人才夏令营的通知》《中国政法大学行政法莘学子成长培养计划（第一期）公告》等。此类通知公告与学生息息相关，深受学生关注与转发，学生读到这些信息多来自朋友圈转发或群消息。另一发现是此类信息发布后，往往能吸引到更多人关注学院微信公众号，尤其是学生群体，不论是在校生还是希望来法大读书的学生，因为这些推送对学生来说是及时有用的推送，已成为学生获取信息的重要渠道。

第二，学院学术会议、论坛、讲座等推送和回顾。如《新年论坛：个人信息保护的宪法和民法之维》《会议议程："法律史教学与德法兼修法治人才培养"圆桌论坛》《讲座预告：在家上学的合法性之辩》《中国政法大学体育法研究所举办"从孙杨案看我国运动员的培养制度体系"学术研讨会》《讲座回顾："憲義論衡"系列讲座第三期"从法治到宪制——我与宪法思想史三十年"顺利举办》等。由于学科在学院，依托学院公法学科背景，微信公众号中的学术内容相关推送深受师生和同行喜爱。尤其是会议、讲座预告等信息，不仅转发量大，阅读后新增关注人数也多。这为学院的学术交流与宣传带来了积极的影响。

第三，学院中心工作新闻动态。如《喜报！2021年度法学院2018级本科生法考通过率达86.63%》《法学院召开新入职教师座谈会》《法学院举办薛小建教授荣休仪式》《我院与香港中文大学法律学院签订学生联合培养合作协议》《马宏俊、袁钢教授参加全国人大常委会公证法执法检查组举行第二次全体会议》《毕业致辞丨焦洪昌：就把祝福别在衣襟上吧》《迎新特辑：中国政法大学法学院学生会简介》等。学院动态是对学院各类工作情况的汇报，以期让关注学院发展建设的师生了解学院各项工作进展，增加归属感和参与度。

第四，服务学院重点工作和顺应时势开展的专题栏目，如院庆专栏、"法实榜样"专栏、"法心战疫"专栏等。专题栏目的开展往往是为了配合学院重点工作宣传建设的，如院庆期间，微信公众号因其传播便利的特点成为院庆信息发布的主要平台，方便师生、校友和社会人士关注院庆期间的各类活动。"法实榜样"专栏每年在毕业季推出，是对学院人才培养中心工作的总结与反馈，深受学生喜爱，起到了鼓舞学生成长进步的作用。疫情期间，为陪伴师生居家工作学习，学院微信公众号推出系列栏目，用知识和爱陪伴师生，增强了学院的凝聚力和影响力。

可以看出，学院官方微信公众号推送的不同类型的内容都受到了广泛关注，这说明官方微信公众号的用户群呈现多样化状态，其对内容的需求和兴趣也不同。用户群体中有我院在校学生、潜在考试和其他院校的学生，学院官方微信公众号对这部分用户群实现的是信息传递和育人作用。[1]对于在校老师，学科发展、学院建设、学生成长是他们首要关注的内容。用户中还有学术同行、学生家长和校友，以及关注学院发展希望寻求合作的社会人士。不同用户对于推送内容的关注点是不一样的，只有进行多样化内容推送，全方位宣传学院工作，才能满足多元需求。

二、法学院官方微信公众号未来创新与发展

经过近5年的摸索，学院官方微信公众号已经从探索阶段逐步走向成熟发展阶段。如何保证关注度的持续增长，如何明确定位，如何更好地做好对内对外宣传，是微信公众号发展接下来要关注的问题。

（一）对内宣传，增加凝聚力与参与度；对外宣传，增强影响力与软实力

学院官方微信公众号同时承载着对内和对外宣传的职责。对内包括推送全院老师、学生感兴趣、有益的内容。对外包括展示学院优势、特色、人才培养、学科建设等内容，以期增加学院知名度，帮助学院招收优质生源、招聘青年才俊和高精尖人才、寻求社会合作带来社会效应。

（二）鼓励信息分享，扩大传播范围

好的内容如果没有经过分享，受众可能只是小部分，如果能鼓励师生在微

---

[1] 罗淑宇："运用微信公众号增强高校意识形态工作话语权问题初探"，载《理论导刊》2017年第9期。

信群、朋友圈里分享重要内容和信息，会让优质内容得到更长时间的关注。被看见在信息爆炸与更新速度极快的新媒体时代显得十分重要。

（三）整合资源，联动互助

扩大知名度的另外一个方式是与学院和学校的其他微信公众号，以及社会媒体联动。法学院除官方微信公众号外，还有本科、研究生学生会经营的学生微信公众号，各研究所、教研室经营的所微信公众号，甚至还有班级微信公众号，如果能有一个长效的互动机制，进行帮转、帮推、互相介绍活动，则可以提升各个微信公众号的关注度和影响力，可谓双赢。

除了学院各类微信公众号之间的联动，与其他高校二级学院和主流媒体微信平台的互动也是可以借鉴的宣传方式。对于扩大对外宣传增加学院知名度与影响力有很大的收效。[1]

（四）依托专业优势，主动策划专题内容

被动推送学院网站已有内容，不能保证微信公众号长效发展。结合自身特色和学院中心工作，进行专题推送是未来微信公众号发展的一个利好趋势。微信公众号内容为王的理念这些年一直没变，只有推送有内容、有质量的好文章，才能长久吸引用户关注。通过官方微信公众号宣传每一个研究所和教师，宣传我们在人才培养中的努力探索，宣传先进的思想与声音，增加互动性与参与度。

（五）优化提升微信公众号运营团队，增强培训与学习，不断与时俱进

目前学院微信公众号的运营并没有专门的团队，内容编辑排版等工作主要由学院办公室和兼职学生编辑负责。要想不断输出好的内容，要求新媒体团队不断学习、与时俱进，提高审美水平、编辑效果，通过研究不同时段推送效果和吸引各类投稿等手段丰富和提升微信公众号内容运营。

---

[1] 曾丽华："探析新媒体背景下高校官方微信公众号运营管理问题及对策"，载《传媒与版权》2021年第10期。

二、教学改革与人才培养篇

法学实验班研究生教育的改革与发展建议

陈维厚

一、加强实验班研究生改革发展的重要意义

（一）落实全国研究生教育会议精神[1]

2020年7月29日召开的全国研究生教育会议是中华人民共和国成立以来首个全国研究生教育会议，习近平总书记对研究生教育作出重要指示。研究生教育在培养创新人才、提高创新能力、服务经济社会发展、推进国家治理体系和治理能力现代化方面具有重要作用。

全国研究生教育会议强调要深化研究生培养模式改革。我校法学实验班研究生教育作为国家卓越法治人才培养试点单位，充分认识到引领法学研究生教育改革的重要性、紧迫性，法学实验班教育教学需进一步强化改革意识，推进内涵发展，突出质量提升。

（二）全面贯彻落实习近平总书记考察我校时重要讲话精神[2]

习近平总书记于2017年5月视察中国政法大学，对法治人才培养作出重要

---

[1] "习近平对研究生教育工作作出重要指示强调 适应党和国家事业发展需要 培养造就大批德才兼备的高层次人才"，载中华人民共和国教育部政府门户网站：http://www.moe.gov.cn/jyb_xwfb/s6052/moe_838/202007/t20200729_475754.html，最后访问时间：2021年5月28日。

[2] "[新华社]习近平考察中国政法大学 强调立德树人 德法兼修"，载http://news.cupl.edu.cn/info/1381/23941.htm，最后访问时间：2021年5月28日。

指示，提出了法治人才培养的明确目标。法律的生命在于实践，法治人才素质的核心是实践能力。我校法学实验班教育应站在为全面推进依法治国提供人才保障的高度，大力培养信念坚定、德法兼修、明法笃行的高素质法治人才，[1]这指引着我校法学实验班研究生教育发展改革方向。我校法学实验班致力于构建立德树人、德法兼修的崭新的学生培养模式，打破高校和社会之间的体制壁垒，将优秀的司法资源、社会资源转变为教学资源，并优化知识教育与实践教学模式，从而提升法学实验班研究生教育质量。

（三）全面依法治国时代对法治人才的需求

党的十八届四中全会作出了全面推进依法治国若干重大问题的决定，这一国家战略的实施对高层次应用型法治人才的需求更加迫切。习近平总书记强调，法治人才培养上不去，法治领域不能人才辈出，全面依法治国就不可能做好。全面依法治国，关键靠人才，必须加强法治工作队伍建设，无论是法治专门队伍建设，还是法律服务队伍和法学教育研究队伍建设，基础在法学教育。因此，深化法学实验班综合改革，对于推动法学教育改革和双一流建设具有现实意义。

（四）改善管理力量薄弱的现状

我国正处于由研究生教育大国向研究生教育强国奋进的关键节点，人才培养质量是研究生教育的生命线，深化研究生教育质量保障体系改革至关重要。我校法学实验班教育教学管理与服务存在薄弱环节，尤其是研究生阶段要进一步加强。这也是教育部巡视我校、校党委巡察学院党委反馈的重点问题之一。

根据调研和学生反馈，实验班研究生阶段教育与管理存在明显薄弱环节，需要引起重视并进行针对性解决。学生普遍反映，实验班研究生感觉自己不像研究生，仅是"大一号"的本科生，实验班研究生阶段教育教学与管理比较薄弱，六年一贯制培养的研究生阶段虚化。法学实验班作为国家卓越法治人才培养改革试验基地，需要进一步推进改革，在思想上达成共识、行动上形成合力，探索卓越法治人才培养的"法大模式"，持续提升实验班研究生教育质量。

2008 年，教育部批准中国政法大学进行法学教育模式改革试点，实施"六

---

[1] 马怀德："构建具有中国特色的法学学科体系"，载人民日报网：https://wap.peopleapp.com/article/6202576/6103961，最后访问时间：2021 年 5 月 28 日。

年制法学人才培养模式"。2010 年,以"六年制法学人才培养模式"为基准模式的"高级法律职业人才培养体制改革"被确定为国家教育体制改革试点项目。2012 年,"六年制法学人才培养模式实验班"被批准为教育部卓越法律人才培养基地。我校"六年制法学人才培养模式实验班"是国家卓越法治人才培养基地,是国家法学教育改革的重要组成部分。法学实验班人才培养质量及法治人才培养经验对于推动法学教育改革与促进全面依法治国具有重要意义。

二、改革历程与成效

从 2008 年至 2021 年,我校法学实验班共培养 14 个年级实验班学生,培养共计 2300 名左右学生。法学实验班项目实施以来,学院积极推进改革,积极探索培养法学人才模式,逐渐构建具有我校特色的法治人才培养模式,在应用型、复合型、创新型、国际型法治人才培养方面进行了长期探索。在人才培养方面,始终坚持立德树人的理念,在拔尖创新人才培养模式、协同育人机制、创新创业教育方面积极探索、努力实践,注重培养学生的社会责任感、法治意识、创新精神和实践能力,着力完善实验班研究生质量保障体系,不断加强高质量的实验班研究生教育。此外,积极探索法治人才培养模式,在完善导师制度、优化课程体系、加强实践教学、拓展国际化培养、提升论文质量等方面进行改革创新。一是强化实验班学生国际化培养,加强与世界一流大学合作,开展高水平人才联合培养,鼓励学生到国际组织实习,拓宽学生国际化视野,提升学生国际化交流能力。二是全面加强协同育人,推进与法治工作部门资源共享,联合培养法治人才,探索长效合作机制。三是建立全程导师模式,在实验班学生六年的培养过程中,根据不同学习阶段,为学生配备相应的指导教师,建立校内外相结合的专兼职导师队伍。

(一)探索与改革

1. 实验班研究生招生推免制度。2017 年以前,法学实验班学生基本全员通过形式考核后进入研究生阶段,2017 年以后法学实验班本科招生章程里写明"法学实验班学制为六年。学生在法学院学习,分为两个阶段贯通培养。第一阶段为四年基础学习阶段,必修课成绩排名前 90% 且考核合格的学生,经推荐免试攻读研究生,方可进入第二阶段即两年应用学习阶段的学习,应用学习阶段合格后准予毕业并授予法律硕士学位"。目前，实验班仍按照普通研究生推免程序进行，但由于其特殊性，只根据必修课成绩排名确定推免资格，且实验班推免不计入学术科研、志愿服务等指标考评，与普通研究生的推免标准和考核程序不同。根据目前制度安排，实验班按照必修课成绩排名决定学生是否具有推免资格，学校层面没有对实验班研究生推免的专门规定，且实验班研究生推免复试工作，基本上都由学院负责组织和开展，跟研究生院的整体工作部署脱节，实验班推免保研的权威性和严密性不足。

2017 年开始建立实验班放弃推免生机制，学生可以自愿放弃推免资格，选择考研或者出国等；从 2016 级实验班开始，实行推免 90%的学生进入研究生阶段，这样使得符合本科毕业条件、未取得推免资格的学生可以以本科学历顺利毕业。

2. 培养方案。

（1）2017 级以前的培养方案，在培养定位上，过于强调应用型和实务型人才的培养，"厚基础、宽口径"体现得不够；在课程安排上，前三年课程过于集中，研究生阶段只要求修 4 门专题课（专业选修），共计 8 学分，课程偏少，而且即使培养方案规定是 7 门选 4 门，但实际课程开设情况往往是 6 门选 4 门，甚至 5 门选 4 门。另外研究生专题课讲授内容不明确，比如民商经济法专题课，并未规定讲授方向，只能根据课程教师的专业来定，因此，该门课程讲授内容的随机性也比较大。

（2）2017 年培养方案修订后，增加了研究生阶段的课堂教学内容和课程学分。但很多必修课（例如经济法案例研习、知识产权法案例研习、民事法律案例研习、刑事法律案例研习）和专业选修课要小班授课，出现了实验班法学专业必修课和选修课开课难、上课效果难保证等问题。例如 2015 级实验班在研究生阶段上的 7 门专题课，由于师资问题，导致有 2 门专题课（民诉与证据法专题、刑法专题）无老师愿意上课而停开，学生只能 5 选 4；有 2 门专题课选课人数将近 190 人，只能上大课。

（3）研究生阶段课程较少。对比法学院两年制的法本法硕培养方案：教育法方向专业必修课 4 门，11 学分；卫生法方向专业必修课 5 门，14 学分；体育法方向专业必修课 4 门，11 学分；还有公共课、选修课和实践教学 10 多门，共 38 学分。经过对比可发现，同样是两年制的法硕，实验班没有专业必修课，只有 4 门专业选修课，而法本法硕的课堂教学内容却相对丰富。

表 3

班级	方向	必修课	选修课，公共课，实践教学等
两年制法本法硕	教育法	4（11学分）	≥10
	卫生法	5（14学分）	
	体育法	4（11学分）	
实验班	无	0	4

实验班研究生阶段虽然可以登录研究生院的"研究生综合管理系统"，但无法选研究生课程。2017级以前，实验班研究生阶段只有4门专题课，学生也无法修读其他研究生课程，无法获取学校研究生教育资源。

3. 专业实习。2017级以前培养方案要求两个学期的专业实习（大四下和研一上），专业实习时间长，研究生阶段课堂教学时间较少，影响实验班的毕业论文写作进度等。2017级以后，专业实习时间改为一个学期，在大四上学期集中进行。但对专业实习的内容、实习质量保障及实习考核等制度缺乏明确的规定和要求。

4. 导师制度与论文质量。

（1）硕士导师选择。法学实验班学生由于在培养方案课程设置权重方面倾向于民商经济法学院等其他学院，导致在大四下学期进行导师双选时，学生们较多地选择民商经济法学院的导师。以2014级和2015级两个年级的情况为例，2014级实验班学生数186人，其中硕士导师所属学院及人数情况为：民商经济法学院103人，占比55.4%；法学院36人，占比19.4%；刑事司法学院24人，占比12.9%。2015级实验班学生数199人，其中硕士导师所属学院及人数情况为：民商经济法学院110人，占比55.3%；刑事司法学院42人，占比21.1%；法学院31人，占比15.6%。

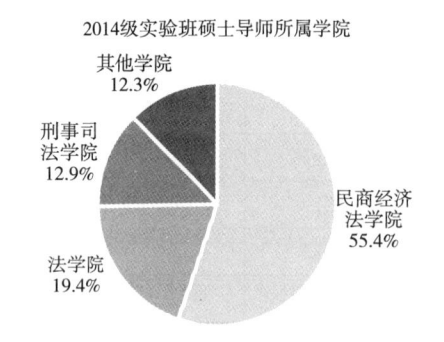

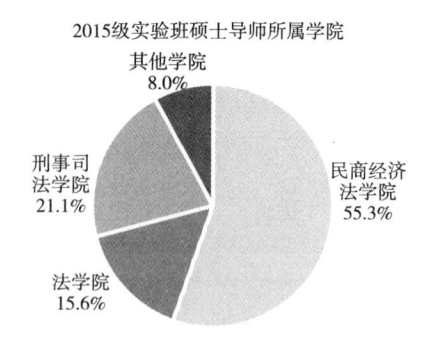

图 5

(2) 硕士论文指导问题。由于法学实验班的学生导师多数与法学院没有隶属关系，学校层面也没有对实验班研究生阶段指导老师的管理规定，实验班学生研一在昌平校区，实习时间长、研究生课程少等主客观原因，造成了学生和老师沟通联系少、导师对学生论文指导不足等一系列问题。部分实验班学生学习的积极性、主动性不足，影响论文写作的进度和质量，师生双选后从未沟通见面的情况仍存在，导师的作用未能完全发挥。

在导师双选及后期的论文指导、开题、答辩过程中，只依靠法学院以一己之力与其他法学院及老师的沟通、协调实为困难；多年来一直靠学院的领导和相关工作人员的人情关系来推进，所带来的问题是沟通协调成本高、效果差，这也是实验班研究生论文写作质量一直欠佳的重要原因之一。

(二) 前期改革的初步成效

1. 修改培养方案，优化课程体系。2017 年，在总结实验班多年试点经验的基础上，对实验班培养方案进行修改，2018 年在此基础上，经广泛征求意见，对法学实验班的培养方案进一步进行修订和完善。实验班培养方案的改革内容：一是明确培养目标，坚持立德树人，培养德才兼备的卓越法律人才，使其具有扎实理论基础、突出的实务能力、开阔的国际视野以及优良的职业伦理；二是精抓主干课程，做到基础理论、案例分析、专题研讨"三位一体"式深入教学，删减内容相近的课程；三是拓宽人文基础，增加通识教育主干课程，全方位培养学生的人文素质和专业修养；四是优化实践教学，充分利用多元化实践教学平台，切实提升学生的实务能力；五是开阔国际视野，利用增加国际课学分要求来提高学生的国际化视野。2018 年培养方案修改后，删除了大量设置不合理的课程，优化了课程体系。

2. 加强制度建设，注重人才培养。通过制定实验班研究生招生推免淘汰办法，提高学生学习动力。为保障法学实验班的培养质量，激励学生在基础学习阶段的学习，进一步明确学生推免保研考核和成绩排名办法，根据《中国政法大学本科招生章程》《中国政法大学推荐优秀应届本科毕业生免试攻读硕士学位研究生办法》《中国政法大学法学人才培养模式改革实验班基础学习阶段考核办法（试行）》等相关文件，制定了《法学院法学人才培养模式改革实验班基础学习阶段考核办法实施细则》，进一步明确了实验班推免的规定和要求，以此来提高实验班学生学习积极性和动力。

3. 初步建立国际化培养模式。加快推进实验班学生国际化培养，努力打造以高端国际合作为特色的国际交流模式，推进实验班学生国际交流的批量化和常态化，提升学生国际化交流能力，丰富学生国际化经历，培育学生国际化视野。

一是组织实验班学生参加国际论坛和国际比赛。如"华沙—北京"大学生论坛、香港基本法模拟法庭比赛、史丹森国际环境法模拟法庭竞赛等。二是招募实验班学生参加国际暑期班。法学院多年来与多所境内外院校共建合作项目，现已有英国牛津奥利尔学院及剑桥莫德林学院暑期项目、美国加州大学戴维斯分校与伯克利分校暑期项目、澳大利亚西悉尼大学暑期项目等多项暑期培训项目。三是法学院与"2011 计划"司法文明协同创新中心合作，利用平台优势，争取宝贵资源。现在两期学生已完成美国加州大学戴维斯分校进行长达 3 个月的集中交流与培训。四是组织学生参加国际组织实习实践。近年来，多名学生参加国际组织实习，其中包括鲍婧心参加联合国教科文组织埃塞俄比亚实习，张木子谧参加联合国刑事法庭的实习，樊玉洁参加联合国柬埔寨特别刑事法庭的实习。

4. 提高实验班研究生学位论文质量。除论文指导教师对实验班研究生进行论文辅导之外，法学院专门为实验班开展学术论文写作工作坊，促进研究生树立良好的学术道德观念，形成严谨的治学氛围，督促研究生优质高效地完成学术论文的写作。学院组织经验丰富的教师，细致系统地讲解如何写作一篇高质量论文。就标题、摘要、注释、参考文献等部分，帮助同学们分析论文写作过程中的易错点，并就论文的选题、体例结构、答辩技巧等内容为同学们提供具体指导，并进行一对一答疑。

在广泛征求老师和学生意见并充分借鉴兄弟院校成功经验的基础上，法学院组织编写了《法学院专业硕士学位论文写作指导手册》，该指导性文件以统一的标准和严格的要求为学生论文写作提供方向，使学生的硕士学位论文有明确的标准可以遵循。

5. 建立全程导师制的培养模式。以我校综合改革为契机，畅通共建机制，从而建立全程导师制的培养模式。具体内容为：一是在校内通过加强与相关学院、相关学科交叉、融合联合培养机制，建立以法学院为主、以相关学院为补充的专兼职导师队伍；二是通过加强与法律实务部门开展教师、实务专家双向交流、协作培养机制，建立校内外相结合的专兼职实务导师队伍；三是建立健全符合专业学位特点的研究生导师工作评价体系。法学院专门制定《中国政法大学法学院六年制法学人才培养模式改革实验班导师制实施细则》，在实验班学生六年的培养过程中，根据不同学习阶段，为学生配备相应的指导教师。

本科阶段导师。在第一学年到第三学年，为学生分配本科生导师。导师引领学生尽快适应大学生活，增强学生的归属感和认同感，形成系统的学业、职业规划。实习阶段实行双导师制。第八、九学期实习期间，为学生分配专业实习导师。专业实习导师又分为校内指导教师和校外实习单位导师，前者为法学院具有法律实务背景和经历的在职教师，后者为实习单位中的业务骨干，如法官、检察官、律师等。在第四学年到第六学年，为学生分配论文指导教师。实验班学生可以根据研究兴趣选择硕士学位论文的方向，由法学院联系聘请具有硕士生导师资格的教师，进行导师与学生进行双向选择。

6. 多维度的实践教学。法学实验班区别于普通研究生教育的特色就是坚持以应用型人才为培养目标。为此，学院组织了各种层次、各种面向的实践教学。实践教学方面，作为全国唯一的实体性的法律实践教学和法律职业伦理教研室，已经编写并完成系列实践教学教材，包括：法律文书 4 本、法律职业伦理 4 本、公证法学 3 本、庭审论辩技巧、律师法学等教材，对我院实验班学生法律职业伦理和实践教学授课起到了非常重要的支撑作用。

法学院现有行政法律诊所、农村法律诊所、公益法律诊所、老年人权益诊所和军事法律诊所共 5 个法律诊所。课程由法律实践教学教研室组织并开展教学，由院内外 10 余位教师组成教学团队。其中，法学院行政法律诊所是法学院和北京市司法局合作开设的"北京市法律志愿者援助中心"，为北京市范围内的低保户提供各种法律服务。

法学专业基础理论课，如宪法学、行政法学、民法学、刑法学等课程，均有与之配套的案例课程。案例课程均采取小班授课，学院安排有法律实务背景和工作经验的资深教师授课，以课堂讲授与学生分组分析、研讨案例灵活结合为基本授课方式。聘请学识渊博、经验丰富的律师、法官、检察官走进课堂参与教学，以其亲身接办过的真实案例为学习和研究对象。带领实验班学生接触完整案卷，更深入地了解和感知现实中的办案过程。

三、法学实验班研究生教育面临的挑战

（一）实验班管理层级与机制存在不足

1. 学校层面，缺乏领导协调机构。在4+2"一贯制"的衔接管理上，从本科阶段到研究生阶段，教务管理体制和研究生院管理体制衔接不通畅，学籍、学位、导师、培养环节等规定和管理方面存在诸多制度、机制及衔接问题，导致研究生阶段培养与管理"虚化"。法学院仅能在校部机关与各相关学院之间做一些沟通工作，实质性的协调机制还未形成。

2. 学院层面，实验班研究生阶段管理不畅，力量薄弱，专业化不强。教科办对接教务处，负责本科阶段教务管理，目前主要集中在教务、其他培养环节、推荐免试、导师双选、硕士论文开题等；研工办对接研究生院，负责研究生阶段管理，目前主要集中在论文答辩等学位授予和毕业管理等工作。其中，研究生阶段推免招生、学籍管理、导师双选、实习实践和论文指导等工作，虽由教科办负责，但因管理对接限制，事实上存在脱钩，研究生阶段教育教学及管理专业化、职业化不够。

（二）实验班研究生教育改革力量不足

"六年制法学人才培养模式实验班"旨在培养应用型复合型法律职业人才，但实践中存在法学实验班教育教学研究与成果转化不足、跨二级学科协调不畅、实验班研究生培养不够类型化、专业实习质量保障机制不健全、研究生阶段的课程少、部分课程质量不高等问题。在完成基础型课程的基础上，增强研究生阶段的案例研究、实务应用、论文写作、联合培养等方面的课程更为重要，既需落实普通研究生人才培养改革举措，又需根据法学实验班特色的培养方案和

培养模式推进改革发展，强化研究生阶段教育教学管理，解决法学实验班研究生阶段的教育教学"虚化"为"大一号的本科生"问题。

1. 法学实验班教育教学研究与成果转化不足。法学院是学校实验班人才培养的依托学院，是实验班人才培养改革的牵头单位，但因设立教改项目的经费不足、项目级别不够校级等问题，该类型的教改项目尚未在学院层面设立，无法形成研究合力并将研究成果应用推广。因各项评估评奖都至少要达到校级项目指标，设立院级项目也会因对全校参与实验班人才培养工作的相关单位和教师吸引力不足，无法达到"广泛申报、以项促改"的效果。

2. 跨二级学科协调不畅。实验班的教学、导师和论文选题涉及全校法学20余个专业方向，学科分布在几个学院，法学院对多数的学科、师资等方面没有直接行政隶属关系，其他院系的学科和导师没有培养法学实验班学生的责任。一方面，面对比较重的人才培养任务，学科、教研室、导师往往优先本院的教学和指导任务。另一方面，实验班的各项课时费、工作量、指导费等标准与普通研究生相同，缺乏政策倾向导向。

3. 实验班研究生培养不够类型化。法学院在做好学科协调、教务安排、导师指导等工作的同时，还存在管理力量不足、培养方向分散等问题。在现有的学科、研究所、导师人事体制下，我院缺乏一个能掌握全校法学二级学科及相关研究院所、各专业导师、学科情况的管理团队，对应研究方向进行管理和服务的分组分类，并按照学科类别开展相应的学术活动和组别化指导。

4. 专业实习质量保障机制不健全。实验班6个月的实习实践与普通学生实习差别不大，实验班学生实习安排与动员、校内外指导教师安排、实习内容与考核存在随意、随机、随便的现象。因此，实习需要进一步规范化、专业化、课程化，与实习单位建立学生联合培养机制，保证学生实习质量，保证实习规范性、专业性。

5. 研究生阶段的课程少，部分课程质量不高。目前，研究生阶段课程设置少，学生可选课程也比较局限。如案例课程质量参差不齐，部分课程教学内容比较随意，以学生讲演为主，部分课程质量不高。

四、实验班研究生改革发展建议方案

（一）学校成立法学实验班工作委员会（或法学实验班领导小组）

建议主要校领导担任工作委员会主任，教务处、研究生院、四大法学院负责人及相关部门负责人，作为组成人员，委员会下面设立办公室。工作委员会主要职责是系统研究、统筹解决法学实验班研究生阶段的推免招生、教学教务、联合培养、导师工作、论文指导等方面存在的薄弱环节与衔接问题，推动法学实验班研究生教育改革发展，提升实验班研究生教育质量。

（二）加强研究生阶段专业化管理人员配备

加强法学实验班研究生阶段管理与服务人员配备，目前研究生阶段（后两年）的管理力量非常薄弱，导致管理与服务质量难以与实验班研究生需求相匹配。建议给法学院增加一名具有研究生教育管理经验的专职工作人员，协助院长负责研究生阶段教务管理、实践实习、联合培养、导师工作及论文指导、答辩等方面管理工作。

实验班学生本科阶段教育教学与管理人员配置，与其他学院基本没有差别。实验班研究生阶段的教育教学与管理力量非常薄弱，实验班研究生每年毕业200人，在读400人左右，教学教务、论文答辩及相关管理工作任务繁重，相较于法硕学院、MBA中心、MPA中心等相当的在读研究生人数与工作量，实验班研究生阶段的管理与服务力量亟待加强。

（三）加大教育教学改革经费投入和政策支持

作为国家卓越法治人才培养试点基地，学校承担法学教育改革与试点的重任，人才培养模式改革具有艰巨性、特殊性和长期性等特点，综合考虑实际需要和其他高校实验班投入情况，建议学校每年增加法学实验班研究生工作专项经费投入，用于实验班研究生阶段教育教学改革工作。同时，建议学校加大实验班研究生教育教学改革支持力度，设立3~5项校级专项课题。

（四）支持实验班研究生人才培养改革

实验班研究生教育在法学实验班工作委员会领导下，积极落实学校建设高水平研究生教育行动方案，重点突出立德树人使命，重点做好体制机制、队伍建设、平台搭建、考核激励等关键环节，对标"双一流"建设，推进"三全育人"。

同时落实学校高水平研究生教育行动方案，稳步推进实验班几项提高研究生培养质量的举措：细化研究生阶段培养方案，细分培养方向和模块化教学；强化涉外法治人才培养；加强实践教学和联合培养，提高实践能力。具体如下：

1. 稳步推进实验班研究生质量提升的重要举措：优化研究生阶段培养方案，细分培养方向和模块化培养（课程设置模块化和实习实践模块化相结合）；强化涉外法治人才培养（建立健全与外交部条法司、知名涉外律所、国际组织等机构的研究生联合培养机制）；加强实践教学和联合培养研究生，做好做实做细实习实践工作，提高实践能力；进一步构建研究生思想政治工作大格局，提高法学实验班研究生工作的温度与质量，真正把法学实验班研究生打造成法大的"名片"。

2. 探索建立实验班学生直博制度。为落实全国研究生教育会议精神和新形势下学校人才建设的引、育并重的精神，建议探索建立实验班学生直博制度，培养拔尖创新人才。实验班学生是本校最优秀的本科生群体，本科生阶段各种获奖人数和获奖比例高，每届实验班毕业生中有10%左右的学生选择攻读博士学位，这部分学生较为优秀，按时毕业率高。在相关政策方面，可设定实验班直博生每届10人左右指标。具体政策与制度待进一步研究确定。

（五）拓展与法治工作部门合作的新模式

习近平总书记强调，法学教育要处理好知识教学和实践教学的关系。要打破高校和社会之间的体制壁垒，将实际工作部门的优质实践教学资源引进高校，加强法学教育、法学研究工作者和法治实际工作者之间的交流。[1]推进实务技

---

〔1〕"为全面依法治国培养更多优秀人才——习近平总书记在中国政法大学考察时的重要讲话引起热烈反响"，载人民日报2017年5月5日，第2版，http://cpc.people.com.cn/n1/2017/0505/c64387-29255375.html，最后访问时间：2021年5月28日。

能课程的建设，同时与知名律所、人民法院等实务部门签署合作协议，拓展学校与法治工作部门合作的新模式、新路径，建立研究生联合培养基地，促进学校与法治部门的紧密联合，建立常态化、规范化的协同育人的新时代法治人才培养机制，提高在校生的实践能力。

（六）完善法治部门专家到校任教的制度

培养高质量法治人才要打破高校和社会之间的体制壁垒，需要更多专家型法官、检察官、律师等到高校任教，同时使法学教师教授到司法机关任职。为保障这种双向交流高效进行，促进相关人员完成身份转换，需要强有力的制度保障。

教育部、中央政法委推出"卓越法治人才教育培养计划2.0"，推进法学院校同法治工作部门的结合，推进理论与实践的结合，让法治人才培养更有针对性。这个卓越计划里提出了一个"双千计划"，即安排1000名法学院校的老师到实务部门挂职，安排1000名实务部门专家到高校从事教学。目前，部分高校已出台相关制度，确认法学院校的教师到最高法、最高检或者基层法院、检察院去挂职，不会影响其职称的晋升和职业发展，但实务部门还没有相应的机制。因此，应该建立有关制度，保障有理论水平的实务专家到高校挂职，保证他们不因到法学院校授课而影响在原单位的成长发展，为实务部门专家到校授课健全制度保障。

论线上课程的有效教学

——兼谈法学实务课程线上线下混合教学的经验[*]

程 滔[**]

20年前，当人们还在探讨远程网络授课的优劣，以及是否有一天它会取代传统面对面的授课时，一场突如其来的疫情使之变成了现实。

一、远程教育的春天到来——疫情期间转入线上授课

（一）线上（网络）课程

网络课程，顾名思义是通过软件进行线上讲授的远程课程，是利用计算机设备和互联网技术对学生实行信息化教育的教学模式，它包括按一定的教学目标、教学策略组织起来的教学内容和网络教学支撑环境。网络课程最早出现在远程教育中，众所周知，远程教育是成人学历教育的一种，最早远程教育通过电视广播以及函授等方式进行，但随着现代技术的应用，通过互联网等传播媒体的教学模式，使它突破了时空的界限，有别于传统面对面的教学模式。网络授课因其不受地域的限制，即不要求学员都到课堂中来，具有能随时随地学，

---

[*] 本人在中国政法大学给本科生、法律硕士开设两门实务课程，分别是"律师实务""法律文书"，在多年的教学过程中，针对实务课程的特点不断总结经验，2020年春季给法律硕士上"法律文书写作"课。突然袭来的疫情转为线上授课，因实务课程模拟训练，互动很多，线上授课给模拟训练带来障碍，但本人及时调整授课方法，授课效果格外好，研究生院对教师的授课做网上调查，后台数据显示该门课程是学生最喜欢的课程。2021年本人讲授的"律师实务"被评为校级一流课程（线上线下），并被我校从百门课程中选拔出来申报国家一流课程。

[**] 程滔，女，（1967－），籍贯苏州，中国政法大学法学院教授，诉讼法博士。研究方向：法律职业伦理、司法制度、律师学。

且方便、灵活的特点，更加适合于进一步提升自己的上班族。

在线教育（E-learning）是基于网络的学习。远程教育与网络教育、在线教育似乎是同义语，但笔者认为，三者是有一定的差异。远程教育应该是一个更大的概念，远程教育包括前述的广播电视教育等。在美国，很多的公司都采用E-learning培训，E-learning不单是一种传送内容的技术，是通过学习产生的深刻变革。

（二）传统课程的优势

无论是中小学的基础教育还是大学的高等教育，传统的面对面（face to face）授课一直是教育体系中"独领风骚"的模式，这种直接授课形式是网络课程永远无法替代的，其优势表现在：

第一，自古师者，传道授业解惑也，强调的就是老师的亲授。这种传统的教学方式不仅是传授知识，而且还起"言传身教"的作用，即教师要以身示范，也是通说的"为人师表"。教育的真谛在于培养"德才兼备"的人，因此品行的教育在整个教育体系中是至关重要的，且道德品质的教育要贯穿整个教育体系。这种教育不仅仅是灌输的、宣教式的，同时也在老师的"以身作则"中潜移默化地培养学生优良的品行。

第二，在传统教育中还有情感的表达，老师投入感情，学生感受来自教师的温暖。老师不仅是解决学习上的问题，还有生活上的，甚至是心理上的问题，特别是现在的学生存有不少的心理问题，这都需要学生在与老师的往来互动中得到老师的关心和帮助，以便解决学生们面临的各种各样的问题。

第三，传授学业包括技能的培养。技能是使学习者适应生活，适应社会的各种技术。"学而时习之"中的"习"以前被理解为"温习"，这是一个错误的解释，"习"是指在实践中学习。古人云：知行合一。传统教育中还有讨论法、实验法、动手操作法等。

第四，法律是实践的理性。在法学的教育中，还有实务技能课程、模拟法庭以及法律诊所教育。这类课程的特点是模拟演练，使学生懂得如何面对当事人、与司法人员进行交涉，培养学生的沟通、谈判、论辩以及发现问题、分析问题，解决问题的能力。

传统教育自有很多不足，其是以课堂即老师为中心的教学模式，传统模式通常与应试教育联系在一起，被认为是"注入式"，甚至成为"保守课堂""呆板课堂"的代名词,且不利于培养学生的批判思维与创新能力。虽然这些年老师们也在不断地改进教学方法,变"主动"为"被动",增加课堂上的互动,但是效果并不理想。如学生不爱提前进行预习,埋怨老师留作业频繁,课堂上也不积极,主动回答问题集中于几位同学,等等。

(三)在线课程(网络课程)的优势

21世纪庚子年一场意想不到的疫情使得春季学期大中小学的所有课程由线下转为线上,但随着线上教育的日臻完善,网络教育克服了传统教育的弊端,其优势越发显现出来,体现在以下几点:

第一,极大的灵活性。以前远程教育中的电视授课还受一定的时间和地域上的限制,但是现在利用计算机、手机为载体的网络课程,可以随时随地、随心所欲地学。对于职场中难以集中大块儿的时间学习的人员,网络课程使他们可以利用碎片时间"化零为整"进行学习。

第二,受众者多。由于入门的门槛和学费低,如有的不需要资格考试,另外省去租教室,教师来回的差旅费等,降低了办学的成本,以便吸引大量的学生。此外在线课程不限于某个地方的学员,甚至不受年龄的限制。

第三,学习的自主性。网络课程最大的优势是以学生为中心,学生根据自己的兴趣并结合自身的情况选择课程以及进度,如自由选择学习的起点,学习的内容等,从"以教定学"走向"以学定教"的模式,因此比传统教学更加因材施教。

第四,资源的共享。网络课程可以集中优秀的师资力量,特别是在地处边远、师资匮乏的地方,都能听到名师的授课。

第五,全天候的课堂。学员可以反复学习,对于没有听懂的内容或者开小差错过的内容,可以重复听,而传统课堂老师讲过的内容似"一去不复返"。

网络课程不仅改变了传统教育"独揽天下"的局面,而且使得高校课程中出现"三分天下"的情势。2019年教育部颁发了《教育部关于一流本科课程建设的实施意见》(以下简称《实施意见》),《实施意见》规定,经过3年左右时间,建成万门左右国家级和万门左右省级一流本科课程(简称一流本科课程"双万计划")。从2019年到2021年,完成4000门左右国家级线上一流课程(国家精品在线开放课程)、4000门左右国家级线下一流课程、6000门左右国家级线上线下混合式一流课程。从此数字可以看出,线上课程占总课程建设的

70%以上。

网络课堂也有缺陷，其主要依赖学生的自觉性，不像传统课堂更能集中学生听课的注意力；网络课堂难以实现动手实验教学。但传统课堂与网络课堂并非势不两立，将两者互为补充，取长补短，有利于提高课堂教学的有效性。

二、教学模式的革新——翻转课堂的运用

如果说传统教育衍生出来的是教师的"一言堂""填鸭式""呆板"的模式，那么网络教育则使"翻转课堂"更好地发挥效用，翻转课堂不仅是"以学生为主导"的模式，而且能够达到教学质量与效果的同时提高，法学专业中的实务课程更加适合采用此种授课模式。

（一）翻转课堂

翻转课堂（Inverted Classroom）又称"颠倒课堂"，2007年美国的中小学课堂首先采用翻转课堂。随着计算机与互联网的普及，其不仅在美国流行起来，而且逐渐渗入到我国的教育中。所谓"翻转"有几层的含义：一是教师与学生在课堂中的身份地位翻转，教师由主动变被动，学生由消极转为积极；二是由"先教后学"翻转为"先学后教"，学生在课堂外通过视频、阅读、与其他同学讨论等方式自行学习，课堂上老师不再讲授知识，而是通过提问、学生的展示、教师的答疑解惑等互动方式检测学生们自学的效果。"翻转课堂式"是对基于印刷术的传统课堂教学结构与教学流程的彻底颠覆，由此引发教师角色、课程模式、管理模式等一系列变革。[1]

"翻转课堂"被誉为是课堂革命。有学者提出，课堂教学改革不是对传统课堂的修修补补，而是对传统课堂的颠覆性改革。笔者认为，传统教育与网络教育各有利弊，谁也不可能取代谁。翻转课堂不适用于所有的课堂，比如年龄比较低、还不具备一定的自学能力的学生。再有，高校中一些研讨课、研究生的课程多数是采用翻转课堂，其最大的缺陷就是，一堂课老师不可能要求班里所有的学生上台展示，也不可能让所有的学生回答问题，课堂上进行展示的只是

---

[1] "如何有效地翻转课堂"，载https：//www.sohu.com/a/112055582_372506，最后访问时间：2022年3月28日。

少数学生，没有安排展示的学生往往就不会去准备，或者提前学习。因此，最好的方法就是线上与线下方式的混合。

（二）线上与线下混合课程

在教育部推出的"双万计划"中，线上线下混合课程就有6000门，比线上课程和线下课程多了2000门。线上线下课程混合，兼取"传递—接受"和"自主—探究"两者所长，是"教师的有意义的传递与学生的自主探究"相结合的教育学的活动。[1]其特点在于：

第一，短小精悍的教学视频。短视频在上课之前发到学习通上，短则几分钟，最长也不会超过15分钟。每个视频是讲知识点，有很强的针对性。之所以限制在小视频，是考虑到学生精神集中的时间范围。网络课程不容易集中学生的注意力，因此对时间的控制符合学生身心发展的特征。此外视频可以暂停、回放，让学生随时学、反复听。

第二，注重效果的学习过程。学习的过程通常分为两个阶段：信息传递与吸收内化。在以往的授课中，特别是在高校，老师们往往偏重前者即知识的传授，而忽略学生的吸收内化，即学生是否听懂掌握了，教师是否进行了有效的教学。虽然有些课程讲完后老师们会留几分钟给学生提问，但是提问的学生常常寥寥无几，老师们理所当然以为学生都掌握了。但实际上，因为学习还有吸收领会的过程，学生不问问题可能是他们还提不出问题。翻转课堂将学习的过程提前至课前视频学习，不太同于传统学习中的课前预习，虽然预习也是学习，但是网络课前还是老师授课。课堂上老师们通过与学生的互动来了解学生掌握的情况，对重点难点进行再次讲解，给予有效和针对性的指导。

第三，相互学习的互动过程。以前的互动多是指学生与老师之间的互动，翻转课堂则是强调学生与学生之间的互动。如果学生多，则以小组为单位在课上演示，课下也以小组为单位完成作业。一方面这有利于学生之间相互学习，取长补短；另一方面还能够培养学生团结协作的精神。

此外，学生学习效果的评价机制由课前学习、课堂展示以及课下作业三部分构成。课前学习的评测教师可以在学习通看到学生学习的情况，老师还能通

---

[1] 何克抗："从'翻转课堂'的本质，看'翻转课堂'在我国的未来发展"，载《电化教育研究》2014年第7期。

过在短视频后布置几个小问题立刻进行检测。学生通过检测也能了解自己掌握的情况，对于不懂的或是做错的可以在课堂上或者通过平台再向老师询问，这样不仅使课堂上老师授课更加有的放矢，而且更加有效。

（三）"律师实务"课程线上与线下混合授课模式

2020年的春季与秋季学期笔者都给本科生开设了"律师实务"课程，疫情之前都是线下授课，疫情期间的春季学期采取线上授课的方式，秋季学期笔者则运用了线上与线下混合授课模式。律师实务课程内容包含会见咨询、阅卷、调查取证、举证、质证与法庭辩论这些内容，旨在培养法科学生沟通交流、说服谈判、应变与辩论以及分析问题与解决问题的多项技能。笔者以赵小花案为例，以情景模拟"律师第一次会见犯罪嫌疑人"课程内容为例，展示如何进行混合授课：

【案例】

赵小花，女，老家在浙江省金华市XX县，27周岁，在北京市暂住，无业，女儿1周岁，因涉嫌故意伤害罪，于2021年6月3日被北京市公安机关刑事拘留。据了解，被害人李强，男，29周岁，系犯罪嫌疑人赵小花的丈夫，两人长期感情不和，经常打架。2021年6月2日，两人在打架过程中，被害人李强被赵小花撞倒在地，头部严重受伤，经抢救无效后死亡。

线下作业：

1. 学生查找法律、司法解释以及相关文件中对律师会见的规定。

2. 把案例发给学生，并提出一系列的问题，让学生回答：

（1）第一次会见当事人时，你如何让你的当事人放松？（如何建立起信任关系？）

（2）你需要告诉他们什么，如何告诉？

（3）你如何保证他们明白你所告知他们的权利？（犯罪嫌疑人文化水平低，如何让其理解你所讲的法律知识？）

（4）你如何向犯罪嫌疑人了解案情？

（5）你想问的关键问题是什么？

上述问题既有实务技能问题，又有法律规定，学生要查找相应的法条进行学习，并且思考如何操作。

线上内容：

1. 老师讲授司法实践中律师会见障碍以及面临的风险。
2. 把律师讲授的律师会见技巧的视频发给学生观看。

课堂上讲授：

1. 学生汇报法律中有关律师会见的规定。这部分是学生自学的内容，有关律师的规定，分散在《中华人民共和国律师法》《中华人民共和国刑事诉讼法》《中华人民共和国民事诉讼法》以及相关司法解释中。以前的课堂上老师把自己归纳出来的法律规定一一讲授，但是笔者发现灌输的内容学生不会记忆深刻，而让学生查找不仅是学习法律的过程，也是锻炼学生分析归纳能力的过程，即让学生总结出：律师会见的时间、地点、方式以及律师会见的权利保障等内容。这部分教学需学生查找的法律是否齐全，归纳是否到位，是否有遗漏。在形式上通常采用头脑风暴的方式。

2. 学生进行角色的扮演，分别担任当事人、律师、律师助理、检察官、观察员。通过模拟达到以下目标：

（1）让学生熟悉如何在监禁环境下向当事人进行介绍；

（2）如何向当事人介绍律师的责任和作用；

（3）确保当事人理解其在羁押期间的权利；

（4）帮助律师确定在咨询时应考虑的问题和特定需求（如语言障碍，缺乏理解，年龄小），以及如何处理这些问题。

3. 学生通过观看律师讲述律师会见中的障碍以及技巧的视频，了解在会见时遵循的职业道德，包括：

（1）律师不得带犯罪嫌疑人的家属、亲友或非律师人员会见犯罪嫌疑人；

（2）律师不得将自己的手机等通信设备提供给犯罪嫌疑人；

（3）律师不得传递信函；

（4）律师不得帮助犯罪嫌疑人伪造、毁灭证据或者串供等。

4. 设置学生观察员，对于学生的模拟按照下述标准进行评价打分：

（1）表演的学生是否考虑当事人的顾虑、为当事人提供正确与明确的建议；

（2）是否确定所有相关事实、程序以及法律问题；

（3）是否使用了正确的倾听与提问技巧；

（4）是否实现了当事人对结果的期待；

（5）是否与当事人建立起一种专业关系。

线下拓展思考作业：

1. 如果犯罪嫌疑人的家属对其原先聘请的律师不满意，希望你做犯罪嫌疑人的辩护律师，你应当怎样做？

2. 律师和犯罪嫌疑人及其家属建立起怎样的关系？

3. 律师在侦查阶段与犯罪嫌疑人的会见，与在审判阶段与被告人的会见有什么不同？

以前讲授这门课时，笔者运用传统的授课方式，经常会出现讲不完的情形，因为模拟演练是非常耽误时间，特别是笔者所在的学校将选修课由36课时缩减到32课时之后。如果基本法律知识讲得过多，不符合该门实务课的特性；但是如果不进行铺垫，学生不会设计场景。现在采取线上与线下混合授课模式，把基本法律要点的学习安排在线下的自学，不仅增加学生的积极性，而且把节省出来的时间更多地用于学生在课堂上进行训练。

三、授之以鱼不如授之以渔——法学实务课程的授课技巧

2020年春季所有课程改为线上授课，笔者在这一学期给本科生开设法律写作、律师实务课程，给法律硕士生开设法律文书写作课程，学生总数近500人。由于这三门课程同属于课堂上模拟、互动较多的类型，其实不适合网上授课。笔者开设的法学实务课程虽然不是必修课，但是本校要求所有法学专业的学生必须选修一门实务课程，不可能因为网上授课而停开，于是笔者便下载了腾讯会议、学习通、EV录屏等软件。恰巧的是在疫情之前，笔者参加了本校教务处为老师主办的BOPPS培训课程，把学到的有效教学法运用到网络课堂中。

（一）提高线上课题的学习效果

1. 线上课堂中提起学生的兴趣。以往的授课笔者采用头脑风暴、提问、当场角色扮演等方式，一方面让他们集中精力，提高学习的参与度，另一方面也是了解他们对老师所讲内容的掌握情况。但是事先的录屏授课难以运用这些方式的，于是笔者采用了一些"小手段"弥补上述缺陷：首先，录课的时候，在课前与课后给学生播放授课铃声（中国政法大学上下课的铃声是"彩云追月"的音乐），增加学生上课的仪式感，学生们反映听到既亲切又久违的铃声，感觉回到了课堂上。其次，在家上课学生难免会"开小差"，为了让他们集中注意

力，录播的课程中间会穿插图片做思维训练，这些训练告诉学生不止从一个角度看，应全方位观察问题。法律人需要有客观、公正、公平的思维，换个角度看问题，可以看到更多的东西，得出的结论也相对周全。再其次，除了录制自己的授课内容，还为学生录制了律师的讲座。由于疫情的影响，一些律师事务所开展了公益讲座，笔者把跟法律文书写作以及律师实务有关的讲座事先录制下来，再上传给学生，并介绍几部国外法律电影让学生观看并写读后感，发给学生资料让他们自主学习，提出启发性的问题。这些既有实务技能，又涉及法律思维与技巧，在批改学生作业的过程中也看到学生确实用了讲座中的分析方法。最后，作业中采用的案例除了典型案件如刑事案件中的聂树斌案、陈满案，还有民事案件中八达岭动物园的老虎伤人案以及快播涉黄案，这些都是能够引起他们兴趣的内容。

2. 恰好地利用"翻转课堂"。正常的教学中，笔者的课是每次3课时，共11周课，[1]总共33课时，但是网络课堂不适合讲太长时间，面对学生"开小差"的问题，在面授或者直播中，老师可以提醒学生，但录播的缺陷是不能控制课堂，因此，每节课只录25钟左右，比正常的课程缩短差不多一半的时间，25分钟讲主要的知识点。

之后每堂课留作业，由于学生数量多，不可能每周判500份试卷，以小组为单位做作业，即4~5人为一小组，每个组随机指定一名组长。固定让学生每周五17：00交作业，再利用周末的时间判作业，通常要花一节课时间给学生专门讲评作业。作业的内容既有让他们自学的部分，也有检验学生学习效果的测试。

笔者在美国访学期间旁听他们的法学课程时留意到，课堂上教授们经常采用此种小组作业的方式。这种方式有很多的优点：培养学生的团结、合作，让学生集思广益，相互学习，提高学生自学的能力，变教师与学生的互动为学生与学生的互动。此外，还能够培养组长的组织、协调的能力，学生集体协作的能力。但是这种方式也有弊端，因为学生可能会偷懒，或者滥竽充数，于是笔者把一个大作业分成4~5个小作业，每个人都要参与，而且作业之间是相互衔

---

[1] 笔者所在的中国政法大学从2017年开始，实行3个学期，即秋季、春季和暑假1个月的国际小学期，其中秋、春季学期共16周的课程，多数课是32课时，一些必修课是48课时。老师授课，32课时可以排16周×2课时，也可以11周×3课时；48课时则可以16周×3课时，也可以12周×4课时。

接的。学生们做之前要先讨论再各自完成，每个人完成的部分由小组同学相互评判，提出意见再完善。笔者每次给学生评判作业的时候，也是选取他们在作业中普遍出现的问题以及做得好的组进行讲评。

下面附上一位法学院学生写给笔者的线上授课收获：

老师每周都会布置作业，作业是以小组的方式完成。其实我之前几乎没有过小组研讨、共同完成作业的经验，当不认识的同学组成小组时，一开始大家彼此都比较陌生，我也怕在完成作业的时候，大家会不会有自己功利心的考虑，导致合作不愉快的情况发生。但是在交流的过程中，我发现大家都很真诚，也不是为了完成作业而完成作业，而是抱着不断学习、探讨的方式完成。我们从一开始的分工混乱、无人讨论，到后来的分工明确，定期进行讨论，讨论内容也不断地深入，甚至大家还会时不时把优秀的微信公众号文章、判决等发到群内共享，也在小组作业分数增高时抱成一团，开心地庆祝。这让我充分感受到了团队协作的魅力，一个人的精力是有限的，一个人的思维方式也是受限的，一个人的视域更是有限；但是一个团队却可以从不同方面提供不同的思维方式和思考角度，我常常会有"原来还可以这么想！""原来还可以这么写！"的感叹，而且最重要的是，在不断学习、不断努力的过程中，还有3个伙伴，和你一起努力，互相陪伴和支持着。

时间真的过得好快，第一次观看线上课程的场景还历历在目，转眼已经接近结课，这么长时间以来，内心既感激又遗憾。感激的是老师的辛苦教导，我曾几次看到老师录课的时候已是深夜，但是老师每次授课都是以饱满的热情、细心的讲解吸引我认真听讲。感激的是小组成员的合作、包容和陪伴。遗憾的是因为疫情，我们不能线下见面。但是我相信，也期待着，未来在校园，能够见到老师，能够见到同学们，继续一起学习，不断进步！

（二）提高学生的实践应用能力

如前所述，传统课堂不利于对学生的实践能力的培养，笔者的实务课程就是培养学生的实务能力。

第一，实务操作能力的培养。笔者给本科生和法律硕士都开设法律文书课程。书写一篇优质的法律文书需要"勤学苦练"，上述律师实务课程就给学生设置一些场景进行模拟，如果不进行实际的操作就好比学开车时光背交规而不上路一样，因此笔者每周都给学生布置有实务训练的作业，有的是根据案情写起诉状、辩护词等法律文书，有的是模拟接待当事人的场景，令学生进行角色的扮演，模拟律师在看守所会见犯罪嫌疑人的场景，分别扮演律师、律师助理、检察官以及观察员，让每个学生都有任务。虽然学生不能现场进行扮演，但每个组的学生建立微信群，通过网络进行模拟，将之制成小视频，或把模拟对话写下来，形成类似剧本的成果。

笔者在判作业的过程中，感到学生没有因为疫情而懈怠，绝大多数的同学非常积极参与而且很投入，他们觉得很有意思，像电影导演一样，有导演还有演员。虽然前2次的作业感觉他们没有"上路"，对老师留的作业学生不知道怎么去做，甚至有学生不知道怎样进行分工，有些同学产生"畏难"的心理，跟笔者说：老师，有些课程如证据法没有学，诉讼法这学期才开始学。笔者不断地鼓励他们，如此学生们的作业一次比一次做得好，超乎笔者的预期，甚至比平常上课取得的效果都好。

附上一篇作业的截图，这篇作业该组学生写了近10页，一一作出详细的分析，超出我布置的作业的范畴，比如他们把所有涉及的法律条文进行摘要分析，对相关问题分析后，进行总结，能感觉到学生进行深入思考并下了一定功夫。

论线上课程的有效教学

```
.ıll 中国联通 4G        00:24         45%

  <        第

        四、聂树斌案、陈满桑的再审判决书关于证据认证部分的不同点
      (1) 有罪供述的内容能否排除指供、诱供的可能?
        两案件中的原审被告人都存在有罪供述,且有罪供述内容都存在说法不一,前后矛盾,反复变更的情
      况。但是根据"先证后供"和"先供后证"证据的证明力的不同,两案出现了不同情况:
        聂树斌案中,共有13份供述。其中对关键事实供述前后陈满案中,原审被告人也存在有罪供述;且
      矛盾:对偷花上衣的具体地点;对脱下被害人内裤的细在侦查阶段,审查起诉阶段,审判阶段多次翻
  对   节;关于被害人自行车的型号;虽然一直认罪,但是始反复,最后全面翻供,但是并不存在"先证
  比   终供述不清楚。对于作案地点、藏衣地点、尸体上的白后供"的情形。
      背心,自行车的位置,被害人的凉鞋等,都是在先有证
      据再供述的情况下进行的,即"先证后供",供述的真
      实性存疑。且偷花上衣的地点存在随证而变的情形,
      不能排除被诱证的可能性。
  总   如果是"先供后证",供述往往比较可信。印证关系比较强;但"先证后供",印证关系不强,不能排
  结   除被诱供的可能性,其供述的真实性存疑。
      (2) 再审是否出现了新证据?
        根据《刑事诉讼法》第二百五十二条规定:当事人及其法定代理人、近亲属,对已经发生法律效力的判
      决、裁定,可以向人民法院或者人民检察院提出申诉。两案不同:根据《刑事诉讼法》第二百五十三条规定:(一)有新的证据证明原判决、裁定认定的事实确有
      错误,可能影响定罪量刑的;(二)据以定罪量刑的证据不确实、不充分、依法应当予以排除,或者证
      明该案件事实的主要证据之间存在矛盾的等。聂树斌案件再审中出现了新证据:王某1异地归案后主动交代
      系该案凶手;陈满案再审中没有新证据。
  对   聂树斌案再审中,申诉人及其代理人提出了王某1系本 陈满案件中并没有出现新证据。
  比   案真凶等意见。但是,再审法院以并不属于本案审理的
      范围为由,没有进行审理。
  总   尽管法院在该份判决书中并没有对王某1是否系本案的真凶进行审查,新证据的提出也并没有影响对
  结   本案最终作出的判决。但是,后续法院对王某1系本案的真凶将量对聂树斌案件的性质极大影
      响:浙江决定聂树斌案件究竟是"疑罪从无案件"还是"绝对无冤案件"。而,陈满案件却不会有这种
      影响。
      (三) 原办案机关程序合法性问题给证据证明力的影响(即证据合法性问题)
        聂树斌,根据1997年刑事诉讼法和1987年公安部《公陈满案件判决书来看,不存在原办案机关对
      安机关办理刑事案件程序规定》的规定,对聂树斌的监 案过程不符合程序,不符合法律的情况。
      视居住违反规定;且现场勘验没有见证人;根据原卷宗
  对   记载,办案机关组织聂树斌对花上衣、自行车,被害人
  比   照片进行辨认;以及对案发现场、藏匿衣服进行指认,
      但是辨认和指认没有附照片佐证,辨认对象差异太大。
      办案机关违法采取强制措施、辨认、指认不规范、导致
      辨认,指认秘鲁并不具有证明力。
  总   根据《刑事诉讼法》第三条规定,各机关进行刑事诉讼必须严格遵守本法以及相关法律,违法或者
  结   不依法进行证据搜集,证据将会依据非法证据排除规则予以排除,或者影响证据的证明能力。
      (四) 作案工具和死亡原因的确定问题
        两案件中,均存在作案工具:女士花上衣、平头菜刀or其他尖锐利器,但是作案工具是否被认证却有不同
      情况:
        聂树斌案的再审判决中,被害人由尸体的严重腐烂,根陈满案中,原审被告供述自己是用平头菜刀
      据当时的即供,无能准确判定被害人是否死于窒息性休砍死被害人,但是,根据现场的勘验笔录
  对   克死亡,只是相关专家的倾向性分析。聂树斌供述是自法医检验报告、照片,以及《审查意见》
  比   己用花上衣勒死被害人,花上衣的来源,是对花上衣的的辨认笔录均存疑,故,原判决中的作案工具"花上的伤痕"。故:平头菜刀不是作案工具。
      衣"系供述的作案工具,并非被认证的作案工具。
  总   根据再审判决书判定,被害人的作案工具是否作案工具不明,且被害人是否死于花上衣也不明
  结   确;但是陈满案件中的作案工具平头菜刀,被认证不属于作案工具。
      (五) 是否注重"经验逻辑法则"审查证据
        由于聂树斌案件更复杂,证据种类和数量更多,且当事人已经被执行死刑,很多证据无法从当时人口中
      得到更详细和确认的证实,聂树斌案件部分的证据审查部分更加注重"经验逻辑法则":
        在证据缺失审查部分,关于审判原办案机关当年的行为陈满案件中,则没有明显运用该法则审查证
  对   和时候的不同解释时,有多次给出"不合常理"的表述:据。
  比   根据被告人的家庭生活环境,自己的工资水平等,评判
      被告人偷窃女式衣服自己穿属于"不合常理"。
  总   虽然不能完全依赖"经验逻辑法则"审查证据,但是在当事人已经被执行死刑,且案件复杂、证据错
  结   综复杂的情况下,将法律上的程序与规则与经验层面的常识来现结合起来裁量案件证据和事实问
      题,能提升公众对裁判的认同感。
      (六) 针对各不同证据论证说理的详解不一
        两案件的再审判决书,虽然运用了大量的篇幅针对证据部分进行认证和分析,也都采用了分析式的方
      法,力求注意证据的连续性,分析相互矛盾的证据之间的无法印证的问题,进行了全面综合的分析。但
      是,或许因为案件本身的特殊性的复杂性的不同,两个案件在详细程度和再审裁判证据的角度上有区
      别:
```

图 6

第二，法律思维的培养。法律文书写作是法科生必须具备的一项基本功，但这也是学生的弱项，绝大多数学生都很"怵"写作。他们虽然懂语文但是不懂得法律文书写作的技巧；他们不缺格式和范本，但是缺乏法律思维；他们学过法律，但是很难将规则和事实融入进行论证。法律文书写作是在法律思维的指引下，展开法律的思辨。因此，笔者在第一堂课就告诉学生，要在掌握写作要领的前提下，养成法律人的思维，即首先让他们像法律人那样去思考（think like a lawyer），再像法律人那样去做（do like a lawyer）。在思维上，通过布置作业训练他们对同一案件从正反两方面去分析问题，运用证据说明事实的客观性，运用多种价值衡量以及批判性思维。如果布置的是民事案例，则让他们既要充当原告撰写起诉状，同时也要充当被告撰写答辩状；如果是刑事案件，既要作为检察官写公诉词，又要作为辩护律师写辩护词，这样有利于培养学生正反两个方面的思维。

第三，举一反三能力的培养。以法律文书课为例，法律文书包括诉状类文书、法庭演说词、人民检察院文书、人民法院法律文书等，加起来近上百种，重点法律文书也在几十种，短短32个课时不可能都讲完，于是笔者采取只讲个别法律文书，让学生学会举一反三的方式。笔者总结出"抽象——具体——抽象——具体"的思维教学方法，即先讲法律事实、证据、法律理由的写法，再以具体的法律文书为依托，之后让他们分辨法律关系、归纳事实，找出争议焦点、分析证据，之后总结规则，把规则运用到具体的案件中，最后形成一份释法说理的法律文书。布置的作业之间相互衔接，通过训练，培养学生分析、判断、解决问题能力，以及对案件事实和相关法律的陈述和解释能力，对所涉及的证据分析评价的能力，对相关人士发表的意见采信与否的说理能力以及总体上的文字表达能力和驾驭全局的法律应用能力。

总之，"授之以鱼，不如授之以渔"，"法律文书写作"不仅仅是一门课程，还要教会学生思考、分析问题的方法，让他们养成法律人应该具有的法律思维。此外，笔者在课堂上多次告诉学生，作业反映了处事的态度，老师对作业严格的要求就是希望严谨周密、认真细致的品质能够成为学生以后行事的风格。

（三）学生的额外收获

尽管每周作业不少，比如不仅让学生练习写法律文书、做摘要，还让学生找相似的案例、知名学者的观点、法条，从中总结论点；对判决书的证据分析，对法律适用进行论证，再抽象出规则；此外，还有角色的扮演等。但通过和学生聊天感觉他们热情高涨，没有把每周的作业当成一种负担，无论是学生还是授课老师都获得了额外的收获。如其中一名学生在课程结束时参加了法学院组织的"法律文书大赛"获得二等奖；另一名学生获得排名前十的律所的实习资格。

许多人都愿意引用霍姆斯的那句话，"法律的生命不在于逻辑而在于经验"，然而由于笔者讲授的实务课程不是必修课，往往不会引起学生的重视，有的学生选修就是为了学分。但笔者不断摸索授课的方式，特别是线上与线下授课混合式的教学模式，以达到最佳的学习效果，从而不仅让学生领会了实务课程的精髓，而且提高了他们的综合实务能力。

高校法学"课程思政"教学改革探析

刘 澍

2020年11月17日,中央召开全面依法治国工作会议,习近平总书记强调要坚定不移走中国特色社会主义法治道路,在法治轨道上推进国家治理体系和治理能力现代化,为全面建设社会主义现代化国家、实现中华民族伟大复兴的中国梦提供有力法治保障。[1]习近平法治思想是新时代高校法学教育和法治人才培养的重要行动指南。作为法治人才培养的阵地,高校的法学专业教育要融入思想政治理论,融入习近平法治思想,并要贯穿到法学教学改革的各个环节,发挥课程思政作用,培养德才兼备的高素质法治人才。

一、课程思政教学改革的内涵与价值分析

(一) 课程思政教学改革含义解读

课程思政的概念最早在2014年由上海市教育委员会提出,然后在上海的一些高校进行小范围试验,取得了初步的成效。习近平总书记在2016年全国高校思想政治工作会议上,特别强调了高校思想政治教育工作的重要性,为课程思政的进一步发展提供了强大动力。课程思政的本质是充分挖掘现有课程的教学内容中蕴含的思想政治教育资源,是以一种"隐性"的方式将思想政治教育的理论和价值内核有机融入法学教学过程中,实现法学课程和思想政治理论课的协同效应,这有利于为社会培养更多德智体美劳全面发展的法治人才,为中国

---

[1] "习近平出席中央全面依法治国工作会议并发表重要讲话",载新华网: http://www.xinhuanet.com/politics/ldzt/qmyfzg2020/index.htm,最后访问时间:2021年4月26日。

特色社会主义事业培养合格的建设者和可靠接班人。

课程思政教学改革有以下三个特征：一是注重价值引领。习近平总书记在全国高校思想政治教育工作会议上指出："要坚持把立德树人作为中心环节，把思想政治工作贯穿教育教学全过程，实现全程育人、全方位育人，努力开创我国高等教育事业发展新局面。"[1]通过课程思政教学改革，以此帮助学生树立正确的世界观、人生观和价值观。因此，价值引领是课程思政的核心特征。二是强调高度融合。课程思政强调要将社会主义核心价值观和思想政治教育元素融入法学教学过程中，将思想政治教育与法学专业教育内容进行融合，挖掘法学课程内在的思想政治教育元素，将"立德树人"的任务融入教学过程中。三是呈现显隐结合的特征。高校的法学教学过程，往往以专业知识的传授为主要目的，这部分是显性的，而课程思政是注重将思想政治教育潜隐到专业课程的各个环节，通过隐形的方式，到达高校思想政治教育的教学终端，从而实现协同育人的目标。

（二）课程思政教学改革价值分析

高校法学教育的目的不是单纯地传授法学专业理论知识和职业技能，还应该包含社会主义核心价值观。法学课程思政教学改革是指将思想政治教育内容融入法学专业知识的教学过程中，使专业课和思政课同向而行，构建"大思政"育人格局，以更好地实现立德树人的教育目标，为国家培养更多"德法兼修"的高素质法治人才。因此，在高校的法学教育中开展课程思政教学改革具有十分重要的理论和现实意义。具体来说：

第一，有助于帮助学生坚持正确的政治方向。中国共产党成立以来，思想政治工作是一切工作的"生命线"，高校也必须坚持正确政治方向。随着网络与新媒体技术的快速发展，当今大学生可以利用多种途径和渠道接触世界多元文化，但部分国外势力仍然借助互联网对我国大学生进行意识形态的渗透，而大学生往往由于缺少社会经验和辨识能力，比较容易盲目地对西方法治文化产生崇拜心理。高校的法学教育，就是要求教师一方面在传授法学专业知识的同时，另一方面还要注重引导学生树立正确的政治方向和价值追求。

---

[1] "把思想政治工作贯穿教育教学全过程"，载新华网：http://www.xinhuanet.com/politics/2016-12/08/c_1120082577.htm，最后访问时间：2021年4月20日。

第二，在法学专业课程教学中，融合课程思政理念，有助于帮助学生形成良好的法律人格、法律职业伦理和法律价值观，具有非常重要的现实和实践意义。高校对青年学生的法学教育，除了传授法学专业知识以外，还应肩负着法律职业教育和职业伦理教育等职能，建立法治观念与法律信仰。法律职业道德是法律职业从业者普遍遵循的行为标准与道德规范，具有一定的约束效力。法律职业道德代表的是法律人的职业操守与道德底线，良好的职业道德素养不仅有助于维护社会的稳定、法律的公平公正，并且能有效提高法律的权威性，推进国家的法治建设。[1]习近平总书记2017年在中国政法大学考察时特别强调了法治人才法律职业道德素养的重要性。党的十九大报告中也强调坚持依法治国和以德治国相结合，依法治国和依规治党有机统一，深化司法体制改革，提高全民法治素养和道德素质。[2]

二、法学"课程思政"教学改革的现存问题分析

新时代以来，我国高校的法学教育进入全新的发展阶段。这些年来，我国的法学教育和法治人才培养质量成效显著，高校形成较为完备的法学教育体系和学科体系，为法治领域输送了数以百万计的专门人才。[3]不少高校在推进"课程思政"教学改革中做了大量尝试，也取得了一定的成效。但目前在法学专业课程思政建设和教学改革过程中仍存在不少问题和挑战，主要包括以下几个方面：

（一）法学专业教育与思想政治教育的融合存在难度

高校的法学课程思政教学改革是要在传统的法学专业教学模式中将思想政治教育的内容有机融入，使法学教育和思想政治教育同向而行，这就要求法学专业课教师在现有的教学内容中充分挖掘"思政元素"，将法学专业知识和思想

---

〔1〕 石先钰："推动'法律职业伦理'学科建设"，载中国社会科学网：https://baijiahao.baidu.com/s?id=1628225498834673520&wfr=spider&for=pc，最后访问时间：2021年4月28日。

〔2〕 陈冀平："奋力推进新时代全面依法治国基本方略"，载人民网：http://dangjian.people.com.cn/n1/2018/0102/c117092-29740377.html，最后访问时间：2021年4月27日。

〔3〕 "培养德才兼备的高素质法治人才"，载理论之光：http://theory.jschina.com.cn/syzq/fz/201708/t20170809_4489668.shtml，最后访问时间：2021年4月27日。

政治教育内容完美融合。但课程思政与专业知识的融合目前还存在一定的难度。主要是由于法学专业课的教学更多地侧重"知识性"和"专业性",注重法学理论、案例和实践,而课程思政要求从现有的专业课程中挖掘出社会主义核心价值和德育内容。如何能让德育和社会主义核心价值观贯穿于专业课教学的全程,是课程思政教学改革中面临的首要问题。

(二) 课程思政教学改革容易重形式轻实效

目前很多高校的课程思政建设程度不同,个别学校已经具有成熟的做法,但不乏有些学校在开展和实施课程思政教学改革时,更注重形式上的要求,比如仅仅在课程讲授大纲中增加德育的章节,或者更改课程名称,而实际讲授内容未进行改变。这些都是将课程思政作浅显化的理解,将课程思政和专业知识割裂开来,导致在整个法学专业课程中,教学内容严重分化,为了课程思政而课程思政。以法学本科课程为例,高校的法学专业一般开设法理学、中国法律史、宪法与行政法学、民法、刑法等法律基础类课程,每一门课都是相对成熟且完整的教学体系和方法。而目前很多法学专业教师都不清楚在自己所讲授的课程中应该如何进行课程思政元素的挖掘。一方面,这样的课程思政容易走向形式主义的极端,无法保证德育和法学教育的融合。另一方面,这样的教学改革也是违背课程思政的最初目的,课程思政教学改革是要挖掘法学专业课程中的思政元素,而不是生搬硬套地加入思政内容。在一些专业课中受制于课程内容,课程思政教学部分通常流于形式,这就导致思政教育体现出较强的主观色彩,不能保证教育目标的实现。有些教师在进行课程教学时,将思政内容讲解独立出来,导致整个课程出现教学内容分化的现象,不利于学生系统掌握有关知识,并且不能保证思政内容在这些课程中的系统呈现。

(三) 法学专业教师开展课程思政的效果参差不齐

第一,部分法学专业教师的思想政治理论水平不高。调研发现,我国大部分高校对于法学专业教师的招聘条件更侧重于法学教育背景和科研能力,以北京大学法学院2021年公布的教学科研岗招聘条件为例:

(1) 专业要求:中国法律史学、国际法学(国际公法、国际私法、国际经济法方向)、经济法学、环境与资源保护法学、知识产权法学等专业方向。

(2) 在国内外著名大学接受过完整的法学教育,获得法学博士学位。

（3）有良好的师风师德，具有良好的学术训练和卓越的科研能力，至少已发表符合法学院相应职称要求的科研成果，在同年龄段学者中处于领先位置。

（4）教学能力强，讲课效果好；具有较高的外语水平，能用英语讲授相关课程。

（5）积极参与学院工作，具有一定的科研工作组织能力。

通过以上招聘条件可以看出，要求教师具有良好的师风师德，而对于教师的思想政治理论水平并无硬性规定，师德师风主要是强调教师需要具备良好的职业道德，并无提及需要具备良好的思想政治理论的知识储备。更何况，法学专业教师在日常教学中，应对紧张的授课任务和繁重的科研压力就已经分身乏术，恐怕也很难花费更多时间和精力深入学习思想政治理论知识。况且，思想政治理论本身也需要系统学习和训练才能掌握，而目前我国高校对于法学专业教师的思想政治理论培训，仍然有所欠缺。

第二，法学专业教师在课程思政教学中受主观因素影响。课程思政的开展需要借助于专业教师这个主体发挥纽带作用，每一位教师对于专业知识的掌握和理解不同，同样，他们对于课程思政概念和思想政治理论的理解也不同。可以说，教师对于德育的理解如果出现偏差，很有可能会妨碍或者影响课程思政的实效性。因此，法学专业教师对于课程思政的理解不同容易导致课程思政教学改革受主观因素影响，取得的效果有时并不理想。

（四）课程思政的协同机制建构存在困难

高校推行课程思政教学改革，目的是要实现各类专业课程与思想政治理论课的同向同行，形成协同效应。但现实中，要想形成完善的思想政治教育协同育人机制仍存在一系列问题。首先，在教学过程中，还未形成有效的机制保障，法学专业教学过程中与思想政治教育专业在学科层面需要建立合作机制，这是"课程思政"往专业化发展的首要前提。其次，在教学平台建设上，高校普遍未形成有效的教学交流机制和资源共享平台，课程思政建设更多的是由学校层面主导和推进，教学平台未能给课程思政教学改革提供良性的运行条件。最后，在监督评价方面，目前的课程思政教学改革还没建立起完善的奖励、评价机制，对于课程思政改革实施程度无法做到一个相对客观和量化的评价和反馈。

三、法学"课程思政"教学改革的路径分析

（一）法学课程思政教学改革的基本原则和建设目标

第一，全面贯彻落实党的教育方针。高校的法学"课程思政"教学改革要坚持马克思主义指导地位，贯彻落实习近平新时代中国特色社会主义思想和党的十九大精神，坚持社会主义办学方向，坚持依法治国和以德治国相结合，落实立德树人的根本任务，旨在培养"德法兼修"、高素质的社会主义法治建设者和接班人。

第二，强化社会主义核心价值观的引领。高校法科大学生对中国的法治化进程具有十分重要的作用，这就要求法学专业教师对加强和改进课程思政教学改革给予足够的重视，坚持以理想信念教育为核心、社会主义核心价值观为引领，坚持知识传授与价值观教育深度融合。

第三，深化新时代课程思政建设的改革创新。高校应该系统构建课程思政建设体系，形成专业思政特色优势，推动学校各类专业课与思政理论课形成协同效应。

（二）法学课程思政教学改革的具体思路和做法

1. 建构系统的组织保障机制。高校应该建立学校、学院和专业课教师三级联动保障机制。课程思政教学改革作为一种新型的教育理念和教育实践，良好的体制机制保障是首要条件。其一，要强化学校党委全面领导，由主要的校部机关负责人成立课程思政工作领导小组，加强制度设计，健全工作机制。其二，要加强二级学院落实主体责任，结合本学院专业特点和实际情况，制定课程思政教学改革推进方案和计划，同时还要发挥基层教学组织作用，培育优秀教学团队，提升教师的教书育人能力。其三，要加强相关部门协同联动。法学专业课程思政教学改革整体由学校教务处牵头，其他校部机关、法学院和马克思主义学院等单位做好工作联动，明确职责，协同合作。例如，教务处负责整体工作计划总结及协调工作，学生处及校团委负责第二课堂拓展，人事处负责教师培训、考核等工作；二级学院负责做好课程思政改革探索相关工作。其四，提供专项教学改革经费支持。高校应该结合课程思政工作要求开展教学改革，对

课程思政与专业教学有机融合的法学课程进行经费支持，通过教改立项、课程思政专项建设立项等形式资助课程思政工作的探索与实践，并形成示范课程进行推广，全面推进课程思政的创新与发展。

2. 完善课程思政建设体系。课程思政教学改革需要高校建立完整的课程思政建设体系，主要包括课程体系、教学体系和师资队伍体系等方面。

（1）健全"三位一体"的课程体系。

第一，法学专业要将"立德树人""德法兼修"理念植入于培养方案中，及时吸收课程思政建设理念，在坚定理想信念、厚植爱国情怀、提升品德修养、增强法律素养等方面下功夫，使立德树人的根本任务深入融合到专业人才的培养目标、培养内容及培养方式上，将德法兼修的育人理念深刻践行于人才培养的理念和机制中，实现专业课程与思政教学同向同行。

第二，要完善以思想政治理论课为根基，以通识课程为核心，以专业课程为突破的三位一体课程思政体系。其一，加强思想政治理论课建设，着力提升课程教学质量、创新授课方式、丰富授课内容，增强课程的思想性、理论性、亲和力和针对性，使思政课成为学生愿意听、主动学的"金课"。其二，以学校大量人文社科类通识课为核心，在通识课中融入社会主义核心价值观和中华民族优秀传统文化，发挥课程价值引领作用。其三，以法学专业课程为突破，认真研究和深度挖掘各门课程中蕴含的思政教育资源并准确定位其价值属性，达到专业课"润物细无声"的思政教学目标。

（2）完善"立德树人"的教学体系。所谓的教学体系，是指由教学过程的知识基本结构和框架、教学内容设计、教学方法设计、教学设施和教学结果评价构成的统一整体。推进法学专业课程思政教学改革，要利用好课堂教学主渠道，引导法学专业教师积极实践课程思政内容，在课堂教学整个流程中达到以下标准：一是完善教学大纲，严格筛选教学内容和案例，加强基层组织的集体备课，注重融入法学课程的价值引领；二是编选课程教材，坚持高水平优质教材优先原则，统一使用马克思主义理论研究和建设工程重点教材；三是丰富教学内容，课堂讲授课程应当充分挖掘法学专业课程本身蕴含的思想政治教育元素，将其与课程知识点有机结合，教育学生坚定理想信念，勇于担当新时代赋予的历史使命；四是创新教学方法，灵活选择教学方式，积极推进新媒体与课堂教学的深度融合，不断提高教学质量；五是改进考核方式，课程考核应当涵盖课程蕴含的思政元素，注意课程命题和答案的导向性，体现正确的政治方向与价值导向。

另外,高校要围绕课程思政要求的"价值塑造、能力培养、知识传授三位一体"的育人目标,为课程思政的建设提供相应的教学管理和教学服务方面的条件。一方面,要做好课程思政的教学管理工作。教学部门要充分发挥管理职能,建立一套完整的教学管理体系,健全课堂教学管理办法,完善教学评价制度和教学评教功能,为课程思政保驾护航。另一方面,要做好课程思政改革的教学服务工作,包括硬件设施服务和软件设施服务。

(3) 打造优秀卓越的教学队伍。教师是立教之本、兴教之源。高校开展课程思政教学改革,教师队伍是关键,他们不仅肩负着为国家培养法治人才的任务,还担负着立德树人的使命。法学专业教师首先要提高自身思想政治教育责任意识、思政教育的素质和能力。其一,法学专业教师要在专业课程教学过程中融入中国特色社会主义法治理论基本内涵,把社会主义核心价值观纳入书本中。其二,法学专业教师要帮助学生树立起对中国法治建设的充分自信,课程教学要在保证客观全面的基础上,让学生充分了解中国特色社会主义法治理论的形成与发展过程,树立社会主义法治信仰。其三,法学专业教师要坚定马克思主义信仰,树立良好的师德师风,强化教师立德树人的使命感和荣誉感,践行社会主义核心价值观,培养学生的大我观念和家国情怀。其四,针对专业课教师开展富有针对性、示范性的课程思政教学指导。培育优秀教学团队,创新教学团队活动形式,传承课程思政优秀传统,打造一支强有力的教学德育队伍。

3. 制定科学合理的奖励和评价机制。

(1) 健全课程思政评价体系。建立健全课程思政评价体系,修订完善各类课程评估指标,强化课程育人功能。建立专家定期调研制度,将课程思政纳入教学督导工作内容,跟踪了解学院法学专业课程思政教育教学质量,实现课程建设持续改进。

(2) 完善教师考核奖励机制。高校要把课程思政开展情况纳入教师个人绩效考核范畴,要明确在职称评定和评奖评优条件中对课程思政的条件性要求。比如,学校党委组织部要把基层教学组织开展课程思政建设的情况纳入党支部考核指标体系中,学校教务处可以把基层教学组织推进课程思政情况纳入基层教学组织考核与评优条件中去。

（3）发挥典型示范带头作用。建立课程思政教学改革激励机制，完善先进典型表彰体系，开展示范课程评选、特色课程推广等活动。这些评选和示范课程要着重突出正确价值引领和德育内容，以强化课程思政、课程育人为导向，加强法学专业教师的思政教育示范作用，推动法学教学改革进程。

法学院研究生培养支持体系的探索与思考

陈维厚

为了提高研究生教育质量，法学院积极推进综合能力提升平台建设，提高人才竞争力，开展"研究生质量提升计划"，支持研究生成长与发展从"注重机会提供"转变为"以促进成长为核心"的新模式，形成"全程化、多体系、分层次"的研究生培养支持体系。研究生培养支持体系是研究生的多方面、多维度、多层次的教育质量促进方案，为促进研究生成长成才而构建的人才培养体系。培养支持体系既是对研究生教育平台、载体、资源的整合，更是对研究生教育格局、体系、标准的重新建构。以全过程管理为抓手，以综合能力提升平台为支撑，全面提升研究生教育质量。构建研究生培养支持体系，提高研究生教育质量是一项基础性工作，要求学校各部门协同育人，形成合力，有效构建研究生培养支持体系，促进研究生教育质量提升。

一、培养支持体系的必要性

促进学生成长与发展是高校的重要使命。2020年10月，中共中央、国务院正式印发的《深化新时代教育评价改革总体方案》要求，"促进学生全面发展的评价办法更加多元"。改革学生评价体系，促进德智体美劳全面发展，与建设学生培养支持体系是一脉相承的。习近平总书记在全国高校思想政治工作会议上的重要讲话，站在实现中华民族伟大复兴的全局和战略高度，对高等教育发展提出要求，"要坚持把立德树人作为中心环节，把思想政治工作贯穿教育教学全过程，实现全员育人、全过程育人、全方位育人，努力开创我国高等教育事业发展新局面"。这一重要讲话科学地回答了高校培养什么样的人、如何培养人以及为谁培养人的根本问题，为新形势下高等教育事业发展指明了方向。

（一）满足国家建设对人才的需求

高校在经济社会发展中发挥的作用，最根本的是培养高质量人才，高质量人才为经济发展提供了重要保障，又为经济持续的增长提供后备力量。"党和国家事业发展对高等教育的需要，对科学知识和优秀人才的需要，比以往任何时候都更为迫切。我国高等教育要立足中华民族伟大复兴战略全局和世界百年未有之大变局，为服务国家富强、民族复兴、人民幸福贡献力量。广大青年要肩负历史使命，努力成为堪当民族复兴重任的时代新人。"2020年7月，习近平总书记对研究生教育作出重要指示，提出"研究生教育在培养创新人才、提高创新能力、服务经济社会发展、推进国家治理体系和治理能力现代化方面具有重要作用"。重视研究生培养支持体系建设，加强三全育人与协同育人，是高校培养社会需求人才的重要举措，促进了研究生成长与发展，为培养德智体美劳全面发展的社会主义建设者和接班人贡献力量。

（二）提升研究生综合能力

研究生教育质量提升是一个系统工程，培养支持体系建设是其重要组成部分。高等教育发达的国家，高校学生发展支持体系建设开始较早，学校及政府都进行了人力物力资金投入支持体系建构。美国高校学生事务管理最初的理论基础为"替代父母制"。19世纪末~20世纪中期，这一理论被"以学生为中心"的理论所替代，进入20世纪六七十年代，"以学生为中心"理论成为美国高校学生事务新的指导思想。学生发展理论将学生发展界定为通过全方位成长理念，使得参与高等教育人员能够迎接成长过程中的各种挑战，从而实现人生价值及自我完全独立。日本的学生支持体系教育于20世纪初从美国传入，日本高校组织了职业指导运动，为学生提前做好就职准备。通过正确的方式将职业选择作为一个重要课题让学生去探讨和尝试，帮助学生实现从学校到社会的过渡。目前，我国高校研究生的培养支持体系及职业生涯教育仍处于探索阶段，提高研究生综合能力是学校教育改革的重要内容之一。

（三）实现研究生的职业目标

研究生培养与发展支持体系本质上是促进研究生成长与发展的教育体系，职业生涯规划教育与职业能力提升是其中的重要内容。在个人职业生涯发展中，研究生阶段是职业生涯重要探索期与准备期，学生在对自己充分探索和评估的基础上，再进行职业世界探索，以初步确立学业与职业发展方向。通过培养支持体系的教育引导及对职业生涯规划课程的学习，学生能够进行自我探索与分析（职业兴趣、价值观、职业能力与行为风格等），对职业世界进行探索与分析（行业、职业、职业环境等），确立与自己匹配的职业方向，确定适合的职业目标，以此为基础确定自己的学业规划、职业规划和学习行动方案，逐步实现个人职业目标及自身价值。

二、法学院研究生培养支持体系的探索

法学院研究生教育始终坚持以学生成长成才为中心，落实立德树人的根本任务，不断完善法治人才培养支持体系。法学院有针对性地开展能力提升类项目及特色活动，构建立德树人"共性+特色"研究生培养支持体系，实施法律人成长引航项目，指导研究生科学制定、有效实施学业和职业生涯规划，实现对学生的全过程教育；实施素质提升工程，拓展素质类项目，提升学生综合素质。法学院抓好研究生培养的四个着力点——明确育人目标、遵循育人规律、整合育人资源、创新育人机制，不断提升法治人才培养质量；聚焦全方位育人，推动价值塑造、知识教育与能力培养"三位一体"有机结合，构建研究生培养支持体系，培养具有家国情怀和国际视野的高素质法治人才。

（一）价值引领与心理建设内驱力

法学院始终把立德树人作为根本任务，把理想信念、爱国情怀作为培养法治人才的目标和抓手，以爱国教育为魂、国情教育为基，形成把制度建设和阵地建设贯穿始终的理想信念教育模式，促进学生受教育、长才干，增强光荣感、责任感。法学院抓好研究生新生入学教育关键时期，引导学生"扣好人生的第一颗扣子"，促进学生树立正确的人生观、世界观、价值观，保持良好积极的心态，促进乐观主动的习惯养成，形成自我发展的内驱力。

研究生成长与发展的基础是身心健康，研究生的培养支持体系也应积极应对。法学院积极践行健康第一理念，加强和改进学生心理健康教育工作，实施心理健康促进计划。在同样优秀的群体且在竞争激烈的环境中，部分研究生感受到压力和差距是无法避免的事情，博士研究生的压力更多则来自于科研、课题与论文发表，以及是否能如期毕业等方面。法学院建立完善的心理健康工作体系，覆盖全体在读学生，各年级由辅导员老师牵头，各班心理委员辅助，选择有群众基础和影响力的学生骨干担任心理联络员，进行专业培训。心理健康工作不仅需要辅导员及心理咨询中心专家，更要调动学生朋辈的力量，互相给予帮助。法学院开展丰富的心理健康活动，通过各种途径为学生普及心理知识，举办心理健康活动，帮助学生了解并避免心理疾病的发生。法学院在研究生入学伊始，组织"破冰行动""心理与健康主题班会"和"团体辅导与交流会"等活动，帮助研究生缓解紧张情绪，适应研究生生活，识别与发现心理异常情况，学会积极应对挫折和困难。

（二）职业生涯教育与就业能力

法学院积极探索研究生职业生涯教育与就业能力培养工作体系，将就业能力培养贯穿研究生培养的全过程，初步形成研究生职业生涯教育与就业指导的五个培养模块，研究生一年级"研究生成长引航"模块和"学业与生涯发展"模块，研究生二年级"综合能力提升"模块，研究生三年级"就业促进与服务"模块和"巅峰职场"求职培训模块。

为了促进毕业生更加充分、更高质量就业，健全职业生涯教育与就业能力培养支持体系，法学院强化了能力培养与就业指导的全程化、立体化。对研一学生主要着力于对其职业生涯规划意识的唤醒，通过系列讲座及课程进行自我与职业世界探索，促进学生进行高质量学业、职业生涯规划，引导学生探索职业目标，明确学习任务，提升学业、职业一体的规划和执行质量。法学院为研二学生搭建综合能力提升平台，通过课程、专题讲座、联合培养、社会实践、团学组织锻炼、朋辈交流、优秀经验分享等方式进行"learning by doing"，指导研究生提升职业能力。法学院为研三学生提供相应的职业指导与求职培训，通过专题讲座、专题研讨、模拟演练等为学生在择业、求职、职业发展等方面提供专业指导与培训，如撰写求职简历、辅导面试等。

法学院的职业指导与求职培训"巅峰职场"求职项目从2007年开始，已经持续进行了15年，取得了较好的效果。通过"就业形势分析与求职指南""简历制作""公考启航""公考指南""京考峰会""公务员笔试全真模拟""模拟面试""面试指南"等活动，覆盖了法学院每届毕业生及职业指导与求职的全过程。

表4　法学院研究生培养支持体系

1. 一年级"研究生成长引航"	（1）名师学术生涯导航
	（2）学业规划专题指导
	（3）"优秀毕业生"学习交流会
	（4）"朋辈1+1"优秀经验分享
	（5）"导师组"指导会
2. 一年级"学业与生涯发展"	（1）"职业生涯发展"课程与讲座
	（2）"学业与职业规划"主题班会
	（3）生涯发展的个性指导
	（4）职业测评与职场体验
	（5）生涯人物访谈
3. 二年级"综合能力提升"	（1）校内外"组织"锻炼
	（2）实务专家讲堂
	（3）联合培养与社会实践
	（4）"蓟门法学"论文大赛
	（5）研究生读书沙龙
4. 三年级"就业促进与服务"	（1）个性化求职指导
	（2）"特殊群体"帮扶
	（3）优秀校友就业指导
	（4）就业推荐与政审
	（5）毕业生跟踪调研
	（6）就业数据与信息报告

续表

5. 三年级"巅峰职场"求职培训	（1）求职培训暨就业形势分析
	（2）毕业生求职经验交流会
	（3）简历制作与面试培训
	（4）英文简历、面试培训
	（5）公务员笔试模拟与辅导
	（6）全真模拟面试

法学院职业生涯教育与综合能力培养体系在近年来的实践中不断完善、丰富和发展，逐步形成"五模块"的研究生培养与发展支持体系。

（三）科研兴趣与创新能力

研究生培养支持体系是多元的，法学院为有志于学术研究的研究生提供了成长与发展的平台和机会。学术研究与创新能力的根本在于读书、思考和写作，法学院在开展各类学术讲座的基础上，提供让对科研有兴趣、有学术潜力的学生的科研创新能力得到提高的机会与平台。名师学术生涯导航是法学院举办的法律人成长引航系列活动之一，研究生翻转讲堂、读书会、学术论文大赛等是法学院促进科研与创新能力培养的经典项目。

翻转讲堂是法学院为激发研究生的研究兴趣与热情，提升研究生研究能力及论文质量而设计的项目，由硕士、博士研究生主讲，以教授评点、与会人交流的方式来引导学生进行学习、思考与科研。翻转课堂创新性地将学生与老师的位置调换，学生成为课堂主角，引发交流与思考，主题聚焦当前学术界热点问题，为学生学术发展提供了平台。

为了提高研究生的科研与创新能力，法学院精心组织了各类比赛，如学术论文比赛、法律文书比赛等，激发学生的创作兴趣与热情，以"赛"促学，提升研究生的科研与创新能力。2022年度"蓟门法学"研究生学术论文比赛收到了有效稿件100篇左右，学术型研究生中超过60%的学生为该比赛撰写了论文，评比优秀的论文将结集出版，目前已经出版"蓟门法学"11辑。法学院策划了"首信杯"全国行政法鉴定式案例比赛等项目，比赛组织专门教师进行线上或线下的论文答疑和指导，设置了奖励机制，提高了硕士、博士研究生论文写作的积极性，促进其科研能力的提升。

（四）协同育人与实践能力

为了贯彻落实习近平总书记在中国政法大学考察重要讲话精神和《教育部、中央政法委关于坚持德法兼修实施卓越法治人才教育培养计划2.0的意见》，提高法治人才实践能力，法学院紧紧围绕研究生成长成才这一中心，坚持立德树人、德法兼修，深化研究生教育教学改革，召开系列教育教学研讨会，聘任实务兼职导师，开设实务专家课程，推进联合培养基地建设，推动集中实习制度落地生根。

加强联合培养基地建设。习近平总书记2017年5月3日考察中国政法大学时的讲话指出，法学教育要"要打破高校和社会之间的体制壁垒，将实际工作部门的优质实践教学资源引进高校，加强法学教育、法学研究工作者和法治实际工作者之间的交流"。法学院重视研究生联合培养基地建设，切实加强与政府部门、法院、检察院、律师事务所、企业等的合作，健全协同育人机制，专门制定《法学院研究生联合培养方案实施方案》。目前，法学院已与教育部法规司、国家体育总局政策法规司、冬奥组委法律部、呼和浩特铁路运输中级人民法院、北京市司法局（原北京市法制办）、北京市教委、北京市人民检察院第三分院、中国反兴奋剂中心等单位共建了研究生联合培养基地，搭建了理论与实务交流的平台，加强了与实务部门的合作，积极探索理论与实务相结合的法治人才培养模式。

优化"双导师"制。法本法硕培养改革工作是学校人才培养改革的重要组成部分，法学院不断深化改革创新，探索引进实务专家，聘任兼职导师，实行"双导师"制，使实务专家融入人才培养，积极参与培养方案制订、课堂教学、论文指导、论文答辩等工作，促进知识教育与实践教育的融合，培养适应社会需求的应用型、复合型、专门化的法治人才。

开设实务专家讲堂。法学院重视研究生实践能力的培养，开设系列实务专家讲堂，将法治实践的最新经验和生动案例引入课堂，搭建法学教育与法治实务的交流平台，促进高质量法治人才的培养。法学院将实务课程作为学生能力培养的重要环节，在总结多年实务专家教学经验的同时，构建实务课堂反馈机制，不断更新实务专家库，逐步完善课程体系，建设了"企业法务高端课程"与"法律谈判实务课程"两门经典课程，取得了良好的教学效果。

表5

课程名称	第一讲	第二讲	第三讲	第四讲	第五讲	第六讲	第七讲	第八讲
企业法务高端课程	企业合规管理	涉外项目与涉外合同	企业合同管理与合同审查实务	案件管理与案件处理	企业知识产权管理	公司治理结构与董事会运行	国际仲裁实务	企业法务综合能力培养
法律谈判	法律谈判中的思维和基本原理	法律谈判在司法程序中的运用	国际并购交易中的谈判基础知识	合同谈判与争议解决	我亲历的法律谈判	民事诉讼的法律谈判技巧及实务	无罪辩护中的法律谈判	民事诉讼中以谈促打及以打促合

（五）涉外人才与国际交流能力

法学院探索研究生涉外人才培养，培养学生国际交流能力，鼓励研究生申请国家公派留学项目，推进研究生国际交流的批量化和常态化，培育学生的国际化视野，提升学生的涉外工作能力。法学院组织研究生参加国际化的论坛和比赛，如"华沙—北京"大学生论坛、香港基本法模拟法庭比赛、史丹森国际环境法模拟法庭竞赛等，法学院研究生在比赛中表现优异、成绩斐然。

法学院组织研究生参加国际暑期班及境外院校共建合作交流项目，提升研究生国际交往能力。近10多年来，法学院已举办英国牛津奥利尔学院及剑桥莫德林学院暑期项目、美国加州大学戴维斯分校与伯克利分校暑期项目、台港澳暑期人文学术研修项目、澳大利亚西悉尼大学暑期项目等多项暑期培训项目。2014年起，法学院与"2011计划"司法文明协同创新中心合作，争取资金支持，每年组织研究生前往加州大学戴维斯分校进行三个月的交流学习。

（六）网络课堂与综合能力

法学院充分整合第二、第三课堂资源，建设研究生培养支持体系。第二课堂中有丰富多彩的项目与活动，公益项目、联合培养、课题研究、专题讲座、专业实习、创新项目、社会调研和团学组织锻炼等，使学生在实践中学习、成长与发展。第三课堂则通过网络这个载体，丰富教育形式，提升教育质量。

法学院成立研究生新媒体运营中心，利用微信公众号及网络平台建立研究生培养支持体系。疫情期间，法学院研究生微信公众号等网络平台成为研究生培养的主要阵地和学生成长的重要平台，法学院发挥微信公众号的作用，发布工作通知、论文指导、心理辅导、学术活动、经验分享、就业指导等50多篇资讯，引导研究生科学防疫与学习两不误。法学院开展以微信公众号为主的网络为依托的各类学术及综合素质提升项目与活动，促进研究生在网络课堂中学习、获取知识，促进自我成长。法学院研究生微信公众平台开设"'疫'日阳光——我与我导二三事"专栏，讲好研究生与导师的故事，树立师生良好关系的典型案例，分享《抵御病毒，别忘提高免疫力！》《别让疫情影响你的心情》等文章，引导学生克服焦虑心理及恐慌心理等；发布《如何更好地发表论文》《法学院榜样人物》《优秀研究生访谈》等系列学习指导类专栏文章20多篇，影响广泛，反响良好，成为研究生培养支持体系的重要组成部分。

三、研究生培养支持体系的思考与完善

研究生培养支持体系是贯穿研究生教育全过程的，要将价值塑造、知识教育与能力培养等融入第一课堂、第二课堂和第三课堂，协同发挥"三个课堂"的育人优势，从而实现对研究生成长与发展的全方位支持。

（一）研究生培养支持体系的特色

法学院研究生教育经过15年的探索、实践与完善，作为"三全育人"的阶段性成果，研究生培养支持体系形成以下特色：

1. 体系化、立体化的培养模块。研一"研究生成长引航"模块、"学业与职业生涯发展"模块，研二"综合能力提升"模块，研三"就业促进与服务"模块，"巅峰职场"求职实战模块，涵盖了研究生在校求学全过程，形成全程式、立体化培养支持体系。

2. 与课堂教学、论文指导等培养环节相辅相成。研究生培养支持体系以促进学生成长与发展为中心，价值引领与心理建设等可以使学生树立正确的三观，养成积极、乐观、主动心态，为学生发展铺平道路；职业生涯教育的"因材施教"使学生找到学业与职业方向；第二、第三课堂的"综合能力提升"平台丰富了学习途径，助力学生成长与发展。

3. 培养支持体系既有共性教育也有个性指导。研究生教育既有共性的也有个性的指导，每个学生的教育背景、导师指导、课题研究、学习目标和职业目标不同，因此培养支持体系的个性化成为必然，培养支持体系需要因人而异、因地制宜、因材施教，教育活动既有"大锅饭"，也有"小灶"，注重"特殊群体"的帮扶与指导。例如，准备求职的研究生，学院组织简历制作与面试培训、英文简历及英文面试培训、全真求职模拟面试等活动；准备攻读博士的研究生，学院加强升学指导与交流；准备出国学习的研究生，学院组织国家公派留学辅导与培训等。针对性的指导与支持取得了较好的效果。

（二）研究生培养支持体系的完善

研究生教育站在新的起点上，在国家深化改革教育评价的背景下，研究生培养与发展支持体系的重要性不言而喻。研究生教育应坚持以人为本，不断完善研究生培养支持体系，为学生创造更好的学习与成长条件。

加强人才培养机制建设，将各种育人资源和力量融会贯通，推动全体教职工把工作中心落在育人上，建立全员协同、全过程贯通的育人机制，健全育人主体的责任清单制度、绩效评估制度，构建育人质量保障的动力机制、协同机制、反馈与纠错机制等长效机制。

研究生培养支持体系建设要遵循法律成长成才的规律，逐步形成学校、院系、导师和研究生多方参与、责任压实、有效联动的一体化育人的协同机制，形成招生计划、资助体系、过程管理、质量监控、培养成效、就业质量等多要素的正向反馈机制，形成研究生培养合力，支持研究生成长与发展从"注重机会提供"逐渐转变为"以促进成长为核心"的新模式，形成"全周期、多体系、分层次"的研究生培养支持体系，推动研究生教育质量稳步提升。

博士生延期毕业的问题与对策研究

王秀红　袁　钢

我国博士按期毕业率比较低，无法按期毕业比例达到65%，[1]多所高校集中清理超期研究生等新闻[2]引发社会热议。博士生延期毕业累积多年，规模庞大，已经成为困扰各培养单位的普遍现象。针对这一严峻现实，2019年2月26日，《教育部办公厅关于进一步规范和加强研究生培养管理的通知》要求对不适合继续攻读学位的研究生要及早分流，加大分流力度。狠抓学位论文和学位授予管理，健全预防和处置学术不端的机制。对此，各博士生培养高校也推出不同的应对举措来解决日益严重的博士生延期毕业问题。笔者以某高校博士研究生延期毕业情况作为主要研究对象，分析博士生延期毕业原因并提出应对举措。

一、博士生延期毕业的基本情况

（一）博士生延期毕业的基本数据

根据教育部统计数据，不同地域博士生毕业率存在差异，以博士生数量较多的省市来看，2016~2019年，北京、上海、江苏的博士生毕业率分别为44%、

---

[1] 温才妃等：“博士生延期究竟意味着什么"，载《中国科学报》2019年4月10日，第1版。
[2] 杨频萍、王拓："多所高校清退超期等不合格研究生——博士'严出'混文凭将越来越难"，载《新华日报》2019年3月31日，第3版。

40%、31%左右，全国博士生平均毕业率在36%左右，[1]全国每年大约有60%以上的博士延期毕业。以2012年博士招生6.8万来算，每个年级大概有4万名博士生延期，而且有的博士生不止延期1年，在校8年甚至10年的情况屡见不鲜。就全国范围来说，博士生累积延期毕业人数规模非常庞大。我国博士生按期毕业率并不高，而某高校学籍相关数据显示其按期毕业率更低（详见表6）。

表6 博士生按期毕业率的对比

年份	全国博士生毕业率%	某校博士生毕业率%	对比%
2015	36.05	38.87	+ 2.85
2016	35.70	41.08	+ 5.38
2017	35.87	30.38	- 5.49
2018	35.93	26.00	- 9.93
2019	36.21	19.60	- 16.61

为了解释博士生延期毕业的原因，笔者对北京某高校2017~2021年3月的1084份博士生延期申请书进行了分析（详见表7）。尽管申请理由不能完全代表博士生实际延期的原因，但填写延期毕业理由并不会实质上影响申请人获得延期批准，因此对于延期申请书中载明的理由进行分析，一定程度上能够反映博士生延期毕业的成因。

表7 某高校博士申请延期毕业的理由

	博士申请延期理由	申请份数	占比%
1	学位论文未完成或者需要完善	562	51.8
2	核心期刊发表、学位论文写作均未达到学校要求	206	19.0
3	工作繁忙、家庭负担沉重等影响学业进展	120	11.1
4	境外联合培养、实习、访学交流等影响学业进展	40	3.7
5	疾病等健康因素影响学业进展	39	3.6

---

〔1〕 根据教育部统计数据，2016年预计毕业博士生数154 102人，实际毕业55 011人，毕业率35.7%；2017年预计毕业博士生数161 799人，实际毕业58 032人，毕业率35.87%；2018年预计毕业博士生数169 022人，实际毕业60 724人，毕业率35.93%；2019年预计毕业生数172 824人，实际毕业62 578人，毕业率36.21%。数据来源：教育部发展规划司："1997年至2019年教育统计数据"，载http: // www.moe.gov.cn/s78/A03/moe_560/jytjsj_2017/，最后访问时间：2019年12月15日。

续表

	博士申请延期理由	申请份数	占比%
6	新冠疫情影响学位论文资料搜集及写作进展	32	2.9
7	未开题或者论文题目、研究方向、研究计划等更改影响学业进展	31	2.9
8	学术积累不够、个人能力不足等原因未完成培养计划	24	2.2
9	学术规范审查或者论文答辩未通过	13	1.2
10	其他理由	12	1.1
11	导师更换、语言障碍等其他因素影响学业进展	5	0.5
	总计	1084	100

（二）博士生延期毕业的负面作用

如果博士生论文选题比较符合国家重大战略需求但难度较大，或者选题比较前沿开拓性强，但前人研究资料不丰裕，适当延长学习年限有助于诞生比较高质量高水平的学术论文、学术成果，有利于高精尖人才培养。但是教育作为一个有机体，每年需要吐故（毕业）纳新（招生），目前各高校延期甚至超期在校人数逐年累积，而招生名额只增不减，这意味着学校的新陈代谢出了问题，时间累积越久弊端越多。因此博士生延期毕业有利有弊，但弊大于利。

1. 博士生大量、反复延期对本就并不充裕的教育软硬件资源（师资、宿舍、图书馆、食堂、经费等）造成挤兑和耗损，不能让有限的教育资源效益最大化。

2. 博士生大量流失，教育资源浪费严重。据教育部统计数据，我国2014年~2019年流失的博士生人数分别为4588人、6617人、6901人、5876人、7257人、7927人，[1]6年间合计流失39 166人，约占这6年里博士招生总人数的7.7%。几年时间几万名博士生流失，这是一个非常庞大且惊人的数字，意味着教育资源的巨大浪费，也意味着我国最高端的人才培养质量堪忧。

3. 对部分被迫延期的博士生来说，延期对博士生本人的人生以及家庭也是非常大的打击和灾难，不利于社会的整体和谐和稳定发展。

---

[1] 每年流失博士生人数计算公式：2019年博士生流失人数=2018年博士在校生总数（389 518）-2019年毕业博士生数（62 578）+2019年博士招生数（105 169）-2019年在校博士生数（424 182）=7927。2014年~2018年以此类推。

二、博士生延期毕业的主要问题

(一) 博士培养中的导学问题

学位论文未完成或者需要进一步完善是申请延期的最主要理由；因为核心期刊发表达不到学校要求这一理由导致的延期也较多；因为学业、发表、论文等与教学管理（表7中理由1、2、4、7、8、9）等申请人主观原因有关的理由占到80.8%；其他客观原因的占比为19.2%。因此，博士生主观原因是造成其延期毕业的最主要原因，即其毕业并非不能实现，而主要是与主观上不努力、不进取相关。

如表7所列因工作繁忙、家庭负担沉重、疾病等健康困扰等申请延期的占比达14.7%，这说明博士生在学业上的时间投入程度以及对学业的专注度对其是否能够按期完成学业有非常大的影响。学术积累不够、个人能力不足等对博士生学位论文写作也会产生很负面的影响；培养计划定制困难、选题犹豫、论文反复修改不能达标等，也是博士生不能按培养计划完成学业的重要原因。

专业素养、个人智识或者热爱程度不够，不能对博士学业做合理规划，与导师关系紧张等也是导致延期的重要原因。表7所列延期理由中论文题目、研究方向、研究计划更改、导师变更等均是如此。

(二) 博士培养中的导师问题

培养单位中影响博士生学业进展的因素主要有导师、教育制度设计、教育管理水平等。

作为博士生"生命中的重要他人"，[1]导师的专业学术水平、尽责程度对博士生培养的成功度有非常显著的影响。统计数据显示，一般情况下，延期在校博士生比例与导师所指导博士生数量并非正相关，而与导师本人专业素养、尽责程度关系更密切。对国家、北京市、学校等各级优秀学位论文评选以及博士、硕士学位论文抽检中各相关数据进行综合考量显示，有博士生导师无论在

---

[1] 朱婉儿、吕淼华主编：《生命中的重要他人——导师之于研究生》，浙江大学出版社2018年版，第1页。

已毕业学生数量、延期在校学生比例、所指导的博士硕士学位论文优秀度上，均优于培养单位的平均水平，显示出导师培养人才的能力无论在数量上还是在质量上均为上乘。当然也有导师指导的学位论文不但优秀率低，而且在各级各类抽检中出现问题论文或者不合格论文的概率均高于平均水平的现象。

导师的尽责程度，导师指导博士生频率是否足够，[1]导师能否在合适的时机指导博士生制定培养计划、尽职尽责督促博士生在课程学习、课题研究、社会实践、中期考核、开题、预答辩、答辩等各个环节全力以赴高质量完成等，都会对博士生按期毕业产生非常大的正向促进作用。培养单位每年因为超期未完成学业被清退的博士生中，导师对其疏于指导的占很大比重。每年国家各层级论文抽检中发现有问题论文的博士生导师对博士生学业放任自流者居多。国家相关部门也意识到了这一问题的严重性，2020年教育部发布了《教育部关于加强博士生导师岗位管理的若干意见》，对博士生导师从选聘、明确权责、培训到考核评价、变更以及如何激励等均作出了明确规定，这也是对过往博士生培养中生发的诸多导生之间不和谐，以至出现不可调和的矛盾等现状的规范和指导。

其次，培养单位的制度设计及教育管理水平也很重要。为适时适量地为社会输出符合需求的高端优秀人才，培养单位的制度设计应实事求是、符合教育发展规律、兼顾社会新需求。上文所列境外联合培养和访学交流影响学业的情况，说明培养单位的制度设计还有进步空间。培养单位可以协调境内外导师加强合作，共同为博士生制定合理的研究及培养计划，减少不必要的时间损耗，[2]实现在最合适的学制年限内产出最优秀拔尖的人才。

很多培养单位规定在核心及以上期刊发表一定数量的论文是申请学位的必要条件，此制度设计屡遭诟病。有人专门做过研究，结论是需要发表文章的人太多，而符合发表要求的期刊又太少。[3]博士生为发表文章穷尽手段历经折磨，最终也还是有大量博士生毕不了业。

---

[1] 参见李海生：「博士研究生延期完成学业的影响因素分析」，载《复旦教育论坛》2019年第3期。
[2] 参见李海生：「博士研究生延期完成学业的影响因素分析」，载《复旦教育论坛》2019年第3期。
[3] 参见"博士生，你的c刊发表了么？华师教授'炮轰'博士毕业发论文规定！"，载《湖北日报》2017年12月15日，第5版。

(三) 博士培养中的导向问题

国家学科评估指标体系与"双一流"大学建设监测指标体系除各有侧重之外，又都对师资、人才培养质量、科学研究、社会服务极其重视。尤其是学科评估体系科学研究指标中对学术论文质量的评价之一是论文收录情况，之二才是代表性论文。这无疑是各培养单位制定将发表核心及以上期刊论文作为学位授予条件的相关制度的尚方宝剑。2020年全国研究生教育大会后，国家为着力扭转这一局面，连续发布了《教育部、发展改革委、财政部关于加快新时代研究生教育改革发展的意见》以及《深化新时代教育评价改革总体方案》，相信教育评价改革能给高校的博士生培养带来新的生机和希望。

博士生攻读博士学位动机是有差别的：喜欢学术研究、改变生存环境、提升社会地位、硕士毕业找不到满意的工作以及其他因素。[1]除喜欢学术研究外，其他攻读博士学位的动机都与社会对高学历的不切实际的追求相关。因为很多用人单位片面追求高学历，硕士毕业很难找到满意的工作，很多学生不得已去攻读博士学位。但是因为学生并没有明确的读博学业规划或者根本不具备读博的学术基础和科研能力，这一类博士生延期毕业基本上就是肯定的了。

但是，造成博士生延期毕业的往往不是一个原因，而是多个原因合力，对应地要促成博士生在学制期限内按期完成学业，又需要多方面的合力。比较根本的措施有博士生专业素养及对学业的专注度、导师学术水平及尽责程度、培养单位制度设计及管理水平、国家政策导向及评价体系等。只要其中一方或者某一个环节出现问题都有可能影响或者迟滞博士生的学业进展。

三、博士生延期毕业的应对措施

博士生毕业率低的问题比较复杂，如何解决这一问题，以期提高博士生培养质量，尽可能减少延期人数，缩小延期规模，各培养单位实际上从21世纪初即开始实施各种对策，从博士生招生计划动态调整、强调导师培养责任到加强对博士生培养过程的监管督促等，对博士生延期毕业这个问题的解决做了非常有意义的探索和实践。具体而言，减少博士生延期毕业须从学制、导师、生源

---

[1] 参见卞玉筱："我国博士研究生延期完成学业问题研究"，华东师范大学2012年硕士学位论文。

选拔、培养过程等关键要素入手。

（一）按需调整博士生基本学制

多所高校已经将博士生学制调整为 4 年，这是比较符合博士生培养规律的教育决策。某高校由于硬件资源等因素限制，目前只是规定在职定向就业博士生学制为 4 年，非定向就业博士学制依然为 3 年，但是数据显示，即使将基本学制调整为 4 年，也不能显著提高按期毕业率（如图 7）。

2012~2017 级博士生毕业率

级别	3年内毕业人数	4年内毕业人数	3年内毕业率	4年内毕业率
2012级	96	137	38.9%	55.5%
2013级	99	134	41.1%	55.6%
2014级	79	137	30.4%	52.7%
2015级	65	109	26.0%	43.6%
2016级	49	110	19.6%	44.4%
2017级	45		27.6%	

图 7　某高校 3 年和 4 年学制博士生毕业率的对比

合理的、符合教育规律的学制设置更有利于博士生从容规划学业，产出较高质量的研究成果，有利于高质量人才培养。高校应当顺应博士生培养规律，努力降低相关资源等非学术因素对国家高端人才培养的不利影响，根据人才培养的需要调整学制。

（二）优化招生机制提高生源质量

当然，为了从根本上解决博士生延期毕业的问题，还需要在生源选拔和毕业及学位授予条件上有更加符合实际培养状况的举措变更。

1. 减招停招在职定向博士研究生。以某高校 2016 级博士生为例，在职定向博士生 101 人，3 年学制期满毕业人数 15 人，毕业率 15%；非定向博士生 127 人，3 年学制期满毕业人数 33 人，毕业率 26%。前文已提及，因工作繁忙等原因申请延期的博士生占比达到了 11.1%。在职定向博士生因为工作或者家庭负担关系，不能全力以赴专注学业，学制内毕业比例远低于非定向就业博士生。

国内许多培养单位已经明确规定减招或者停招在职定向博士生，增加非定向博士生比例，这是减少博士生延期的有效手段之一。

2. 招生时尽量科学评价和选拔可造之才。前文已提及学术积累不够、个人能力不足也是不少博士生延期毕业的原因，学校应该多措并举，采取有效手段招收那些学术基础扎实、有科研潜质的学生入学，这样的博士生入学之后，加之各单位的尽责培养，在学制期限内毕业难度较小。

（三）严格过程管理并强化中期分流

高校应严格按照国家要求，每 3 年修订一次博士生培养方案，以保证这一高端人才培养的纲领性文件能及时对接国家重大需求，并且不断提升和完善。根据教育部统计数据，我国 6 年内博士生流失近 4 万人。这个数字中小部分是博士生因故放弃入学资格或因出国留学、就业、个人能力不足等原因申请退学，大部分应该是各培养单位主动或者被动淘汰的结果。部分培养单位根据国家及学校管理相关规定，对在学校规定年限内不能完成学业的博士生以一定程序予以退学处理。根据各种信息源显示的数据，全国范围来说这个数字应该是比较庞大的。

当然还有部分是因为培养单位严格执行了中期分流政策。对于那些被评价为不适合继续博士生培养计划的研究生实施分流。从多年的教育管理实践经验或者教训来看，加强博士生培养过程的实时严格监管，强化中期分流，才是提高博士生培养质量以及学制内毕业率的有效办法或者说手段，而且是双赢的手段。

对博士生学业中的各个环节（培养计划制定、课程学习、学年论文、读书报告、前沿讲座、中期考核、论文选题、开题、论文写作指导、预答辩、学术规范审查、论文答辩等）都做具体的落实，博士生培养质量提升几乎立竿见影，当然延期概率也会小得多。这中间应考虑博士生学业进展的情况，如果发现有不适合继续培养计划的博士生，培养单位应该有比较完备的分流退出机制。如很多培养单位规定中期考核不合格予以退学，还有培养单位规定直博生或者硕博连读生如果不适合继续培养可以选择退回硕士阶段培养或者退学等。如此一来，既减少了对博士生本人不必要的时间、经济等各方面的耗损，同时也最大限度减少了本就并不充裕的教育资源投入，集中全部力量培养适合继续培养的博士生。在培养质量提升的同时，不必再担心国家各级各类论文抽检，延期毕业率也不会像现在这样一直居高不下。

（四）完善博士毕业学位授予条件

前文提及因核心期刊发表达不到要求申请延期的占比19%。以科研成果发表的期刊等级以及数量来对博士生的科研能力及水平做评价，这一政策的弊端是显而易见的。首先，符合各培养单位毕业和学位要求的期刊本就资源不足。[1]其次，即便是发在符合级别要求的期刊上，也未必代表他的科研水平真的高，已经有不少相关的腐败和灰色地带被人揭露出来。[2]

教育部《深化新时代教育评价改革总体方案》提出切实破除"五唯"顽瘴痼疾。清华大学2019年修订的《清华大学攻读博士学位研究生培养工作规定》第22条规定："博士生在学期间学术创新成果达到所在学科要求，方可提出学位申请。"不再将博士生在学期间发表论文作为学位申请的硬性指标，而是更注重博士科研成果的创新性及价值。建议博士生科研成果采取以代表作评价代替数量评价，或者只看博士生科研成果的学术水平、创新性及价值，不再要求博士生毕业必须发表论文的方式，让所有博士生都能心无旁骛、专心学业、专注学术研究，全力以赴创作较高水平的博士学位论文。如此一来，博士生培养质量的提升就表现在创新精神科研能力提升方面，是实实在在地培养出了国家需要的高端创新拔尖人才，延期毕业的概率也会小很多。

（五）夯实导师培养责任，提高导师培养能力

《教育部关于全面落实研究生导师立德树人职责的意见》《教育部关于加强博士生导师岗位管理的若干意见》指出，"博士研究生教育是国民教育的顶端，是国家核心竞争力的重要体现。博士生导师是博士生培养的第一责任人，承担着培养高层次创新人才的使命"，"博士生导师的首要任务是人才培养，承担着对博士生进行思想政治教育、学术规范训练、创新能力培养等职责"。

导师在博士生培养中的地位不言而喻。《清华大学攻读博士学位研究生培养工作规定》第9条规定，博士生的培养工作由指导教师负责。学校在博士生导

---

[1] "发C刊论文快把人逼疯！发C刊难，毕业难"，载《南方周末》2017年12月14日，第8版。
[2] 张盖伦："博士毕业必发'C'论文遭质疑：千军万马过独木桥滋生潜规则"，载《科技日报》2017年12月28日，第3版。

师遴选时须从政治素质、师德师风、学术水平、育人能力、指导经验和培养条件等方面制定全面的博士生导师选聘标准，确保将那些学术水平高、师德好、负责任、有担当的导师选择出来承担博士生的培养工作。同时，也要加强导师岗位培训，切实督促及培育提升博士生导师指导和育人能力。

　　博士延期毕业问题只是我国学位与研究生培养中的一种现象，其与定期合格评估、论文抽检等质量监督手段，都能够从不同侧面反映出研究生教育招生、培养、学位授予、就业等各个环节存在的各种问题。我们需要从解决博士生延期毕业问题入手，解决该问题的对策不仅能够解决博士生延期毕业问题，更能提升研究生整体质量，对此，我们更多地需要从系统层面来深入分析，并提出解决方案。

法科研究生职业生涯发展课程建设的实践与思考

陈维厚

一、职业生涯发展课程的目标

（一）课程目标

课程旨在通过教学，使学生一方面在态度、知识和技能三个层面有所提升，另一方面使学生在认知、情感、行动三个方面有所转变。

1. 态度、知识与技能层面的提升。态度层面，课程能够激发学生职业生涯发展的自主意识。职业生涯发展教育要避免"重技术、轻引导"，要在就业指导课程中有机融入思想政治教育、专业教育、人文素质教育等内容。[1]引导树立积极的人生观、价值观和职业发展观，把个人发展和国家需要、社会发展相结合，培养自主规划、自我管理和自我发展的信心，主动为职业生涯发展付诸行动。

知识层面，课程旨在帮助学生了解个人职业生涯发展尤其是在大学与研究生期间的阶段性特点及任务，掌握自我认知及社会、职业环境探索的内容及途径、方法。生涯发展的非线性特征告诉我们，现实中完全按照自己规划的方向依次展开的生涯发展过程是很少见的。因此，本课程在知识层面引导学生学会目标及时间管理，了解影响个人职业生涯发展与规划的不合理信念，以及如何

---

[1] 参见尹兆华："职业生涯规划与就业指导课程建设探索和实践"，载《中国大学教学》2019年第Z1期。

面对、迎接和创造偶然。[1]

技能层面，课程旨在教授学生掌握自我认知的各项质性与量化的评估手段、职业世界探索与信息搜索、管理技能、目标与行动计划制定能力、时间管理能力等，同时，结合我院法律人成长引航、全程化多路径的生涯辅导体系等为学生搭建平台，提高胜任素质，如敬业精神和责任意识、团队合作、沟通协调、语言表达能力、执行力和学习发展习惯等。

2. 认知、情感、行动方面的转变。认知方面的转变，就是通过课程的讲授使学生完善自我认识。对自己的认识是一个终身的过程，不能一蹴而就，需要通过课程习得技能。通过讲授，学生可以保持积极的自我概念，对工作和学习保持自信，保持乐观，保持热情。

情感方面的转变，是指通过课程的讲授可以协助学生们完成两个转变，一是从大学到研究生的转变，二是从学校到职场的转变。最核心的是协助学生追寻生命的意义和生活的方向，找到工作与职位变迁不是生涯规划最终的目标，而是要让他们探索与发现适合自己的，自己认为有价值、有意义的生活。

行动方面的转变，是指通过课程让学生进行职业探索和生涯规划。一方面，学生需要进行职业探索，了解社会需求和社会功能；另一方面，学生要进行生涯规划，学习决策制定的技能、了解工作对个人和家庭生活的影响、了解男女性别角色的持续变化、习得生涯转换的技能。个人在自我剖析基础上进行环境分析和职业机会评估的目的旨在收取"知己知彼"之实，为个人职业生涯规划奠定一种实事求是的工作基础。[2] 每个学生的未来中，都需要完成好几次生涯的转换，职业探索与生涯规划的重要性不言而喻。

（二）课程意义

1. 课程能在当前就业形势严峻的背景下有效缓解法科研究生就业压力。研究生能否高质量就业，不仅关系到个人个体价值的实现，也关系到我国人才强国战略实施的重要意义。近年来，一方面研究生持续扩招，研究生人数日益增

---

[1] 高艳等："基于生涯混沌理论的大学生职业生涯规划课程设计"，载《高教探索》2017年第12期。

[2] 朱新华、宋继勋："大学生职业生涯规划课程建设新探"，载《学校党建与思想教育》2012年第18期。

加;[1]另一方面新冠肺炎疫情持续反复,就业压力激增。两方面的压力使得研究生就业受到巨大冲击,高校就业工作面临极大挑战。《教育部关于做好2018届全国普通高等学校毕业生就业创业工作的通知》明确指出要加强高校学生职业发展与就业指导课程建设。可见,职业生涯发展课程是就业指导工作体系中的关键环节,本课程无疑是转变研究生求职观念、提升研究生职业素养、化解当前研究生就业难题的有效途径。

2. 课程帮助学生建立职业生涯的意识,掌握生涯规划的基本技能和方法,确立良好的职业价值观和择业观;帮助学生提升就业能力和综合素质,提高职业适应性,增强获得工作机会、适应工作需要的能力。这些内容涉及学生成长成才的基本问题,是职业生涯教育的基本内容。学生学习到的不仅是基础知识,而且也是终身受益的基本方法和人生态度。[2]课程注重学习者对职业规划的自主参与,设定为体验式课程,以期帮助学生逐步澄清自我认知,探索职业世界,进而思考、制定和实施个人的专业学习、职业选择与生涯发展规划。

3. 课程帮助学生建立终身学习的发展理念。在职业世界不断变化的大背景下,大学生就业能力当中的生涯适应力越来越受到重视。[3]生涯发展和规划是一个终身的过程,生涯规划是一个有意识地计划个人全部生活的过程,这个过程包括主要的生活领域、工作、学习、闲暇及各种关系,同时积极采取行动步骤,在自己所处的社会环境中实施这些计划。

二、职业生涯发展课程的教学设计

(一)设计理念

首先,作为职业生涯发展课程的其中一种类型,本课程遵循职业生涯发展

---

[1] 数据显示,2020年,我国高校应届毕业生874万,同比增加40万,其中研究生预计接近80万,再创历史新高。

[2] 参见朱新华、宋继勋:"大学生职业生涯规划课程建设新探",载《学校党建与思想教育》2012年第18期。

[3] 高艳等:"基于生涯混沌理论的大学生职业生涯规划课程设计",载《高教探索》2017年第12期。

与规划的既有理论体系与教学基本原则；其次，作为专门针对法科研究生的课程，本课程结合我校法科特色因材施教；最后，作为一门自主应用型课程，本课程关注学生的自我认知、规划、管理与发展。

1. 遵循职业生涯发展与规划理论体系及教学基本原则。本课程以认知信息加工理论的金字塔模型为基本的理论框架，总体设置自我知识模块、职业知识模块、一般信息加工技能模块和元认知模块，以此兼顾个人职业生涯发展中的认知、情感和行动三个层面。课程内容与学校校风、校训融为一体，将职业生涯规划专业知识与学校文化、人才培养紧密结合。遵循教学基本规律和研究生身心发展特点，确立并遵循课程教师主导与学生主体相结合、传授知识与发展能力素质相统一、理论联系实际、教学与科研相统一等原则。

2. 以我校法治人才培养目标为出发点和落脚点。2017 年，习近平在出席清华大学相关活动时指出："我们的教育就是要培养中国特色社会主义事业的建设者和接班人，而不是旁观者和反对派。"研究生职业指导课程建设应服务于世界百年未有之大变局，实现中华民族伟大复兴，实现全面依法治国的目标。[1]多年来，我校紧紧抓住社会人才需求的新趋势，以服务法治国家战略为目标，确立了人才培养目标。同时，针对社会、企业对人才的要求，建构法科学生未来的发展方向及其能力素质要求，以此作为课程设计、教学方法选择、教学活动开展等的出发点和落脚点，构建课程对学生能力素质培养与提升的目标。此外，本课程结合我校法科优势与特色，邀请法院、检察院、律所、政府机关、公司等法治实务部门专家参与课程讲授。

3. 以帮助学生自我管理、自主规划与自我发展为最终目标。早在 20 世纪初，我国著名的教育学家陶行知就提出了"生活教育理论"，而职业教育先驱黄炎培提出了"使无业者有业，使有业者乐业"的终身职业教育观。[2]本课程秉着"以学生为本"的原则，通过授课激发学生自主规划的意识，树立积极的人生观、价值观和职业发展观念，掌握自我认知及职业环境探索的内容及方法，把个人发展和国家需要、社会发展相结合，明晰研究生阶段的主要任务，制定目标及行动计划等，积极实现自主规划、自我管理与发展。课程注重学习者对

---

〔1〕 陈卉等："研究生职业发展与就业指导课程建设困境与对策研究"，载《中国成人教育》2020年第13期。

〔2〕 参见黄志敏："中美职业生涯教育比较研究及其启示"，载《教育与职业》2011年第36期。

职业规划的自主参与，被设定为体验式课程，帮助学生澄清自我认知、探索职业世界，进而思考、制定和实施个人的专业学习、职业选择与生涯发展。

（二）教学模式

本课程综合选择多元化的课程教学模式，以高效达成课程教学目标。团队合作学习模式有效提高学生参与度，"成长档案袋"模式有效追踪生涯发展过程，问题引导模式强化教学效果。

1. 设置团队合作学习模式以促进大班教学中学生的参与度。大班教学的困难在于如何促进学生的主动性，鼓励其积极参与。"团体辅导"发端于欧美，并于 20 世纪 40 年代在世界各国得到普遍认同，被称为"20 世纪人类社会最伟大的发明之一"，是有助于青年学生健康成长的重要方法。[1]研究显示：学生在自己主导的讨论或是学习小组中，学到的比传统课堂上的更多。因此，课程采用团队合作式的学习方式，队员轮流担任队长、观察员，相关讨论在团队内进行，大班的分享和作业以团队为单位进行，由此，课程从原来师生之间的"两极模式"向师生、生生之间的"三级模式"转化。同时请每个团队设置观察员，对团队活动进行过程及成员表现给予反馈，提升学生的团队合作、语言表达、沟通协调、执行力等素质。

2. 设置"课程成长档案袋"以追踪生涯发展过程，帮助学生在课堂上主动思考，也帮助教师收集了解学生的主要问题，促进大班教学不利条件中的师生互动。课程独创教学设置——"课程成长档案袋"，装载每堂课的练习、笔记及反馈的问题、困惑。教师不定期收回档案袋，研读学生所写内容，答复学生问题。

3. 采用问题引导式教学法以强化学生内外认知的整合。职业生涯规划的关键是主体内外认知、体验的整合。学习者不仅仅要知道职业信息是什么、职业规划怎么做，更重要的是最终将这些"外部信息"统合到自己身上，以找到行动的方向并实现之。因而职业规划课程很重要的功能，就在于促进学生不断地认知分化与统整。课堂上采用以问题始，以问题终的方式：每堂课开始，教师根据要点抛出问题让学生思考；结束时用"一分钟报告"（one minute paper）的

---

[1] 朱新华、宋继勋："大学生职业生涯规划课程建设新探"，载《学校党建与思想教育》2012 年第 18 期。

方法，让学生写下学习心得、困惑等，装入"课程成长档案袋"，由教师收回了解学生的学习情况，对于其中的典型问题让学生团队讨论分享。以问题始，在教学内容与学生已知之间制造一种"不协调"，激发学生的好奇心与求知欲；以问题终，自下而上地提出问题，促进学生反馈反思，内化学习内容。

（三）教学方法

法科生的职业生涯发展指导课，更注重学生的自我判断、自我提升，因此本课程的教学方法也必然有别于一般专业课程，教学方法要服务于帮助学生树立积极的就业观、掌握科学生涯规划、了解求职政策、提升求职技能。[1]生涯发展是一个终身过程，在这个过程中，通过我们所从事的职业角色，让我们可以发展个人的信念、价值观、能力、兴趣、人格特征以及对工作世界的认识；另一方面，社会、经济、心理、教育及机遇等因素都影响人的生涯发展，因此这是一个非常复杂的过程。基于此，本课程以启发式和参与式教学法为主，综合运用多元化教学方法，使同学们在活泼生动的教学环境中获得知识和启发。

1. 运用语言传递教学内容：主要包括课堂讲授法、师生问答法、小组讨论法、案例教学法等。授课教师以生动的现实案例向学生们讲授理论知识，激发学生们对理论知识的学习兴趣。同时，通过小组讨论等方式，活跃课堂气氛，提升课堂参与度。

2. 通过直接感知传递教学内容：主要包括互动游戏法（包括职业测评等）、演示法（包括模拟面试等）、实践调研法（包括到用人单位实地参访、职场人物访谈等）、教学片观摩法（观看《职来职往》节目等）。其中，职业生涯人物访谈，是指安排学生访谈目标职业的成功人士，全面了解职业情况；而用人单位参访，是指组织学生到法院、检察院、律所、政府机关、公司等目标单位参观、座谈；模拟面试，是指由授课教师模拟主考官，由学生模拟面试者，模拟公务员考试面试过程。

3. 通过教师指导独立活动获取知识技能：主要包括自学指导法、练习法等。学生们课后自学相关理论知识，课堂上自主分享所学所感。

总之，本课程强调教学内容的实用性，强调学生个体的主体性与主动性，

---

[1] 参见尹兆华："职业生涯规划与就业指导课程建设探索和实践"，载《中国大学教学》2019年Z1期。

强调以团队协作的方式解决职业选择中的问题，强调学生、授课教师以及来访嘉宾之间的互动。

(四) 教学手段与考核

课程综合运用了多媒体投影教学、网络平台辅助教学、职业测评、在线答疑、一体化综合信息平台等多种教学手段，提高教学效率和课程覆盖率，实现了就业指导全程化、全覆盖。本课程授课教师与学生建立微信群，授课教师通过线上分享课程相关的求职新闻、求职测试、求职信息等，学生们在课后也随时可以与授课教师进行线上交流。在课程考核方面，正确的课程考核方式是评价学习效果有效性的关键，本课程考核分为四个部分：第一部分为团队作业，要求各团队完成至少3个生涯人物访谈，提交生涯人物访谈报告，并在课堂答辩中分享，该部分占总分的30%。第二部分为出勤情况，该部分占总分的10%。第三部分为平时作业情况，给学生发放作业本，要求学生完成课上练习和课后作业，该部分占总分的10%。第四部分为试卷部分，课程结束后，给学生发放试卷，要求两周内完成一份职业生涯规划书，该部分占总分的50%。

三、职业生涯发展课程的完善建议

1. 院校进一步重视课程。法科职业生涯课程建设牵扯人才培养质量，关系到就业质量，关系到学生人生发展。已开设研究生职业指导课程的高校多数只是将该课程定位为选修课，并未将其列入研究生培养方案，大多是几次集中的大班授课，学生覆盖面较小，课程无法对更多研究生发挥作用，过程性缺位问题显著。此问题更深层次的原因在于高校对该课程的重视程度不够，相关资源投入较少，各类资金投入不充分，授课老师紧缺，授课方式创新受限。相关高校应在未来进一步提高对这一课程的关注度和重视度，倾斜相关资金与资源进行课程建设。

2. 解决授课对象预期与效果间的矛盾。体现为部分高校研究生预期通过修读一门课程便能快速成长，获得"求职秘方"、实现"速成"的发展目标。其背后更深层次的原因是部分研究生的整体职业预期偏高、存在一定的择业取向矛盾化问题。[1]一方面希望获得更高的就业条件和环境；另一方面又对自身能力和就业环境缺乏系统思考。与我国各高校研究生职业生涯发展课程面临的困境相似，本课程同样面临着课程定位模糊及授课对象预期偏高的困境。[2]

　　法科研究生职业生涯发展课程是一个综合性较强的教育实践课程。目前，我国各高校该课程还处于起步阶段。应加大对这一课程的宣传力度，区别职业生涯发展课程与就业指导、求职技能类课程，让更多研究生参与课程，提高研究生教育质量、就业质量和人生发展质量。

---

[1] 参见陈卉、李浩："新时期高校硕士研究生择业观误区及对策研究"，载《扬州大学学报（高教研究版）》2015年第4期。

[2] 参见陈卉等："研究生职业发展与就业指导课程建设困境与对策研究"，载《中国成人教育》2020年第13期。

研究生导学关系及培养方案满意度调查
——以法学院研究生为例

王家启　李　月 [*]

一、引言

教育部于 2020 年 10 月发布的《研究生导师指导行为准则》指出，研究生导师是研究生培养的第一责任人，肩负着为国家培养高层次创新人才的重要使命。导师具有指导研究生进行课程学习、科学研究、专业实习实践和学位论文写作等的任务；导师应采用多种培养方式，激发研究生创新活力；导师要落实"立德树人的根本任务，加强人文关怀，关注研究生学业、就业压力和心理健康，建立良好的师生互动机制"。导生关系是在导师履行以上指导职责过程中，以及研究生跟导师学习、交往互动中共同形成的，导师和学生的关系对于人才培养效果有很大影响。亦师亦友、和谐的导生关系会使师生都身心愉悦，促进教学相长；导生关系平淡、接触较少，导师在学生的培养和指导方面起到的作用就很有限，学生则很难从导师那里获得研究资源、有效指导，更谈不上导师魅力对学生的影响；如果导生关系彼此对立、甚至剑拔弩张，别说人才培养，可能还会给双方都造成严重的心理阴影。因此，构建和谐的导生关系是研究生人才培养的一个重要前提。

研究生培养方案是研究生人才培养的指导性文件，方案确定了不同类型、不同专业方向研究生培养的目标和方向，明确了研究生培养的过程和环节。导

---

[*] 王家启，中国政法大学法学院研究生辅导员；李月，中国政法大学法学院 2021 级博士研究生。

师熟悉本专业研究生培养方案,科学合理地指导、督促研究生完成方案规定的学业要求,是保障人才培养质量的先决条件;导师遵循教育规律,结合研究生的个体特点,因材施教,指导研究生形成个人培养计划,是落实导师立德树人的根本任务,也是培养品学兼优的高层次人才的要求。研究生培养方案的完成效果直接关系到高层次人才质量的高低,因此,对"导师指导质量"进行调研,了解研究生对导师指导的培养方案是否满意,是对研究生人才培养环节和培养质量评价的一个指标,可以作为评估研究生培养效果和推进研究生培养质量改革的参考。

二、调查结果与分析

(一)调研目的与问卷编制发放

为将法学院导生关系以及导师指导研究生的培养情况反馈给学院和研究生导师,以此为研究生培养单位提高研究生教育质量提供参考依据,本文以 ZF 大学法学院研究生和导师为研究对象,通过向法学院的在读研究生发放调查问卷的方式进行调研,主要从研究生和导师互选、导师对研究生的指导情况、研究生对导师培养方案的满意度、研究生对人才培养的建议等方面设计问卷。[1]

设计调查问卷前,先召集各年级的法学硕士生、博士生和实验班法律硕士生代表参加座谈会,对学生普遍认为在导生关系和研究生培养指导中重要的方面设计问卷题目和选项。问卷通过问卷星编写,在大范围进行问卷发放之前,在部分研究生中采取小样测试法,经多次修改完善后,定稿问卷共设计题目 17 道,其中建议性开放问题 2 道。根据法学院法学硕士生、博士生和实验班法律硕士生的培养目标及学制不同,共设计了三套问卷,主要内容基本一致,内容略有调整。本次调查通过各年级微信群发放问卷星,共回收调查问卷 441 份,全部为有效问卷。其中法学硕士生三个年级共填写问卷 188 份,实验班法律硕士生两个年级共填写问卷 206 份,三个博士生年级共填写问卷 47 份。

---

[1] 问卷对象包括以下几类:一是学术学位法学硕士研究生,以下简称法学硕士生,分三个年级,以下简称法学硕士研一、研二、研三学生;二是法学实验班专业学位法学硕士研究生,以下简称实验班法律硕士生,有两个年级;三是法学博士研究生,以下简称博士生。

（二）调查结果及分析

1. 导师双选制度调查。研究生和导师开始建立师生关系始于导师双选制度，即研究生在进入研究生学习阶段的最初时期或在入学前通过师生双向互选确定师生关系。硕士研究生绝大多数是在入学后选择导师，博士研究生在入学前就确定了报考导师。硕士研究在入学后，可以自由选择自己专业方向的某位研究生导师做自己的导师，同时，导师也可以同意或者婉拒选择她/他做自己的指导学生，而选择另一个硕士研究生做自己的学生。双选制一般由专业方向负责老师组织，学生主动参与，学院研究生办公室协助汇总最终确定的导生名单，并报研究生院，导生名单一旦确定，导生关系一般不会随意变更。

在学生对导师双选制形式是否满意的调查中，法学硕士研一、研二、研三学生的满意度（非常满意和比较满意相加）分别为 86%、91%、90%，整体而言对选导师的满意度较高；实验班法律硕士生的满意度为 75%，满意度比法学硕士生平均低 14 个百分点。很不满意的占比，实验班法律硕士生为 3%，法学硕士生平均为 1%。硕士研究生对互选形式不满意的原因主要有两点：其一，认为师生互选时间不充分，师生互相不了解；其二，导师信息公布不及时。法学硕士生主要通过"研究所提前公布的导师信息或召开师生见面会"选择导师，选择此项的比例为 71%；实验班法律硕士生主要通过"选择本科期间修读课程的老师，自己联系老师"的方式，这一比例为 67%。

表8[1]

题目	选项	实验班	研一	研二	研三
对选导师的形式是否满意	非常满意	32%	52%	47%	46%
	比较满意	43%	34%	44%	44%
	一般	22%	13%	7%	10%
	很不满意	3%	1%	2%	0

---

[1] 本篇文章的表格中，实验班指实验班法律硕士生，研一、研二、研三分别指法学硕士研一、研二、研三学生，博士指博士生。

对选导师的形式是否满意

	很不满意	非常满意	比较满意	一般
实验班	3%	32%	43%	22%
研一	1%	52%	34%	13%
研二	2%	47%	44%	7%
研三	0	46%	44%	10%

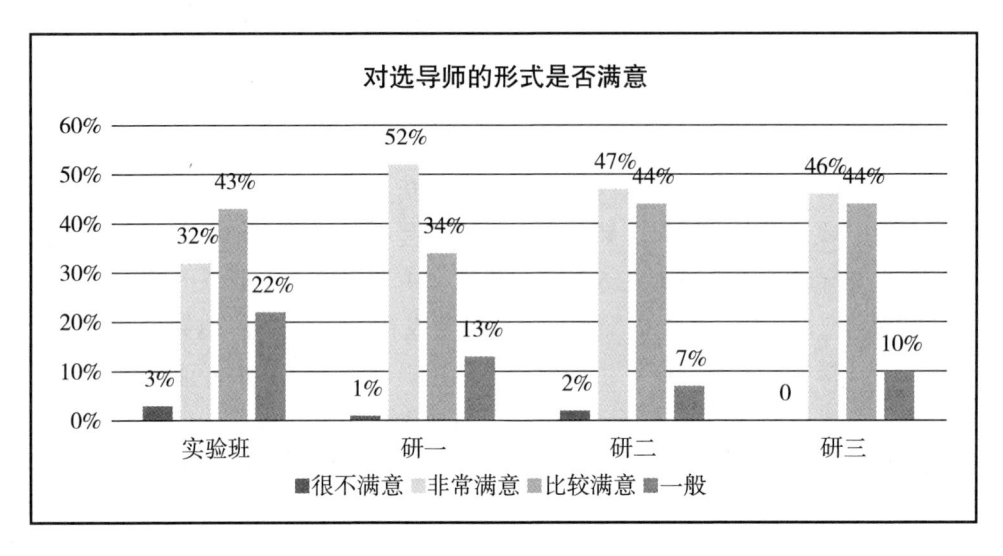

图 8

2. 学生在选择导师时考虑的因素，是一道多选题。从调查结果看，博士生和硕士研究生选择顺序差别较大，博士生首选的是导师的学术声望，而硕士研究生，不论是法学硕士生还是实验班法律硕士生，在选择导师时首先考虑的因素是"是否花更多时间关心指导学生"，选择此项的比例为 90.7%，远高于其他选项，排在第二位的是导师的性格特点，导师的学术声望排在第三位。

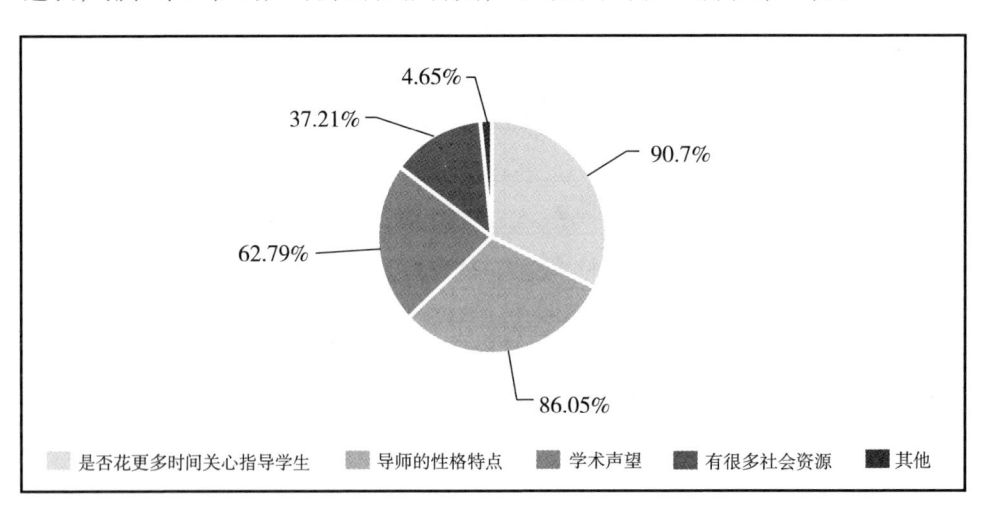

- 是否花更多时间关心指导学生：90.7%
- 导师的性格特点：86.05%
- 学术声望：62.79%
- 有很多社会资源：37.21%
- 其他：4.65%

图 9

3. 从"本学期您和导师课后接触频次"和"和导师的接触事由"的调查结果可知：博士生和法学硕士生高年级的学生与导师接触频次较高，博士生、法学硕士研三、研二学生选择经常联系的比例分别为47%、48%、53%。实验班法律硕士生与导师经常联系的频次与法学硕士生相比较低，为21%。本学期未与导师联系过的情况，实验班法律硕士生选择比例为10%，学术学位研究生（即法学研究生和博士生，下同）平均为1%。

从研究生与导师接触事由选项看，选择经常和导师讨论论文、学术问题的研究生中，博士生最高，为85%，学术学位研究生从高年级到低年级逐渐递减，但比例都很高。实验班法律硕士生找导师讨论学术问题的比例可以达到50%，但相比法学硕士生，比例还是偏低。选"找导师签字时候才找老师"一项的比例实验班法律硕士生高于法学硕士生。

表9

题目	选项	实验班	研一	研二	研三	博士
本学期您和导师课后接触频次	经常见面和网络、电话联系	21%	29%	53%	48%	47%
	5次以上	18%	34%	26%	27%	34%
	1~3次	51%	36%	20%	25%	17%
	未接触	10%	1%	1%	0	2%
和导师的接触事由	经常和导师讨论论文写作、接触很多	21%	33%	42%	54%	45%
	经常一起交流学术问题、讨论论文、做课题等非常亲近	29%	32%	26%	27%	40%
	找导师签字时候才找老师	35%	24%	19%	6%	13%
	主要为导师做事务性工作	15%	11%	13%	13%	2%

4. "喜欢通过哪些方式增强导师学生关系"的问题为多选题，法学硕士研一学生、实验班法律硕士生、博士生选择的顺序是："一是导师组织实践调研或学术研讨会；二是导师组织读书会面对面交流；三是同门聚餐、打球、出游等。"法学硕士研二、研三学生选择的顺序是："一是同门聚餐、打球、出游等；二是导师组织实践调研或学术研讨会；三是邮件、微信等网络沟通。"

5. 问卷共有两道开放性问题，回答开放性问题的学生人数较少，共47人。开放性问题一"请问您认为理想的导师学生关系是怎样的？"97%的答案是"亦师亦友的关系"。开放性问题二"请问您认为学校、学院是否有必要制定制度或提供机会促进你和导师的交流沟通,对此你有何建议?"50%的学生认为有必要建立制度,建议对读书会、研讨会等形式有硬性要求,学生定期匿名评价导师工作,对导师履行职责进行监督。如果导师比较忙,也可以通过朋辈交流,请同门或者同专业高年级研究生进行交流学习;50%的学生认为没必要制定制度,但是建议学校学院可以提供师生交流机会,或者倡导导师和研究生加强联系,毕竟师生交流需要师生双方配合。

6. 导师的培养方案情况调查。通过对导师人才培养方案满意度调查数据进行对比发现实验班法律硕士生和法学硕士生之间差别明显。实验班法律硕士生对导师的培养方案的满意度明显低于法学硕士生。实验班法律硕士生选择非常满意的为16%,而法学硕士生选非常满意的在39%以上;博士生选非常满意的比例最高,为64%。非常满意和比较满意相加,实验班法律硕士生的满意度为56%,三个年级的法学硕士生都在80%以上;选择对导师目前的培养方面不满意的,实验班法律硕士生为10%,远高于法学硕士生平均的2.3%。

表 10

题目	选项	实验班	研一	研二	研三	博士
对目前的导师人才培养方案是否满意	不满意	10%	3%	5%	0	0
	非常满意	16%	39%	51%	40%	64%
	比较满意	40%	42%	37%	46%	23%
	一般	34%	16%	7%	14%	13%

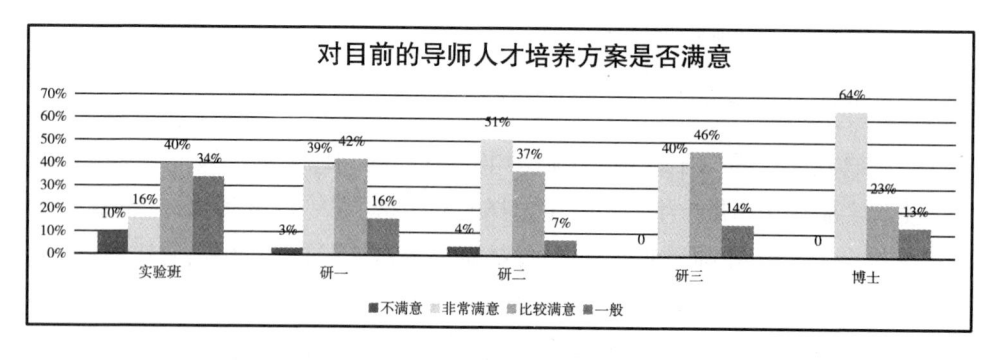

图 10

7. 选择认为导师培养方案系统完善和比较好的,法学硕士生平均81%,实验班法律硕士生为43%；选择除履行导师签字外无专门指导的，法学硕士生平均2%，实验班法律硕士生为18%。

表11

题目	选项	实验班	研一	研二	研三	博士
如何看待导师培养学生的方案	培养方案系统完善，且有针对性的个性化指导	43%	71%	86%	87%	90%
	培养方案较好，对学生学术品德生活等方面都有指导					
	无专门培养方案，仅依照学校官方的培养要求	39%	25%	12%	13%	6%
	除履行导师签字外无专门指导	18%	4%	2%	0%	4%

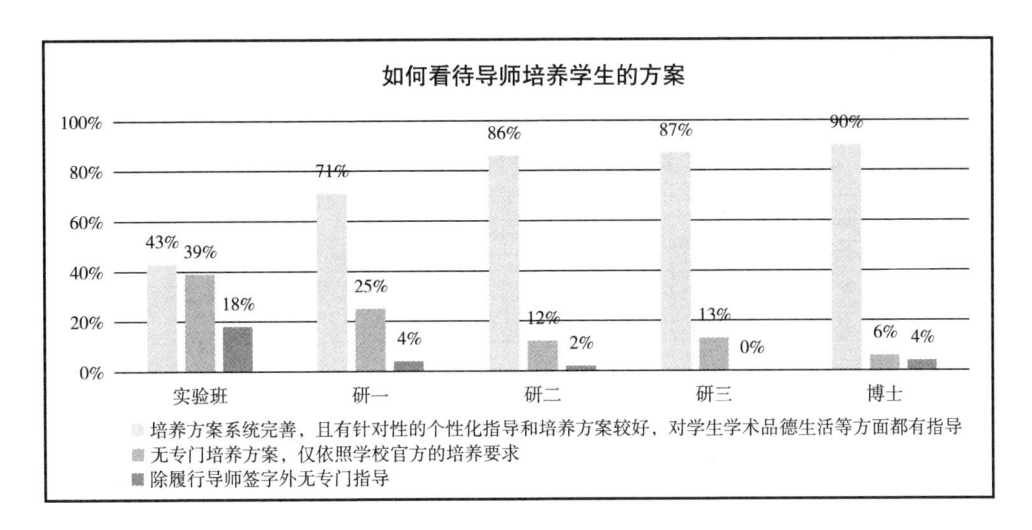

图11

8."希望在哪些方面得到导师更多指导和培养"，实验班法律硕士生，法学硕士研二、研三的同学都把"未来发展方向"的指导排在第一位，"论文写作和发表指导"排在第二位。法学硕士研一学生和博士生把"论文写作和发表指导"排在第一位，"未来发展方向"排在第二位。从调查结果可见，"未来发展方向"和"论文写作和发表指导"这两点，对研究生来说都非常重要，但是在不同阶段需求顺序有差别。此外，法学硕士研一学生对心理疏导方面的需求高于其他年级。

问卷中设定了学生和导师的性别，主要缘于很多同学认为师生之间如果是异性，在日常的培养指导方面会有不同。把学生性别作为自变量，其他选项作为因变量，通过交叉分析，统计结果为，女生希望导师在论文、课题指导方面给予更多指导和培养的比例高于男生。男生希望导师在未来发展方面提供指导的比例高于女生。在对导师的培养方案的满意度方面男生略高于女生。

表 12

题目多选题	选项	实验班	研一	研二	研三	博士
希望在哪些方面得到导师更多指导和培养	未来发展方向	78%	78%	65%	69%	49%
	论文写作和发表指导	65%	82%	63%	63%	72%
	学业规划	62%	66%	56%	56%	51%
	读书计划	59%	52%	40%	44%	45%
	心理压力疏导	20%	31%	28%	19%	23%
	做课题方法	53%	54%	26%	23%	36%

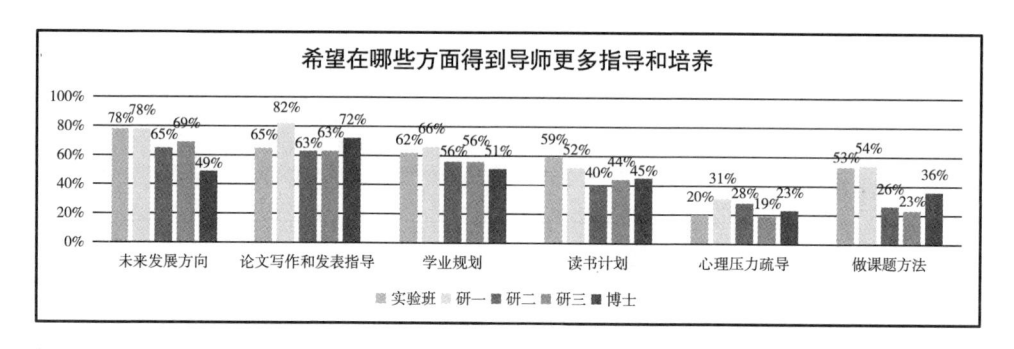

图 12

三、结论与建议

本研究采用调查问卷的方式，对 ZF 大学法学院研究生和导师的关系、研究生对导师的培养方案的满意度进行了调研。通过分析问卷数据，得出以下结论：①法学院研究生与导师的关系总体比较和谐；研究生和导师联系较紧密，能够经常和导师讨论论文、学术问题；研究生对导师制定的培养方案满意度较高。②就导生关系的几个维度和研究生对导师培养方案的满意度而言，实验班法律硕士生均低于法学硕士生，这方面需要引起培养单位的重视，学术学位与专业学位研究生在分类培养模式上有待进一步改革和完善。基于上述研究，本文就如何进一步提高研究生人才培养质量提出如下建议：

（一）建设一支高素质的研究生导师队伍

建设高水平、高标准的研究生导师队伍是保证研究生培养质量的关键。

1. 首先要严格高校导师遴选制度，强化人才培养中心地位，建立起导师负责制。要严格审查导师的师德师风、学术水平、教学指导能力及综合素养。研究生培养单位在遴选导师和考评导师时，建议把硕士生对导师的首选要求即"导师能投入较多的时间对研究生进行培养"作为考虑因素。

2. 建立研究生导师的长效培训教育。研究生的培养方式多种多样，研究生导师也需要不断学习和借鉴他人的优秀经验，特别是新聘的导师，没有带研究生的经验，高校人事处和研究生培养单位应每年定期组织导师进行学习，为导师之间交流研究生培养经验搭建平台。高校不仅要组织优秀导师评选，更要积极宣传优秀导师的研究生教学指导经验，组织优秀导师为新聘的研究生导师传授经验和方法，从而提高研究生导师队伍的整体水平。

（二）科学匹配师生

1. 合理配比研究生的师生比。近年来，在研究生扩招的情势下，ZF大学法学院每年招收研究生约400人，其中博士研究生约60名，硕士研究生约340名。导师个人的时间和精力是有限的，在导师指导研究生人数太多的情况下，就很难做到有较多的时间指导研究生，制定研究生个人培养方案的质量也会大打折扣。为了提高研究生培养质量，一方面必须保证科学合理的导生配比数，另一方面要减轻导师不必要的行政事务，给导师创造良好的教学科研工作环境。

2. 建立良好的导师双选制度。在互选阶段提供更多导师和学生的交流机会：一方面，提前公布导师的信息，如介绍导师的学术、教学情况，导师的爱好特长，导师所培养的往届研究生的发展情况等；还可以通过本专业导师为研究生举办新生见面会、读书会等形式，增加相互交流了解的机会。另一方面，可以将研究生新生的简历发到本专业导师的邮箱，便于导师提前了解学生基本情况。建立在相互了解基础上的双向选择是建立和谐导生关系的基础，有利于导师和学生的共同发展。

（三）遵循教育规律和研究生特点，导师和学生双方协商制定培养计划

师生共同确定培养计划，有利于双方共同努力、相互促进。不同培养模式、不同专业方向、不同年级的研究生，在不同学习阶段的任务都不相同；研究生的学习能力、学习主动性和配合程度也是影响研究生培养质量的重要因素。因此，导师应遵循学生特点，根据学生的知识结构、学术兴趣、能力水平，制订符合研究生个性的研究领域和培养方案，这是培养高素质人才的重要保障。

研究生在不同的年龄阶段、学习阶段需求差异较大，个体差异也很大，如果导师在培养研究生的过程中，能把握学生不同阶段总体的需求，又能对学生进行个性化的指导培养，学生对导师的培养方案满意度一定会更高，导师也能更好地落实立德树人的根本，培养出更多高素质的人才。

参考文献：

1. 刘志、马天娇："和谐导生关系如何构建？——基于深度访谈的分析"，载《学位与研究生教育》2021年第10期。

2. 王文文等："硕士研究生导学关系现状及影响因素研究"，载《研究生教育研究》2018年第6期。

法学院研究生联合培养的实践与建议

陈维厚

一、研究生联合培养的举措

习近平总书记曾指出：办好我国高校，办出世界一流大学，必须牢牢抓住全面提高人才培养能力这个核心点，并以此来带动高校其他工作。[1]为了贯彻落实习近平总书记在中国政法大学考察重要讲话精神，《教育部、中央政法委关于坚持德法兼修实施卓越法治人才教育培养计划2.0的意见》，[2]打破学校与社会之间的体制壁垒，处理好法学知识教育与实践教学的关系，提高法治人才实践能力、全面提升研究生培养质量，2012年，中央政法委和教育部联合启动"卓越法律人才培养计划"。该计划包括打造应用型、复合型法律人才，涉外法律人才，以及西部基层法律人才三种教育培养基地，探索"高校—实务部门联合培养"和"国内—海外合作培养"机制，实施高校与法律实务部门人员互聘的"双千计划"，以提升法律人才的培养质量和实践能力。[3]

---

[1] "高校立身之本在于立德树人"，载新华网：http://www.xinhuanet.com/mrdx/2016-12/09/c_135892530.htm，最后访问时间：2022年3月1日。

[2]《教育部、中央政法委关于坚持德法兼修实施卓越法治人才教育培养计划2.0的意见》（教高〔2018〕6号）指出：经过5年的努力，建立起凸显时代特征、体现中国特色的法治人才培养体系。建成一批一流法学专业点，教材课程、师资队伍、教学方法、实践教学等关键环节改革取得显著成效；协同育人机制更加完善，中国特色法治人才培养共同体基本形成；高等法学教育教学质量显著提升，培养造就一大批宪法法律的信仰者、公平正义的捍卫者、法治建设的实践者、法治进程的推动者、法治文明的传承者，为全面依法治国奠定坚实基础。

[3] 袁钢："我国法律博士专业学位设置的必要性和可行性"，载《中国高教研究》2020年第1期。

近五年来，法学院高度重视研究生联合培养工作，召开多次联合培养工作研讨会，聘任校外兼职导师，开展实务专家系列讲座，推进联合培养基地建设，推动研究生联合培养与集中实习落地生根，积极探索卓越法治人才培养新模式，以实现法治人才培养的优势互补、资源共享、互利共赢。

（一）与法治实务部门共建联合培养基地

习近平总书记2017年5月3日考察中国政法大学讲话时指出，法学教育要坚持立德树人，不仅要提高学生的法学知识水平，而且要培养学生的思想道德素养。研究生教育工作紧紧围绕研究生成长成才这一宗旨，坚持立德树人、德法兼修，法学院根据新时代卓越法治人才培养目标的需求，结合本院实际，目前已与18个政府机关、企事业单位和社会组织等法治实务部门合作，共同建立研究生联合培养基地。法学院选择合作共建的法治实务部门时，秉持"规模较大、实力较强、知名度较高、管理制度规范"的标准，按照"与国家和区域经济社会发展重大战略对接紧密、与各培养单位在协同创新、科研攻关、人才培养等方面有较好的合作基础"的原则。为解决传统法学教育存在的问题，培养复合型卓越法治人才，中国政法大学提出"四跨"人才培养模式，即"跨学科专业、跨理论实践、跨学院学校、跨国家地区"的新型培养模式。[1]这些合作共建的法治实务部门，不仅应当在本行业领域具有显著特色和一定代表性，还必须具有一定数量的能够满足专业学位研究生实践教学和指导需要，并符合聘任条件的行业导师。这一培养模式具有相对完整的管理机制，以保证专业学位研究生联合培养质量，实现合作双方能够长期稳定、规范有效地运行。

第一，与政府部门共建联合培养基地。法学院与北京市第三人民检察院、北京市教育委员会等单位建立北京市级校外人才培养基地，以其为依托培养卓越法律人才。近年来，围绕服务冬奥、助力冬奥法治建设，学院同国家体育总局、中国反兴奋剂中心签署了战略合作协议，本着"平等合作、优势互补、共同发展"的原则共建体育法治人才培养基地。学院还与冬奥会主要比赛会场所在地崇礼区的法院、体育总局开展合作，正式建立研究生联合培养基地以加强交流合作，通过开展实务课程建设、实践活动、论文指导等相关工作，加强体

---

[1] 卢春龙："'四型人才'导向的四跨——中国政法大学法治人才培养新模式"，载《政法论坛》2019年第2期。

育法专业学位研究生的实践能力,围绕冬奥会筹办和体育运动产业发展,培养体育法治人才,提升司法服务保障能力。借助共建平台实现优势互补和资源共享,共同推动法治人才培养迈上新台阶。

第二,与企事业单位共建联合培养基地。按照"人员互聘互派、资源共建共享、信息设施互通共用、教学科研互帮共进"的原则,在注重合作广度与深度、合作实效与质量的基础上,加强法律实务部门的交流与合作,初步建立起"学校—法律实务部门"联合培养机制。[1]企事业单位在法治实务中的主体地位决定了其在法治人才培养中的重要性,其承载了法治实践教育的主要比重,是专业实习、兼职导师和课程共建的主要面向。学院先后围绕卓越法治人才的培养同北京志霖律师事务所、赛尼尔法务智库和北京瀛和律师事务所等单位签署合作协议,共建研究生联合培养基地。一方面,通过联合培养基地开展多种形式的合作,打通学术与实务之间的壁垒,实现战略和人才的双赢;另一方面,依托于联合培养基地,将学院发展和律所发展相融,共同发展、共同进步,为未来法律服务市场、全面依法治国培养和输送优秀人才。

第三,与社会组织共建联合培养基地。社会组织是国家治理的重要一环,"十四五"规划也强调,要"发挥群团组织和社会组织在社会治理中的作用,建设人人有责、人人尽责、人人享有的社会治理共同体"。一些社会组织根据法律、法规和规章的授权而具有公共事务管理职能,成为法治实践的一线部分;同时,社会组织往往包含某个地区的行业协会,其规章制度具有软法效力,亦为新时代全面依法治国的有机组成部分。因此,学院与不同地区、不同行业的社会组织开展合作,促进新时代卓越法治人才的全方位培育。如法学院与中国公证协会进行业务合作,与南京市律师协会共建研究生联合培养基地,以社会组织的专业性促进法学教育和法治人才培养的细致化、深入化。

(二)研究生联合培养机制与内容

"跨理论实践"以实践创新为导向,坚持理论与实践相结合,通过同步实践教学、"司法实务全流程仿真"教学、创新创业教育、学科竞赛、诊所式教学等措施,在校外资源共享方面,突破学校与实务部门的距离障碍,有效地整合汇

---

[1] 参见贾宇:"抓住关键环节 培养卓越法律人才",载《中国高等教育》2013年第12期。

集了全国各地优质司法实践的教学资源。[1]法学院与法治实务部门建设研究生联合培养基地的目的是通过基地建设创新培养模式，推进产学研有机结合，实现法治实务部门与学院协同育人，促进联合培养基地形成一支稳定的兼职导师队伍，建设一批高质量的实践课程，产出一批高质量的实践成果，培养一批优秀法治人才，在促进法治人才德法兼修、全面发展方面发挥积极作用，形成优质资源共享的产教融合育人联盟。

1. 协同研究。法学院与实务部门联合召开了三次研究生联合培养改革与发展研讨会，深化研究生培养改革，强化研究生联合培养研究。研究生联合培养紧紧围绕培养"德法兼修"高素质法治人才的目标，建立在培养方案制定，实践课程建设与教学，专业实习、实践课题以及学位论文等各环节全程参与的合作机制。法学院与合作单位共同制定培养方案、设置课程、编写教材等，真正将实践基地的专家吸收到法学教育当中。在研究和实践经验总结的基础上，不断完善《法律硕士专业学位研究生培养方案》，致力于总结出我校专业学位法律人才培养模式与经验，提升人才培养的质量，为全国其他院校法学教育提供参考。

鼓励研究生论文写在联合培养基地上。结合法治实务部门的主要业务，开展实践创新活动和成果竞赛，鼓励研究生深入联合培养基地发现问题，并结合实践创新内容形成论文选题，强化论文与创新项目的应用导向，使得联合培养基地专家参与进毕业设计与创新项目当中，提升论文和项目的理论性与实践性。

2. 协同育人。习近平总书记2017年5月3日考察中国政法大学讲话时指出，法学教育要"要打破高校和社会之间的体制壁垒，将实际工作部门的优质实践教学资源引进高校，加强法学教育、法学研究工作者和法治实际工作者之间的交流"。

法学院研究生联合培养努力破除培养机制壁垒，切实加强与政府部门、法院、检察院、律师事务所、企业等合作，健全协同育人机制，高度重视研究生联合培养。学院成立研究生联合培养工作机构，专门制定《法学院研究生联合培养方案实施方案》，建立联合培养基地，当前已与教育部法规司、国家体育总局政策法规司、冬奥组委法律部、内蒙古呼和浩特铁路运输法院、北京市司法

---

[1] 卢春龙："'四型人才'导向的四跨——中国政法大学法治人才培养新模式"，载《政法论坛》2019年第2期。

局（原北京市法制办）、北京市教委、北京市人民检察院第三分院、中国反兴奋剂中心、北京市志霖律师事务所等单位建立联合培养基地，搭建了理论与实务互相交流促进的优良平台，结合学生职业发展规划，以提升职业能力为导向，设置产教融合创新项目，初步探索"订单式"和"项目制"培养，探索"定制化"人才培养模式。将联合培养基地教学更多地纳入教学计划当中，培养厚基础、宽口径的法治人才，加快形成理论与实务相结合的可复制、可推广的培养模式。

3. "双导师"制。党的十八届四中全会提出，要"健全政法部门和法学院校、法学研究机构人员双向交流机制，实施高校和法治工作部门人员互聘计划"。法学院鼓励校内导师每年参加联合培养基地专题调研、指导学生实践、主持联合培养基地或与专业相关的行业课题研究、项目研发等联合培养活动，还要求校外兼职导师参与进前述活动当中，明确校外兼职导师的聘任标准、工作职责、考核与退出程序，并在经费、制度和培训等方面给予相应的保障。

法学院法本法硕培养改革工作是学校法律硕士培养改革的试点单位，法学院不断明确其专业特色和培养目标，探索聘任兼职导师，引入法治实务部门优质的实践教学资源，实行"双导师"制，聘任联合培养基地的专家为校外兼职导师，加强学院教师与合作单位专家之间的交流互聘，提高实务教学力度与水平，促进知识教育与实践教育的融合，培养适应新时代发展的应用型、复合型、专门化的法治人才。

4. 实务专家讲堂。研究生企业法务高端课程与实务专家讲堂系列成效初现。高等法学教育和法治人才培养应组建跨专业、跨学科、跨学院教学团队，整合教学资源，实现跨专业的师资交叉、资源共享、协同创新。[1]法学院总结多年研究生教学与管理经验，与法治实务部门合作，引进优秀实务专家，构建具有鲜明特色的实务课堂反馈机制，更新实务课程教师资源，逐步完善课程体系，建设了富有特色的"企业法务高端课程""法律谈判"等课程，取得良好的教学效果。

法学院落实《教育部、中央政法委关于坚持德法兼修实施卓越法治人才教

---

[1] 黄进："培养德法兼修的高素质法治人才　引领中国法学教育进入新时代"，载《中国高等教育》2018年第9期。

育培养计划 2.0 的意见》[1]精神,以联合培养基地为依托,结合行业领域特点,共同建设一批具有针对性的实务课程,在内容上形成一套完整的课程体系和教学体系,将分析问题、解决问题的方法与能力贯穿其中,鼓励校内外导师在联合培养基地授课。特别是针对法学院校特色不鲜明、法科毕业生就业难、社会急需的复合型法治人才、高端法治人才缺少供给等诸多问题,[2]法学院举办系列实务专家讲堂,将法治实践的最新经验和生动案例引入课堂,搭建法学教育与法治实务的对接平台,把优秀教学资源"请进来",在校学生"送出去",理论与实践融合,全面促进高质量"职业化、应用型"卓越法治人才的培养。

5. 联合培养与集中实习。法学院逐渐探索出独具特色的联合培养模式,以集中实习为主要抓手,建立多层次个性化的联合培养模式。学院工作组专门赴所有当年联合培养基地,对集中实习工作展开交流,与联合培养基地负责人及指导教师充分沟通,介绍联合培养工作背景、意义、培养方案及其与普通实习的区别。在院内召开动员大会,与参加联合培养的研究生进行充分沟通,明确联合培养的目标、意义、重要性及相关制度,同时有效推进集中实习过程管理与质量控制,及时做到沟通、交流、反馈与提升。各实习单位秉持个性化培养的原则,依据《中国政法大学法学院研究生专业实习实施方案》,根据各个学生的专业方向和学习需求,在征得学生本人同意的情况下,制定了个性化的培养方案。

联合培养与集中实习工作也取得良好的效果。北京市教委的实习学生在法律顾问的指导下审核各高校中外办学合作协议 30 份,并且参与编写和修改《高校学生管理办法指南》等;反兴奋剂中心的实习学生也在专业人员指导下参加了二青会运动员兴奋剂检查和检测活动,并对检查结果进行辅助管理;北京市人民检察院第三分院的实习学生在实习导师指导下写了《抗诉建议书》并在检察官会议上被采纳;在律所实习的学生,至少参与了 5 个案件,做到了一案一总结,实习工作得到所在单位的高度肯定。从实习学生每周的反馈来看,学生对实习的满意度普遍较高,实习过程比较充实,实习达到了预期的效果。

---

[1] 《教育部、中央政法委关于坚持德法兼修实施卓越法治人才教育培养计划 2.0 的意见》,载教育部官网: http://www.moe.gov.cn/srcsite/A08/moe_739/s6550/201810/t20181017_351892.html,最后访问时间: 2022 年 3 月 1 日。

[2] 参见王新清:"论法学教育'内涵式发展'的必由之路——解决我国当前法学教育的主要矛盾",载《中国青年社会科学》2018 年第 1 期。

二、研究生联合培养的成效

(一) 研究生个人能力得到有效提升

我国传统的法学教育，通常以传授系统、科学的法律知识为目的，过于强调知识的灌输和纯理论的探讨，过程缺乏实际应用环节，导致所学知识得不到准确理解和认识，法学毕业生大都难以较快地胜任实际工作，动手能力普遍较弱。传统法治人才培养存在"动手能力弱""上手慢"，重视理论，轻视实践，重视应试教育、忽视实践应用等问题，限制了法治人才的各领域、全方位发展，难以适应新时代全面依法治国的需要。习近平总书记强调："法学学科是一个实践性很强的学科，法学教育要处理好知识教学和实践教学的关系。"[1]长期以来，在法学教育课堂上，教师讲授的多是法律构成和法律效果的理论阐述，缺乏对实践经验的介绍。即使是案例教学，也比较抽象，没有充分展示实践中的法律关系，缺乏法律思维的实际运用。

通过研究生联合培养，将法治实务部门的专家吸收进法学教育全过程当中，参与课程设置、教材编写、教学方案设计，甚至是毕业论文和创新项目的评价，有效打破了法学院校与法治实务部门之间的体制壁垒，极大地提高了实践教学的深度和广度。这也促进了法学教育面向社会实际，在进一步帮助学生掌握法学知识的基础上，大力提高他们运用所学知识分析、解决实际问题的能力。在促进知识应用的同时也缩小书本知识与法律实际运行的差距，增强学生回应和解决实践问题的能力，从整体上提升了法治人才的培养质量。

(二) 法学院整体教育质量得到进一步提高

传统法学教育中虽然也与法治实务部门合作、存在一定的实践教学比例，但都存在着不少的缺陷：或是简单地以实习报告作为评价考核依据，对于实习中涉及的实践知识和技能在所不问；或是赋予毕业设计、创新项目以实践教学时长以此"稀释"实践教学学分，使得实践教学形式化，阻碍了协同育人的进

---

[1] "积极推进法学教育改革创新"，载中国共产党新闻网：http://theory.people.com.cn/n1/2017/0609/c40531-29328403.html，最后访问时间：2022年3月1日。

一步贯彻实施。究其根源，在于法学院校与法治实务部门之间尚未建立良性互动，尚未从制度上明确双方的权利义务，从而呈现出培育环节与养成环节脱钩的样态。在联合培养中，坚持立德树人，促进学生自由全面发展，重视提高学生的法学知识水平，更重视培养学生的思想道德素养，形成了"四个协同、五位一体、六个结合"的人才培养理念。[1]联合培养基地不仅以合作协议的形式明确了合作建设双方在联合培养过程中的权利义务，还划分了各自的责任界限，充分调动了合作双方在管理和教学上的积极性与主动性。在教学机制、监督管理、奖惩措施等方面，协议书也作出了详尽的规定，实现了法学院校与法治实务部门之间在教学科研上的有效对接融合。这样就使得联合分工更为细致——法学院校主要负责知识教学，而法治实务部门负责实践教学，双方既有分工又有合作，促进了联合培养的专业化和深入化。法学教师与实务专家亦可深入自己擅长的领域专攻而心无旁骛，教学质量故而得以提升。此外，研究生联合培养基地还有效地整合法学院校和法治实务部门之间的优势资源，为联合培养研究生提供科研实践平台：学院既可以准确把握社会对专业人才的需求，培养具有专业特色、能够满足市场需求的高层次人才，也可以借此平台创新人才培养机制，解决教学实践所存在的问题，加快教育教学改革的步伐，提高研究生教育质量。

（三）回应社会、服务国家的能力得到提升

中国特色社会主义进入新时代，有着新矛盾、新目标与新需求，"现在，全面建成小康社会进入决定性阶段，改革进入攻坚期和深水区。我们党面对的改革发展稳定任务之重前所未有、矛盾风险挑战之多前所未有，依法治国在党和国家工作全局中的地位更加突出、作用更加重大"。法治人才培养亦应当服务于这些新任务、新要求，《教育部、中央政法委关于坚持德法兼修实施卓越法治人才教育培养计划2.0的意见》[2]指出，新时代卓越法治人才要围绕建设社会主义法治国家需要，主动适应法治国家、法治政府、法治社会建设新任务新要求，

---

[1] 柴葳："中国政法大学'跨'出复合型人才培养路"，载《中国教育报》2018年6月13日，第3版。

[2] 《教育部、中央政法委关于坚持德法兼修实施卓越法治人才教育培养计划2.0的意见》，载教育部官网：http://www.moe.gov.cn/srcsite/A08/moe_739/s6550/201810/t20181017_351892.html，最后访问时间：2022年3月1日。

找准人才培养和行业需求的结合点。能否服务国家法治建设需要、能否将法学教育融入国家战略发展的大局之中、能否回应社会热点和重点关切，是判断和衡量法学教育成果的重要因素之一。传统法学教育按照相关文件精神调整培养方案、教学计划和人才培育侧重点，这实质上是一种"滞后"的反馈调整机制。换言之，国家在出台相关政策时是该领域、该方向人才严重紧缺或已经不能满足法治建设需求之时，而人才培养本身就具迟滞性，即在 3 年以上才显露出成效，这样的时间差使得法治人才培育难以及时快速地回应国家发展战略和社会需求，涉外法治人才和"一带一路"沿线国家相关法治人才严重短缺就是例证。而通过研究生联合培养基地的建设，使得法学院校、法学教师以及法科学生都能够深入法治建设的实践当中，根据法治实践情况判断国家战略需要什么样的法治人才、全面依法治国进程中社会需要何种法治人才，从而及时根据联合培养基地的情况调整教学计划和方案，调整人才培育的重点，从而更好地服务国家战略，更及时地回应社会热点与重点关切，也能够更好地根据社会发展和国家战略"抢占先机"。因此，涉外法治人才、"一带一路"法治人才及相关领域法治人才是未来法学院研究生联合培养的重点。

三、研究生联合培养的完善建议

《中共中央关于全面推进依法治国若干重大问题的决定》提出，健全政法部门和法学院校、法学研究机构人员双向交流机制，实施高校和法治工作部门人员互聘计划。后疫情时代，法学院校研究生就业形势更加严峻，疫情造成经济衰退，劳动力供需市场进一步失衡。国外疫情蔓延，留学生签证受阻或回国就业，加剧研究生就业市场竞争。从政策设计、现实需求和就业形势等方面，都需要法学院校加强研究生联合培养，全面提升研究生能力。

（一）院校层面

习近平总书记指出，要培养一流人才方阵。建设一流大学，关键是要不断提高人才培养质量。[1]从院校自身来看,联合培养的目的是完成专业教育与思想政治教育的任务,增强学生的使命感、责任感,培养适应社会需要的高质量的人才。客观地评价目前的联合培养,目的实现的程度与预设的目标还是有较大差距的。大部分法学院校没有将研究生联合培养真正纳入到培养方案和教学环节,忽视了要想培养高质量的人才,必须从尊重人才成长规律、尊重教育规律的角度与高度来认识联合培养的地位和作用。

尽管从教育部、高校甚至学院层面都重视研究生联合培养,从思想政治教育部门和教学管理层面都强调要重视研究生联合培养问题,但盲目、随意的联合培养的效果却差强人意。要实现联合培养的真正目的,从院校层面来说,需要加强正确的引导、制度保障、资源投入和监督评估,像重视科研与课堂教学一样重视联合培养工作。

(二) 学生层面

从学生自身来看,联合培养的目的也应当是明确的,就是让学生加深对法学知识与理论的认识,了解社会与法治实践,以确立正确的价值观,认真学习,提高能力,努力成才,回馈社会,报效祖国。参加联合培养的根本目的是"提升自己"。研究生如何确立正确的价值观,需要理论和实际统一起来,需要在实践中加深对社会与法治实践的认识。

随意、盲目的联合培养是很难有真正效果的,联合培养期间的教学与管理,院校及教师的参与及把控非常重要,校内外导师真正做到针对性培养,不能仅依赖学生自觉。从研究生个人来看,还要提高正确的认识,积极投入联合培养与法治实践,全面提升自己,让研究生的联合培养变成自我成长的内在需要。

(三) 实务部门

在选择法学院校研究生联合培养的合作伙伴时不能盲目追求"高大上",合作方式不能盲目追求"短、平、快"。联合培养要明确双方在联合培养过程中的权利义务,确定各自的责任界限,明确实务部门及校外导师是研究生培养主体,

---

[1] "习近平在清华大学考察时强调 坚持中国特色世界一流大学建设目标方向 为服务国家富强民族复兴人民幸福贡献力量",载求是网:http://www.qstheory.cn/yaowen/2021-04/19/c_1127348969.htm,最后访问时间:2022年3月1日。

充分调动其在管理和教学上的积极性与主动性。优化合作方式,加强混合交叉型产学研协同,有效开展联合培养课程建设、过程管理与质量保障。校外导师联合培养指导需要规范,校外导师参与力度需要加大,在校方统筹管理日常事务的同时加强校内外导师互访与联合培养学生汇报机制。

高校教学督导工作研究[*]

王 民

教学督导制度最早兴起于17世纪美国的教师检查制度,但现代意义上的教学督导大约形成于20世纪中叶。巴尔、布尔顿等先行者在《教学督导提高教学的原则与实践》一书中指出,由于以前的教学督导缺乏理论上的指导,在具体实践过程中具有非常大的随意性,所以美国真正意义上的现代教学督导应该是从20世纪中叶逐步发展起来的。[1]从20世纪90年代开始,教学督导工作在国内高校逐渐兴起。在研究上,早期多是介绍国外的督导制度以及如何从监督、检查教师教学方面开展督导工作研究。随着教学督导研究的进一步不断深入,在教学督导评价体系标准上发展出了督教、督学、督管三位一体的督导新格局,从教师层面、学生层面、管理层面开展了研究。

2012年,国务院发布《教育督导条例》,明确把各级、各类教育纳入督导范围。该条例的发布,为高校内部教学督导提供了法律支撑。[2]根据《教育督导条例》的规定,各高校或成立专门的机构、组织或赋予现有机构、组织督导职能,以聘请退休教师为主,开展督导工作。

一、督导体制构建

根据主体不同,可以将高校教学督导分为内部教学督导与外部教学督导两

---

[*] 已发表于《课程教育研究》2021年第13期。

[1] 陶静:"'以学评教'理念下提升高校教学督导的新路径——基于疫情期间线上教学的实证分析",载《国家林业和草原局管理干部学院学报》2020年第4期。

[2] 蔡艺生:"新时代高校教学督导工作机制的解释与塑造——以西南政法大学为样本",载《警学研究》2019年第5期。

种形式。其中，由政府、行业以及其他社会组织实施的督导被称为外部教学督导，由高校的组成部门实施的督导被称为内部教学督导。[1]内部教学督导有广义与狭义之分：狭义上的教学督导仅仅是指对教师课堂教学活动与行为的督导（简称督教）；广义上的教学督导不仅包括督教，而且还包括对学生的督导（简称督学），以及对管理者教学管理行为的督导（简称督管）。[2]督教的对象是教师，从教师的政治素质、业务素质和教学能力上做出评价；督学的对象是学生，从学生的思想品德、课堂表现、论文写作、考试成绩等方面做出评价；督管的对象是教学管理者，从政策水平、业务水平、组织管理能力、制度建设等方面做出评价。目前，我国高校教学督导的实施与研究上基本以内部教学督导为主。内部教学督导行为又主要集中在督教方面，大多是对教师课堂教学行为、教学内容的督导。至于督学与督管的层面很少能涉及。

对课堂教学、实验教学、毕业（学位）论文答辩、考试环节等教学各个过程的开展情况和效果进行监控、评判、指导、检查是督导人员普遍采用的督导形式和手段，其工作内容也与教务部门的某些职责相似。因此，教学督导工作和教务部门的工作往往被认为是同一回事，在学校管理体制上也常常归为同一部门，由教务处内部的一个组成科室承担相关工作，比如教学研究办公室或者是教学质量监控科、教学质量评估中心等。但两者在组织架构、工作职责、工作范畴上实际并不相同。

高校内部的机构建制按教学质量监控系统的要求可划分为：党委领导下的校长负责制的决策组织；各级教务行政管理部门和教师组成的执行系统；督导人员和教学研究与评估机构组成的监督评估系统；由后勤保障、设备供应、教材供应、教学物资、图书资源管理等组成的教学资源保障系统。

教务部门在高校组织结构中属于执行部门，开展学校教务、教学工作总体发展规划和实施、教学规章制度和教学改革方案的制定与完善、专业设置与调整、培养计划的修订与实施、教学改革与研究、教学质量评估、学籍、成绩的管理等一系列的教学、教务各个环节的工作，承担着教学计划研制、运行管理、质量保障的基本职责。教学督导属于监督评估系统，不直接组织教学，也不履

---

[1] 苏君阳、陈亚涵："放管服改革背景下高校内部教学督导的问题、挑战及对策"，载《北京教育（高教）》2019年第1期。

[2] 苏君阳、陈亚涵："放管服改革背景下高校内部教学督导的问题、挑战及对策"，载《北京教育（高教）》2019年第1期。

行教学、教务管理的行政职责。它的主要任务是服务教学和督导教学管理，促进教学质量提高。[1]通过教学督导的检查和指导，来配合教学管理部门对教学过程进行监督、指导、检查、评估。[2]督导工作与教学资源保障系统相互沟通，客观地向教学行政管理部门反馈信息，为决策系统制定政策提供依据，履行教学的监控与服务职责。因此，两者在组织架构上属于两种不同部门，在职责分工上各有侧重。

在工作范畴上，教学督导工作运行在教学活动中，督导的对象是教学和教学管理部门及其实际工作。教学督导通过对教学活动的参与各方：教学管理人员、教师、学生的教学活动和学习活动进行监控。同时，也对有关职能部门和教学文件进行评估。因此，对教务部门工作和运行情况进行监督属于教学督导的工作范畴。

实践中，督导教师的组成人员多为退休教授和少量在职知名教授。这种人员构成方式的优势在于退休教师有比较充裕的时间并且受人事约束与学校政策影响较小，更能于公立角度做出评判结果。同时，退休教师的丰富教学经验也能更好地指导青年教师，提高其教学水平与技能。但督导教师构成方式同时也带来身份的困扰，督导教师们因退休而不再隶属学院和编制，退休教师的话语权在体系运行中式微。同时，督导组的定位是受学校委托，在教务处的协调配合下，以专家身份对教学工作及其管理进行督促和指导。此种构建模式的结果是督导组织没有自己独立的行政建制，在实际工作中必须依附教务部门，在教务部门的指导和安排下开展工作，督导员对教学制度文件只能遵守而不能审视，难以独立地开展工作。

教学督导发挥着决策咨询职能。督导教师以区别于在职人员和独立于被管理者角色的第三人身份客观中立地对教学政策、制度、方案提出意见和建议，进行专项调查，总结经验，研究问题，并观察教师教学活动，提出教学意见，充分发挥思想库的作用。必要的交流平台是实现通畅的咨询交流渠道的保证，因此，在机构设置上应予单独设置，独立行使权限，不隶属于其他校内党政机关或教学机关，不受其他机关约束。

---

〔1〕 周蔚：“论充分发挥教学督导在高校教学质量监控中的作用”，载《重庆广播电视大学学报》2010年第6期。

〔2〕 胡晓敏：“高校教学督导工作与教学质量监控系统”，载《高教发展与评估》2005年第2期。

教学督导还发挥着问责功能。督导人员是教学决策机关、实施机关和管理机关的监督者，也是对教师教学能力、教学行为和教学效果的监督者。因此，教学督导实际上承担着双重的问责功能。问责功能有助于对教学工作实施监督，确保并进一步提高教学质量。因此问责功能的实现也要求在管理体制上独立于现有的管理部门。

二、当前教学实际对督导员的影响

（一）专业设置、学科分化对督导员的影响

近些年来，国内高校纷纷以围绕建设多科性、综合性大学为目标，在学校的学科建设和专业设置上形成了特色优势为主要学科，兼有一批支撑学科和辅助学科的学校专业设置模式。这些新设学科、专业多以中青年教师为主，老教师比较少，离退休的教师更少。那么督导教师能否利用丰富的教学经验来对自己研究范畴以外学科、专业开展课堂教学督导呢？每一个教师都有相应的专业知识结构和相应的研究活动范围，对专业内容的科学性以及内涵，只有行业专家可以提出有效的指导性意见。对超出学科、专业范围的课堂教学活动实施督导，大多以关注授课形式、教学纪律、教学方法、板书设计等教学细节为主，无法从学科的理论体系、发展动向或者专业内容上做出深层次的评价，难以达到理想的督导效果。此外，很多高校督导教师配置在学校层面，不仅督导人员不足，而且构成专业单一，二级学院也没有院级督导教师，一些课程长期无法开展督导工作。

随着科技、社会的进步和高等教育研究工作的深入进行，学科、专业将会越来越细化。细化的学科分工与知识分工，特别是侧重于学科前沿理论的课程对督导工作来说是个难点。虽然督导员具有深厚的学科专业知识、丰富的科研学术成果，对于学科专业内容有深入的了解和研究。但是，在经济发展和知识更新、科技创新迅速发展的时代，离退休的专家、教授离开教学、科研一线已有多年，对于学科前沿的发展已有些陌生，缺乏了解和研究，对于前沿理论的课程开展督导较为困难。

类似的情况还存在于外语讲授课程和双语课程中，因为缺少懂外语的督导教师，对外语讲授课程和双语课程的课堂教学缺少督导。另一个问题是，对外

语授课和双语授课的适用范围、产生的效果和作用及价值缺乏教学研究。

学科知识更新速度的不断加快是教学督导人员所面临的一项重要的挑战。在知识快速更新的时代，知识本身乃至知识背后的分析逻辑都在飞速发生变化，甚至一些核心思想和理论也在发生着变化。随着社会的进步，科学技术的日新月异，教学督导人员只有对专业知识尤其是前沿的专业知识有深度了解，对知识、专业结构经常进行调整、充实、更新、提高，以适应现代教育的要求，才能够更好地发现教学中存在的问题，保障课堂与教学督导的效能。

（二）互联网教学模式下对督导的影响

2020年2月，中共中央办公厅、国务院办公厅印发的《关于深化新时代教育督导体制机制改革的意见》指出，改进教育督导方式方法，大力强化信息技术手段应用，充分利用互联网、大数据、云计算等开展督导评估监测工作，逐步形成由现代信息技术和大数据支撑的智能化督导体系。2020年疫情期间，互联网教学模式的大规模应用更是对新技术的实用的体现。

互联网时代，教学督导在高校的日常教学工作中的地位和作用更加明显。互联网时代能快速获取信息和传递信息，新的数据处理技术改变和加快了对数据的分析、统计、预测和处理方式。以信息化技术为核心的教学督导工作在新时代里呈现不同的特点。翻转课堂、慕课、微课、网络直播等新型的教学方式不断涌现。随着现代教育技术的不断发展，课程改革不断推进，也改变了教学评价的方式。互联网技术的授课模式要求高校教师应该具有较高的信息素养，掌握信息化技术的能力，能够将信息技术和专业技能完美结合。在教学组织模式上也更多地使用多媒体技术，实现教学大纲和教学进度等教学信息在网络上公布与查询，作业、论文的网上布置、递交、讲评和答疑等。在现代教育技术特别是互联网技术对教学的影响下，督导对教学的评价必须做出相应调整与改革。除了传统的教学评价之外，还应当包含教师掌握互联网技术的熟练性以及互联网技术对课程带来的促进与改善方面。督导不仅要熟悉本学科和专业的知识，还要具有较高的信息素养，能充分利用互联网、大数据、云计算等开展督导评估监测工作。[1]

值得注意的是，虽然互联网技术对高校教师的课堂教学产生了深刻的影响，

---

[1]《关于深化新时代教育督导体制机制改革的意见》。

在互联网技术下采用的翻转课堂、慕课、微课、网络直播、腾讯会议等信息技术使用的目的仍然是提高教学效果。无论线上线下，教育的根本性质不变，只是传播知识的方式、授课形式、途径和方法发生了变化。对教学评价的主要内容上仍然应当以教学内容和教学方法两个方面为主。

三、完善教学督导的工作内涵

受管理体制、督导人员的规模等方面的限制，高校的督导大多只限于对教师教学行为的督导，对学生学习行为特别是教学管理者行为的督导仍显空白。对督学与督管工作的研究与实践上的发展将会成为今后教学督导工作不可避免的内容。除课堂教学督导工作以外，还有必要进一步完善教学督导的工作内涵，在教学工作的其他环节上，从以下六方面开展教学督导的督教、督学、督管工作：

（一）建立完善的校院两级管理模式

建立校、院两级督导制度，理顺管理体制。校级督导从学校工作层面对教育教学政策的制定、实施，教学工作的运行等方面开展督导工作。院级督导从教师的教学行为、院级的教学工作运行与实施方面开展督导。

（二）参与教育教学决策

参与校、院各项教育教学决策。包括：学科、专业建设与调整，培养方案的制定与完善，教学思想的指导与落实，教学改革、教材建设和其他重大教学活动。

（三）参与监督教育教学运行

参与监督包括考试的巡考督导、开题报告质量监控、学位论文质量监控、试卷审题工作、监督教研室的教研活动、业务活动等。

（四）监督教务管理部门运行

监督教务处和各学院教务机构的建设、教务人员的管理水平和服务能力以及教学管理文件和教学规章制度的执行情况。

(五) 在督学环节上监督学生的学习活动

在督学环节上对学生的学习活动，包括学生的自学、听课、预习、复习、作业、考试、课外活动等方面进行督促、评价、引导。

(六) 建立快速便捷的督导反馈系统

信息反馈是决策执行结果的反映过程。管理部门、人员将结果与目标期望值进行比较，从中发现差距，以此采取相关措施。因此，建立快速便捷的信息反馈体系也是教学督导工作所面临的非常重要的问题。

研究生教育管理质量简报的内容与完善

陈维厚

一、研究生生源质量

研究生生源质量关系到研究生培养质量，研究生录取优秀生源率和硕士录取第一志愿率是研究生生源质量和数量的重要指标。优秀生源率低、硕士录取第一志愿率低的专业方向，应当通过加强学科专业建设、提高培养质量、拓宽毕业生就业渠道、加大招生宣传力度等多种方式提高报考吸引力，通过提高生源质量，进一步提升研究生教育质量。

（一）录取优秀生源率

硕士录取优秀生源率是指我校硕士研究生中来自"双一流"建设高校及政法类高校的生源占总生源中的比例，我院硕士研究生平均优秀生源率为82.69%，远超学校平均70.56%，其中有四个专业方向优秀生源率达到100%。我院2021年博士平均优秀生源率88.14%，其中六个专业方向优秀生源率达到95%以上。

表13　硕士优秀生源率

序号	学科	录取人数	优秀生源率
1	法理学	15	86.67%
2	法律史	10	70%
3	宪法学	17	76.47%
4	行政法	36	86.11%

续表

序号	学科	录取人数	优秀生源率
5	立法学	2	100%
6	党内法规	12	83.33%
7	法与经济学	12	83.33%
8	军事法	6	100%
9	法律职业伦理	11	45.45%
10	教育法	13	76.92%
11	卫生法	10	100%
12	体育法	12	100%

博士录取优秀生源率是指我校博士研究生中来自"双一流"建设高校及政法类高校的生源占总生源中的比例。

表14 博士优秀生源率

序号	学科	录取人数	优秀生源率
1	法理学	7	100%
2	法律史	11	72.73%
3	宪法学	10	100%
4	行政法	21	95.24%
5	党内法规	3	100%
6	法与经济学	1	100%
7	体育法	2	100%
8	军事法	2	0
9	法律职业伦理	3	66.67%

(二) 录取一志愿率

硕士录取一志愿率是指一志愿报考的生源录取人数占总录取人数的比例，2021年法学院平均一志愿率为95.51%，超全校平均一志愿率91.74%，12个专业方向中9个方向一志愿率均为100%，生源充足，考生报考积极性高。

表 15　硕士录取一志愿率

序号	学科	录取人数	一志愿率
1	法理学	15	100%
2	法律史	10	90%
3	宪法学	17	100%
4	行政法	36	100%
5	立法学	2	100%
6	党内法规	12	100%
7	法与经济学	12	100%
8	军事法	6	66.67%
9	法律职业伦理	11	63.64%
10	教育法	13	100%
11	卫生法	10	100%
12	体育法	12	100%

二、研究生按期毕业率

研究生按期毕业情况是衡量研究生培养成果的重要指标，反映的是研究生能否在学校规定的基本学制内顺利完成学业，是评价研究生培养质量的重要标准。研究生按期毕业率高表明研究生在基本学制之内普遍学业完成度高，学业进展顺利；研究生按期毕业率过低表明较高比例的研究生在基本学制内出现了学业修读不良（或学业修读挫败）的情形，提示相关专业方向应加强其培养过程的管理，及时诊断问题，提升培养质量。

2021 届全校博士研究生基本学制内应毕业人数为 261 人，毕业 70 人，学校平均按期毕业率为 26.82%。法学院博士研究生应毕业人数 35 人，毕业 13 人，平均按期毕业率 37.14%，其中五个专业比例超过 40%，高于学校平均按期毕业率。

表 16 法学院博士生按期毕业率

序号	学科	毕业人数	应毕业人数	博士毕业率
1	法理学	1	6	16.67%
2	法律史	3	6	50%
3	宪法学	1	4	25%
4	行政法	5	12	41.67%
5	党内法规	1	2	50%
6	体育法	0	1	0
7	法与经济学	1	2	50%
8	军事法	1	2	50%

2021 届硕士研究生基本学制内应毕业人数为 1989 人，实际毕业 1831 人，学校硕士研究生按期毕业率为 92.06%。法学院硕士研究生按期毕业率为 94.07%，超过全校平均水平，超六成专业方向按期毕业率达到 100%。

表 17 法学院硕士按期毕业率

序号	学科	毕业人数	应毕业人数	硕士毕业率
1	法理学	13	14	92.86%
2	法律史	7	7	100%
3	宪法学	13	14	92.86%
4	行政法	30	32	93.75%
5	部门行政法	3	3	100%
6	立法学	1	1	100%
7	党内法规	6	6	100%
8	法与经济学	14	14	100%
9	军事法	6	6	100%
10	法律职业伦理	7	7	100%
11	教育法	7	10	70%
12	卫生法	10	10	100%
13	体育法	10	11	90.91%

三、教学秩序

调（停）课是指教师申请对课程固定安排（课程表）进行的调整，包括对课程安排中的任课教师、授课时间、授课地点、授课对象其中一项或几项的变更以及因故申请临时调（停）课的情形。教师调（停）课数据直接反映了课堂教学运行秩序的稳定度，也体现了课程管理规范程度。

2020~2021学年第二学期法学院开课总门次为70门次，调（停）课总数10次、9门次，调（停）课门次占开课总门次比例为12.86%。2020~2021学年第2学期教师因公申请调（停）课2次；因疫情申请调（停）课1次；其他原因申请调停课7次。2020~2021学年第2学期，法学院停课较多，课堂教学运行秩序需要加强。

表18 法学院调（停）课情况

调（停）课课程名称	调（停）课原因
（法律史）专业外语	选课人数少
宪政史	调教室
宪政史	因公
行政诉讼法二	选课人数少
行政法诊所	选课人数少
中国传统行政法制	选课人数少
国防行政法学	选课人数少
法律谈判	改变授课地点
反兴奋剂与体育人权保护、体育产业及法律保护	因公；改变授课方式

四、学位申请与授予情况

（一）学位申请与授予情况

2020~2021学年第2学期全校申请博士学位142人，获得学位人数占申请人数的比例为 95.07%。法学院申请博士学位人数 30 人，获得博士学位人数 28 人，未授予博士学位人数 2 人，博士学位申获率为 93.33%。

2020~2021 学年第 2 学期申请硕士学位 1975 人，申获率为 96.71%。法学院申请硕士学位人数 329 人（含同等学力申硕 1 人），获得硕士学位人数 319 人，未授予硕士学位人数 10 人，硕士学位申获率为 96.96%。法学院申请专业学位硕士生 273 人，获得专业学位人数 216 人，未授予专业学位人数 9 人，专业学位申获率 96.00%。

（二）博士学位论文匿名评审情况

2020~2021 学年第 2 学期申请博士学位论文共 142 篇，由研究生院统一送教育部学位中心论文质量监测服务平台匿名评阅。经评阅，其中 137 篇通过评阅，5 篇未通过评阅，评阅通过率为 96.48%。未通过评阅的论文中，法学院有 2 篇，增评环节未通过 2 篇。

表 19

培养单位	专业、篇数	评阅结果
法学院	法律史 1 篇	增评未通过
	宪法学与行政法学 1 篇	增评未通过

五、学位论文质量情况

（一）学位论文学术规范审查情况

2020~2021 学年第 2 学期共有 2119 人提出论文学术规范审查申请并提交论文，其中 142 人提交了博士论文学术规范审查申请，1977 人提交了硕士论文学术规范审查申请。

法学院硕士学位论文学术规范申请人数 359 人，因学术不端检测未通过延期答辩人数 0 人，取消学位申请资格 0 人，未按期答辩 0 人。

（二）三级学位论文抽检情况

根据《中国政法大学硕士博士学位论文抽检管理办法》，2020 年下半年，我校对 2019~2020 学年度学位论文进行抽检。按照博士学位论文 15%左右，硕士学位论文 5%左右比例进行论文抽取。法学院本年度共抽取 4 篇学位论文，问题论文篇数 0 篇。学校论文抽检篇数 27 篇，不合格意见数 2 个，不合格率 7.41%。

以上是法学院 2021 年度研究生教育管理质量简报的基本内容，是研究生教育质量总结反馈与提升的一次探索。当然，提高研究生教育教学质量是一项系统性工程，应该全面加强"三全——全程、全员、全方位"管理。研究生教育的质量管理应全员参与，高校全体人员都要参与到研究生教育的质量管理中。发挥全校所有员工的积极性和主动性，做到各司其职，各尽其责，并注意团队协作，对保障和不断提高研究生教育质量具有举足轻重的作用。研究生教育质量除了体现在人才培养质量上，还体现在研究生教育教学与管理工作质量上，即除了我们通常讲的教学工作，还包括思想政治工作、第二课堂教育、学生管理等方面。研究生教育应该实行全过程的质量管理。所谓全过程质量管理是指研究生教育质量管理要实施从研究生的招生、培养、第一课堂教育和第二课堂教育，到学位论文撰写与答辩、学位授予等的全过程管理，这是由研究生教育质量影响因素的多元性特征决定的。

法学院研究生教育管理质量简报的内部发布还处于起步与探索阶段，今后，院校两级将逐步扩充评价观测点，尤其是培养过程中的各项管理监测点，将培养方案制定、课程开设、成绩管理与分析、研究生实习实践管理、中期考核与研究生分流、开题管理、预答辩管理等情况纳入观测和评价范围，通过人才培养质量跟踪来形成持续改进机制，不断提升研究生教育教学质量。

砥砺前行的法职育人团队

陈　宜　王进喜　刘坤轮

法职育人团队自 1990 年成立，经过了近 30 年的发展，经历了"律师学教研室""法律职业伦理教研室"和"法律职业伦理研究所"三个发展阶段，团队以中国政法大学法学院法律职业伦理研究所为团队主体，吸收了科研院所、兄弟院系、实务部门中从事法律职业伦理教学、研究、应用的精英人才，在法律职业伦理及思政建设教学理念、教学手段、教学内容、教学方法、实践教学、科学创新等方面形成了完整的体系。

一、扬帆启航

1990 年，律师学教研室成立，隶属于中国政法大学法律系。开设"律师学""律师实务""非诉讼律师实务""律师与公证制度及实务""西方律师制度""司法文书""法律文书""司法组织学"等课程。当时，该教研室是国内第一家讲授"律师学"的教学组织。1995 年校长办公会议批准成立律师学研究中心，作为以律师职业行为规则、律师行业管理为研究对象的非在编科研机构，中心自成立以来，致力于促进中国律师制度的改革和完善，促进学术界和实务界的交流，在业界具有良好的声誉，为中国律师事业的发展发挥了理论先行作用。2000~2002 年期间，法职团队承担北京市实习律师培训工作，应邀讲授了法律文书、律师制度、律师实务、律师职业规则专题，获得了较高评价。2003 年，陈宜、王进喜等四位教师参与对 1996 年《中华人民共和国律师法》的修正，并提交律师法修改的专家意见稿。2008 年，陈宜、王进喜两位老师参与《律师事务所管理办法》的修正，王进喜老师任合伙律师事务所小组组长，陈宜老师任个人律师事务所小组组长。2018 年陈宜老师参加司法部律师法修改专班工作。法职团队通过与司法部、全国律协及北京、广州等地司法行政机关和律师协会的交流、合作，加强横向联系，充分利用团队的教学资源，提高团队的辐射力和影响，获业界、学界好评。

1990年法职团队开设的选修课"律师学""司法组织学"中，就包含律师职业道德和法官检察官职业道德的内容，1998年将律师职业道德的内容单独出来，开设"律师职业行为规则"课程，2003年开设"法律职业伦理""法律职业行为规则"课程，有着丰富的教学经验和教学研究的积累，团队一直践行课程思想教育的活动。

二、艰难前行，不忘初心

尽管起步较早，但由于国务院学位委员会未将"律师学""法律职业伦理"列为法学学科目录内二级学科，2003~2019年上半年我校未在法学学科目录外设置法律职业伦理，法律职业伦理作为独立三级方向招收硕士研究生，先在法理学二级学科下设司法制度方向，后挂靠在宪法学与行政法学科之下设置司法制度与法律职业行为规则方向。学科归属不明，团队成员自身的发展也受到限制。尽管如此，团队成员依然坚守，并在实践中夯实教学活动，精耕科研，长期致力于推动中国法律职业伦理教育的发展繁荣，2010年出版《中国法律职业伦理教育考察》，首次对中国法律职业伦理教育不足的问题进行了全面分析，赢得了学界关注。刘坤轮副教授长期从事法学教育研究，长期具体负责教育部高等学校法学类专业教学指导委员会秘书处的日常和研究工作，参与制定了《法学类专业教学质量国家标准》和《法学类专业教学质量立格联盟标准》，对推动法律职业伦理课程进入核心课程，进入国家标准和行业引领标准作出了巨大贡献。

1. 课程建设。团队为全校学生共计开设了21门课程。其中，为本科生开设课程数13门，包括法律职业行为规则、法律职业伦理、法律职业危机与法律职业伦理、律师学、法律文书、司法文书、法律写作、法律语言、替代纠纷解决方式、法律实践基本技能、法庭论辩技能、非诉讼律师实务以及行政法诊所。为研究生开设课程数8门，包括法律职业道德、法律职业行为规则研究、律师制度研究、法律实务技能、司法制度、律师实务、公证实务研习、法律文书与司法改革。团队还承担了行政法诊所等实践教学工作。

2. 教材建设。团队主持编撰《法律职业伦理》《法律职业道德概论》《法律职业行为法》《律师与公证制度》《法律文书写作与训练》等教材 8 部。独立主持"律师法实施问题研究""律师收费问题研究""律师流动法律问题与对策研究"等教育教学改革项目 10 项。获得北京市高等教育精品教材奖等省部级及其他奖项 7 项。

3. 师资队伍建设。团队有 10 名专任教师，团队成员年龄、学历、职称结构合理，形成了骨干引领，中青年为主的凝心聚力团队，团队教师中，8 人具有博士学位，学历结构较优。除了本校专任教师外，团队还聘请了华盛顿和李大学法学院的资深教授莫里特诺作为兼职教授。团队吸收了科研院所、兄弟院系、实务部门从事法律职业伦理教学、研究、应用的精英人才，共同形成了一支结构合理、和谐进取、专业突出、专兼结合的优秀育人团队。

团队有多名老师曾获教学贡献奖，被评为中国政法大学优秀教师。

三、凝心聚力，模式创新

2018 年初，教育部发布实施《法学专业类教学质量国家标准》，明确法学专业核心课程体系，将"法律职业伦理"课程列入十门法学专业核心必修课程之一，要求所有开设法学专业的高校必须面向法学专业学生开设。2019 年 5 月，经校学术委员会审议表决和国务院学位委员会审核备案，同意设置法律职业伦理目录外二级学科。2019 年 7 月，我校研究生招生办公室批准法学院法律职业伦理专业自 2020 年起招收硕士研究生，该专业下设 3 个研究方向：法律职业伦理基本理论、法官检察官职业伦理、律师职业伦理。

法职育人团队在育人理念、宏观顶层制度设计、中观教育教学模式和微观教育教学实践四个层面，实现了教育教学的系统创新。

1. 育人理念创新：德法兼修。在法治人才培养理念上，将中国依法治国和以德治国相结合的历史传统和当下对高素质法治人才的培养需求相结合，既强调知识和技能，同时要求强化思想政治素养和法律职业伦理水平，坚持立德树人、德法兼修的法治人才培养规格。

2. 宏观顶层制度设计创新：进入标准。通过建立教学体系、研究体系和奖励体系的立体成果群，团队学人向教育部高校法学类专业教学指导委员会和立格联盟院校提交报告，最终成功推动法学教育制度改革，推动法律职业伦理课程获得法学界共识，成功进入《法学类专业教学质量国家标准》和《法学类专业教学质量立格联盟标准》核心课程体系。

3. 中观教育教学模式创新：融贯全程。在中观教学模式理念上，基于"德法兼修、以德为先"的现代法治人才培养理念，紧密结合法律职业独特的职业属性，在加强思想政治教育实效性的同时，大力加强法律职业伦理教育，真正凸显法学教育的"以德为先"理念，不仅将法律职业伦理设置为一门课程，更将法律职业伦理教育贯穿于法治人才培养的全过程，将"德法兼修"真正落到实处。

4. 微观教育教学实践：法律职业伦理教学模式渐次形成了集理论教学、案例教学、诊所教学和实习实训为一体的多元课程体系，将法律职业伦理教育贯穿于法治人才培养全过程。

团队还协助学校搭建了协同创新、多元合作、特色鲜明、优势互补的实践育人体系。该体系构建了递进式的课堂实践教学平台、创设了校内常态化的现场实践教学平台、搭建了校内—校外直通的实践教学平台、搭建了校内—海外直通的实践教学平台、打造了"双师型"的师资队伍建设平台。通过这一实践育人体系，实现了四个同步：一是实现知识与动手能力的同步；二是实现校内—校外（以及校内—海外）的同步；三是实现理论知识与实践前沿的即时同步；四是实现实践教学与国情教育的同步。

四、引领法职教育

2018年，团队学人项目"'四型人才'导向的'四跨'卓越法治人才培养模式""'学训一体'法律职业伦理教学模式的开创实践与创新推广""国际高端法治人才研究生培养模式的改革与实践"一举取得2项国家级教学成果奖、3项北京市高等教育教学成果奖，成为中国法学教育育人团队的一面旗帜。

2019年底，法律职业伦理研究所倡议发起成立"全国法律职业伦理教育联盟"，秘书处设在中国政法大学法学院，法律职业伦理研究所在联盟中起到积极的引领作用。

法职团队与教育部高等学校法学类教学指导委员会合作，于2018年开始启动全国性法律职业伦理师资培训工作，在2018年1月6日~7日由教指委主办的高等学校法学类专业法律职业伦理骨干教师培训班中，法律职业伦理育人模式成为主导性教学模式，引领全国法律职业伦理师资队伍建设。团队多名成员应邀为教育部高等学校法学类专业教学指导委员会主办的法律职业伦理高级师资研讨培训班授课，就法律职业伦理课程体系、课程安排、课件设计、基础资料的获得、扩展阅读的布置，以及针对如何在本科法律职业伦理教学中培养法律职业伦理研究学术苗子等问题授课，受到听课教师的欢迎。

团队承担的教学改革项目包括：国家社会科学基金项目、教育部人文社会科学重大公关项目、教育部人文社会科学研究规划项目、教育部"新世纪人才支持计划"项目、司法部法治建设与法学理论研究部级科研项目、北京市哲学社会科学规划项目、北京市教育委员会项目、北京市律师协会委托项目及中国政法大学项目。内容涵盖"学训一体实践前置：创新德法兼修法治人才培养机制"（重点项目）"高等法学院校卷宗课教学改革研究""中国法律职业伦理教育考察""律师法实施问题研究""司法鉴定职业行为规则""律师事务所管理手册研究""证据法中律师保密问题研究""律师收费问题研究""律师流动法律问题与对策研究""律师事务所管理评价体系研究""证据科学的理论体系与应用研究""刑事辩护国际标准与我国刑事辩护制度研究""律师参与辩护、代理存在问题与对策研究""完善法学专业实习指导研究""卷宗课教学改革研究""法律诊所课程教学研究""法学研究生实务技能教学研究""中国法律实践教学状况调查研究""中国政法大学教学改革立项项目——'六年制'法学实验班课程改革""专业学位研究生教学案例建设项目——法律文书、诉讼技能与谈判案例教学""法学教育教学法之流变及其未来走向""我国法律职业伦理教育考察——以中国政法大学为例""学生培养方案研究""法学专业评估标准研究""我国法学教育课程体系改革研究"。

五、构建独特的课程思政体系，打造示范典型

2019年法律职业伦理课程成为中国政法大学思政示范课程重点项目，在建设年度内，法职团队对标《中国政法大学学院课程思政推进方案》，全员参与推动课程思政建设，并开展了相应教研活动，召开了法律职业伦理教与学及思想建设研讨会，录制了法律职业伦理教与学及思想建设网络教学视频2集，有130多人听课并下载课件，受到师生的热烈欢迎。

1. 通过集体备课、集体研讨等形式，对教师授课内容、授课计划等环节统

一把关规范，提升教师教书育人能力。在课程中融入党的大政方针政策、习近平新时代中国特色社会主义法治思想、习近平总书记关于法治人才培养的重要论述、关于法律职业共同体及其职业伦理的理论、关于法律职业伦理的养成与教育理论，能引导学生树立正确的政治站位，促进爱国爱党，拥护宪法和社会主义制度，弘扬社会主义核心价值观的成果固化。

2. 开展"法律职业伦理"课程思政的专题化教学。在课程中选取与法律职业相关的热点问题和案例，进行开放式讨论，尽可能激发学生的学习积极性和自主性，将法律职业伦理课程的基本理论、知识内容、法律规范与具体的社会事件、司法事件自然衔接。

3. 优化"法律职业伦理"课程思政的实践教学活动。将课程思政的改革辐射到"法律诊所""学生访谈"等实践教学环节。发挥实践教学中对学生的价值观引领作用，加强和改进思想政治教育的切入点和突破口，在实践教学中寻找与德育知识体系的"结合点"。

4. 完善"法律职业伦理"课程思政的见习教学活动。司法机关、律师事务所等机构是高校法学专业实习、实训、见习等教学环节的最主要场所。法治工作者的"言传身教"，将对学生法律职业伦理的形成产生巨大影响。本建设年度，带领研究生和本科生，去京师律师事务所、德和衡律师事务所、中国法律援助中心、海淀区法院参观学习，请实务界的同仁介绍党建活动、法律职业伦理开展的情况，共同引领学生完成法律职业精神的塑造。

5. 探索"法律职业伦理"课程思政的浸入式教学方法。教学团队通过加强自身的思想政治学习，提升自身思想政治素养，有针对性地总结法律职业伦理课程中的思政元素。在授课过程中，采取"润物细无声"的方法，将思政内容贯穿于教学之中，形成隐性思政，发挥渗透性强的优势。

六、服务实践，奠定行业地位

为促进服务行业的规范和可持续发展，完善国内服务认证评价工作，中国质量认证中心牵头承担了国家重点研发计划项目NQI课题"技术、信息和专业知识密集型服务的认证整体方案研究"（课题编号：2016YFF0204105）。中国政法大学作为该重点研发计划课题子任务"法律服务认证方案研究与应用"（子任务编号：2016YFF0204105-9）的承担单位完成结题各项任务，并于2019年9月顺利通过评审。

该子任务课题"法律服务认证方案研究与应用"由中国政法大学王进喜教授任负责人，陈宜教授、周蔚博士、张宏博士、杜国栋博士等人为主要研究人员。课题研究历时 3 年，先后通过《法律服务认证技术要求》预审会、《法律服务认证技术要求》终审会、《法律服务认证实施规则》审查会、子任务绩效评级会等评审环节。

"法律服务认证方案研究与应用"子课题是构建国家服务认证认可体系的重要一环，课题组在合理吸收律师事务所管理前沿理论的基础上，起草编制的《法律服务认证技术要求》填补了国内法律服务行业标准的空白，对规范我国法律服务行业，完善国内法律服务评价具有重要意义。

"第二课堂成绩单"制度的初探

——以某学院学生组织开展法学实践类竞赛为切入点

杨婷婷

2018年7月,共青团中央、教育部发布《关于在高校实施共青团"第二课堂成绩单"制度的意见》,并提出了高校开展第二课堂成绩单相关工作的方案。

"第二课堂成绩"制度借鉴了高校的教学机制和工作制度,设计了工作内容、项目和教学方法,评估机制和高校共青团的整体运作相结合,实现了对学生参与情况的记录、评估、衡量和呈现。它是高校教育体制改革创新的重要举措之一。然而,在实践中存在着显著的差异。一些学校仍然存在许多问题。因此,有必要明确高校共青团实施相关制度的意义和具体的研究工作路径。

一、高校实施共青团"第二课堂成绩单"制度的原因

第一,"第二课堂成绩单"实施是促进高校思想政治改革创新的重要内容之一。通过它的实施能够开展内容丰富和形式多样的各种活动。它是大学生思想政治教育的载体之一,第二课堂成绩单的实施在育人方面是可以发挥重要作用的。然而课程设置不合理、内容重复的第二课堂活动等各种现象也在部分高校有所出现。所以在第二课堂成绩单的实施方面应该充分借鉴教学机制和学校各种工作制度,全面梳理和设计第二课堂,开展多层次的活动,通过制度化的构建有针对性、有秩序地开展活动,才能真正实现第二课堂成绩单开展的重要价值,同时这对于推进高校思想政治活动的改革创新、提高思想政治活动的实效性,也具有特别重要的意义。

第二,"第二课堂成绩单"的实施有助于适应落实德育的基本任务,同时适

应我国高等教育全面改革的发展趋势。当前,"双一流"建设为主要方式的高等教育改革正在我国高等学校全面展开,在此基础之上我们不仅要努力完成德育的基本任务,同时也要注意到学生各方面的成长和全面的发展。不仅要重视智育,同时还需要加强体育、美育等各方面的学生综合素质的提升。因此"第二课堂成绩单"更加需要通过科学合理的特定机制,来引导学生积极参与和均衡发展。这对于适应高等教育全面改革的趋势,落实德育工作的根本任务,具有重要作用。

第三,"第二课堂成绩单"制度是强化高校共青团的教育和改革的实施的重要手段之一。它同时也是高校共青团日常工作的重要内容,在日常的工作开展之中需要能够围绕高等教育中心,服务大局。因此,在开展"第二课堂成绩单"工作的过程中,高校共青团不仅需要发挥其自身的引导作用,同时应该找准共青团的定位,在思想指导、创新创业、社会实践、志愿服务等方面将工作优势充分发挥出来。"第二课堂成绩单"制度在高校共青团教育模式中具有非常重要的作用。它明确回答了高校共青团如何在"三全"育人的教育工作模式下充分发挥具体和不可或缺的作用。"第二课堂成绩单"制度的实施,有利于高校共青团进一步加强自身建设,改善机构设置,加强与学生工作、教育行政等部门的联系与合作,为高校共青团教育职能指明方向,为进一步深化高校共青团改革提供有力保障。

二、某学院"第二课堂成绩单"部分工作内容现状

目前,虽然我校"第二课堂成绩单"制度已有了雏形,但因是刚刚出现的事物,在实践的应用中,仍有些水土不服的表现。我校以法学见长,第二课堂中也以法学方向的内容为主,以学生会开展的法学实践比赛为例,虽然开展的活动非常丰富,但是并没有形成第二课堂的体系,不能很好地整合各类资源,由此导致制度的松散化,遑论成绩单的数据化。

简言之,目前"第二课堂成绩单"制度,虽然已经有了具体的框架和细则,但是落实起来的效果并不理想,制度理论与实践有些脱节,并不能适应不同活动不同内容的不同情况。具体而言,以法学院学生会举办的"法制杯"系列法学实践类比赛为例,又可以细分为五种不同的实践类项目,分别是合同制作、司法建议文书、模拟法庭、互联网法治竞赛、裁判文书写作。这些项目虽然都

是法学实践方面的比赛，但是难度和参与程度并不相同，参与同学的年级也各不相同。而"第二课堂成绩单"制度目前的规定并没有将这样不同的情况加以区分，这便是制度与实践现实脱轨之处。

以法学院学生会为例，连续三年开展了"法制杯"的系列法学实践比赛，参赛选手覆盖全校，评委老师及嘉宾累计120余位，参赛人数累计2500余人。"法制杯"系列活动中有关法学实践类的比赛一共有六项，分别是法学论文写作大赛、合同制作大赛、司法建议文书大赛、模拟法庭大赛、裁判文书写作大赛以及互联网法治知识大赛。六项比赛分别侧重于不同的法学技能的训练，使得同学们在校园中可以提前接触法学的相关实践内容，培养同学们的法学综合能力。

通过大赛开展的数据总结，可以看到大家更加偏向模拟法庭的参与，报名参与人数偏高，紧随其后的是对于互联网法治竞赛的参与。前者是因为模拟法庭最为考验法学生的综合素养，并且在法学生未来的实务中也是最容易接触到的。后者则是由现在互联网+时代的社会现实所决定的。而与这两个比赛相反的是司法建议文书的参与人数，一则是因为大家对其并不是很熟悉，再则是因为没有接触过并不是很好上手。

法学院学生会开展的"法制杯"系列比赛中五项都是法学实践教学类的比赛，通过比赛能够加强法学生的学术理论应用能力，使得同学们能够提前了解法学实践的内容，为以后的社会工作打下基础。

合同是民法中意思自治的最常体现，一份合同是否合理，是否存在风险，对此后的交易是否能够正常有序进行起到了重要的作用，可以说一份合同的制作小则涉及公司经济是否受到影响，大则关系到市场经济是否能够有序进行。合同制作大赛便是基于合同在法学领域如此重要的地位而设立开展的。该比赛开展以来大受欢迎，大赛共分为三个阶段，初赛是合同修改，复赛是合同制作，决赛是在修改已有合同的基础上添加合理条款并说明理由。比赛的每个阶段都会邀请有经验的学校老师或者外请相关领域有丰富经验的嘉宾进行出题、审核以及打分，并根据同学们的情况进行反馈。

司法建议是人民司法的一项重要制度。人民法院审理解决民事、经济、行政纠纷案件，对有关问题向有关单位或个人提出建设性意见。司法机关在办理案件过程中，遇到损害国家、社会和其他公民的合法利益的情形，但又不属于自己的权限范围时，可以向有关单位或个人提出应当采取某种措施的具体建议。

司法建议文书大赛的设置便是将法律学习中见到过，但是并未实践过的这样一项"司法建议"发掘出来，让学子们不拘泥于理论学习，更要将理论应用于实践。

我校法学生在毕业后大多会选择留在国内进入检察院、法院或者进入律所，从事相关的法学专业的职业。如此，审理案件的法庭便是非常重要的场所，案件是如何进行审理的也是法学生需要掌握的内容，可以说法庭是法学生多年理论学习最好的应用场合。模拟法庭大赛就是在校园中最直接的实践方式，参赛选手通过抽签决定辩方和控方，由专业老师及外请的相关工作的嘉宾担任法官即评委，赛事组委会根据真实案例改编大赛使用的案件，从而使得参赛选手在最大程度上体验真实的案件，进行有效的实践，提高参赛选手的综合实力。

裁判文书之于法学生并不陌生，在找判例的时候经常会看到，但是如果涉及写作，体例是怎样的并非每个人都能掌握，在未来的工作中，裁判文书的阅读或者写作，都是有可能的，通过真实的书写，掌握裁判文书的精髓，在未来的工作中能够更快上手。裁判文书写作大赛正是基于此开展的，可以培养同学们的实务应用能力。

随着"互联网+"技术的发展，涉网纠纷越来越多，通过网络侵害公民权利的案件也呈增长之势。互联网法院，或者说互联网在案件中的作用也因为现实情况而变得越来越重要。了解相关的知识，在未来的工作中才能灵活适用。互联网法治大赛就是旨在通过同学们对相关知识的学习和解读，促进同学们对互联网法律事务的了解，提高同学们应对互联网法律事务的能力。

通过对六种比赛的分析和了解，可以看到"法制杯"的每一项法学实践比赛都有不同的侧重点，并且锻炼的也是法学生在实践中的不同能力，与之相对应的是投入时间精力的不同，在难易程度上其实也有一定的区别。因此研究的首要重点就是将这些比赛更加类型化，进而抽象化，从而在出现新的法学实践比赛的时候类推适用。

三、高校实施共青团"第二课堂成绩单"制度的意义

第一，坚持人才培养是高校教育工作，也是第二课堂成绩单制度的重要依据。我国高等学校的基本职能就是人才培养，全心全意服务学生，促进学生全面成长成才是高校共青团的中心工作。第二课堂也是高校共青团培养人才体系

的重要组成部分，在教育模式中发挥着不可替代的作用。因此"第二课堂成绩单"制度的实施，应该把道德建设和教育作为首要任务。

第二，提高学生的综合素质是第二课堂的服务宗旨。因此要了解学生的成长需要，发现学生的成长需求，全力提高学生的综合素质，解决学生的问题，才是高校共青团发展的工作重心，也是高校共青团的优势之处。

因此，在日新月异的高校学生新时代发展之下，尤其是大数据信息系统的不断完善和普及发展背景下，"第二课堂成绩单"制度的开展具有重要的意义。作为学生综合素质评价的新方式，第二课堂成绩单是通过"记录—反馈"的方式完成的。第二课堂成长通过用"成绩单"的方式进行客观的记录和表现，也可以帮助学生全面认识自己，通过这种方式可以引导学生发现自己，提高综合素质。因此，第二课堂的课程设计对于高校共青团的要求更加科学，课程设置也需要更加合理。对于学生的评价不仅仅是进行学生的分类和比较，也是在发展资源充分的基础上，帮助学生更好地与过去的自己进行纵向参照，从而更好地认清自己已经取得的成绩和仍然存在的不足，主动选择适合自己的资源，更好地发展自己，让学生在大学期间尽早清晰地认识自己的特点与优势，更好地帮助学生规划未来的职业生涯。

参考文献：

1. 李立红："高校共青团将逐步推行'第二课堂成绩单'制度"，载《中国青年报》2016年3月30日，第3版。

2. 秦涛："高校共青团'第二课堂成绩单'制度建设初探"，载《高校共青团研究》2018年第3期。

3. 魏晶等："以促进发展为目标的大学生综合素质评价——第二课堂成绩单建设理念与实践"，载《中国电化教育》2018年第9期。

4. 宋丹等："提升高校第二课堂育人实效的路径探析"，载《思想教育研究》2018年第5期。

5. 肖远军：《教育评价原理及应用》，浙江大学出版社2004年版。

三、党建与德育教育篇

基层党组织党内法规执规标准问题研究
——以高校基层党组织党建标准化建设为视角*

王建芹　彭小飞

党内法规体系作为中国特色社会主义法治体系的重要组成部分，是落实依规治党、实现从严治党的制度规范，也是实现国家治理体系和治理能力现代化的重要制度规范。"立制不易，执行更难"，因此，对于制度的执行和监督，习近平总书记特别强调了防止各自为政、标准不一、宽严失度等问题。《中国共产党党内法规执行责任制规定（试行）》（以下简称《执规责任制规定》）实施以来，特别指出了各级党组织应当采取有效措施，增强党员干部的执规意识，提高执规能力，严格执规标准，规范执规程序，提升执规效果。当前，在高校基层党建工作中，针对落实党内法规制度建设标准不够清晰、执规工作机制和执规责任标准建设欠缺等方面的问题，首先需要从执规标准的制度化建设入手，规范裁量基准，才能实现党内法规执行的标准化、科学化。[2]本文以高校党建标准化为切入点，运用标准化的理论方法，研究执规标准的规范要求和落实措施，助力提高高校基层党组织的党规执行力。

一、党内法规执行力与执规标准

《执规责任制规定》的颁布施行，是推动党内法规全面深入实施，提高党内

---

* 基金项目：新疆党内法规研究中心委托课题"党内法规制度建设科学性问题研究"（XJDG2020D01）的阶段性成果。

〔2〕中央办公厅法规局研究室："切实扛起党内法规执行责任"，载《秘书工作》2019年第10期。

法规执行力的重要制度规范，有助于进一步完善党内法规执行机制，增强党内法规执行能力。在这个过程中，如何有效落实《执规责任制规定》中所要求的各项执行责任，就需要一个科学完善的衡量标准。在这个意义上，执规标准的制度建设是最主要的突破口。

执规标准制度体系的建立，根本目的在于提高党内法规的执行力。执行力作为党内法规深入落实的关键，学界对此已经有所关注。梁静认为党内法规执行力是执行组织和个人为了使党内法规制度达到预期效果，在准确理解其精神和精心设计执行方案的基础上，灵活运用各种手段，配置各种资源，将党内法规制度内容实施于客体的强制力、能力、力量及效力等构成的合力系统。其内涵要素包括五个方面：一是"强制力"，即主体能够依靠权威强制客体执行；二是"意志力"，即客体愿意执行的主观程度；三是"能力"；四是"力量"，即能力转化为现实的"力量"；五是"效力"，即制度执行后的实际效果。[1]谢忠平提出制度执行力是连接制度理想和目标的关键一环，其构成要素包括制度执行的意愿、能力和效果。[2]结合已有的研究成果，我们认为党内法规制度执行力，就是指各级党组织和党员执行党内法规制度的主客观能力，其基本要素包括执行主体主观意识上的执行意愿力、客观上的执行能力、执规行为所需资源上的执行保障力以及最后执规行为结果上的执规效力。

综合上述与执规标准密切相关的各种因素与概念，从标准制定的意义看，党内法规执规标准就是将党规执行过程中的规律、经验、要求，通过标准化的思维和方法，制定为统一的标准化要求。其基本要素包括，执规队伍人才建设标准、执规工作配套机制标准、执规资源配置标准、执规预期效力标准和执规责任标准。

二、高校基层党建工作的重要性与特殊性

（一）高校基层党建工作的重要性

将高校基层党组织标准化建设作为切入点，是因为高校基层党建在落实党

---

[1] 梁静："全面从严治党视角下党内法规制度执行力研究"，载《人民法治》2017年第2期。
[2] 谢忠平："提高党内法规制度执行力"，载《中共天津市委党校学报》2019年第3期。

的建设的总要求和加强党的领导等方面具有一定的典型意义。从高校的发展历程和性质来看，高等教育是人类社会发展到达一定阶段的产物，其本质属性是高素质人才的培养。中华民族历来重视教育，中华人民共和国成立以来，党和政府始终将教育工作视为国之大计、党之大计，在普及基础教育的同时十分重视高等教育，将高等教育作为培养高级专门人才和职业人员的最主要途径。与此同时，我国教育体制所重视的人才培养不仅是科学文化知识的传播和专业能力的训练，更重要的是要在精神和思想上开展引导工作，教育工作的根本任务是培养学生树立正确的世界观、人生观和价值观，使之成为"一代又一代拥护中国共产党领导和我国社会主义制度、立志为中国特色社会主义奋斗终身的有用人才"。[1]在这个意义上，"高校党组织必须全面贯彻党的教育方针，坚持教育为人民服务、为中国共产党治国理政服务、为巩固和发展中国特色社会主义制度服务、为改革开放和社会主义现代化建设服务，坚守为党育人、为国育才，培养德智体美劳全面发展的社会主义建设者和接班人"。[2]

  从基层党组织的性质来看，《中国共产党章程》（以下简称《党章》）规定"党的基层组织是党在社会基层组织中的战斗堡垒"。党的十九大报告明确指出，"党的基层组织是确保党的路线方针政策和决策部署贯彻落实的基础"。任何一项制度的实施，都离不开基层党组织的具体工作。可以说，基层党组织的工作实践是党规实施的最后一环，也是关键一环。新时代党的建设面临更加艰巨和繁重的任务，加强党的基层组织建设是提高党的建设水平的基础。截至2021年底，我国已经有493.6万个基层党组织，充分说明在全面从严治党的时代背景下，党的基层组织更是要坚持把严的标准、严的措施贯穿到党的建设的全过程和全方面。

  而二者的结合正是高校基层党建重要性的体现。高校基层党组织是融合人才培养和落实党的路线方针政策于一体的重要主体。加强高校基层党组织建设

---

[1] 习近平："坚持中国特色社会主义教育发展道路 培养德智体美劳全面发展的社会主义建设者和接班人"，载《思想政治工作研究》2018年第10期。

[2]《组织工作条例》第2条规定："高校党组织必须高举中国特色社会主义伟大旗帜，以马克思列宁主义、毛泽东思想、邓小平理论、'三个代表'重要思想、科学发展观、习近平新时代中国特色社会主义思想为指导，增强'四个意识'、坚定'四个自信'、做到'两个维护'，全面贯彻党的基本理论、基本路线、基本方略，全面贯彻党的教育方针，坚持教育为人民服务、为中国共产党治国理政服务、为巩固和发展中国特色社会主义制度服务、为改革开放和社会主义现代化建设服务，坚守为党育人、为国育才，培养德智体美劳全面发展的社会主义建设者和接班人。"

是贯彻落实习近平新时代中国特色社会主义思想和十九大精神的具体要求，对落实党管教育方针、加强党的全面领导具有十分重大的现实意义。一方面，这是全面从严治党的应有之义。全面从严治党，核心是加强党的领导，基础在全面，关键在严，要害在治。管党治党面向全体党员、党组织，高校基层党组织是其中重要的组成部分。另一方面，是完成教育工作根本任务的应有之义。围绕培养什么人、怎样培养人、为谁培养人这一根本问题，习近平总书记强调要全面加强党对教育事业的领导，培养社会主义建设者和接班人。[1]高校基层党组织必须要围绕这个根本任务加强党的建设，充分发挥基层党组织战斗堡垒和党员先锋模范作用，带领高校承担起历史使命。

（二）高校基层党建工作的特殊性

高校基层党建同其他基层党组织建设工作相比，其特殊性体现在对青年学生的思想政治工作之上。从20世纪90年代以来，党中央就十分重视对人民群众尤其是青年学生的思想政治工作。邓小平在分析政治风波发生的原因时说到，十年最大的失误是教育，主要讲思想政治教育，一手比较硬，一手比较软。[2]同时必须警惕的是，高校是西方意识形态渗透的重要阵地，西方"和平演变"的企图从没有停止过。如果高校忽视意识形态领域的思想建设和制度建设，所带来的后果必然是十分严重的。

新时代以来，有关高校基层党建工作的党内法规对此亦有重视。新修订的《组织工作条例》就专门规定了高校党组织开展思想政治工作的要求和标准。"旗帜鲜明讲政治"是共产党人从不避讳的宣言，高校基层党组织应当强化政治功能，履行政治责任，在一切工作中将政治标准摆在首位。

（三）基层党建的本质是对党内法规制度的具体执行

新时代党的建设总要求强调"全面推进党的政治建设、思想建设、组织建

---

[1] 习近平："习近平在全国教育大会上强调　坚持中国特色社会主义教育发展道路　培养德智体美劳全面发展的社会主义建设者和接班人"，载《党建》2018第10期。

[2]《中国共产党简史》编写组编：《中国共产党简史》，人民出版社、中共党史出版社2021年版，第273页。

设、作风建设、纪律建设，把制度建设贯穿其中"。[1]党内法规制度体系是实现依规治党和全面从严治党的重要抓手，贯穿于党的建设全过程中。因此，高校基层党建工作是对包括《党章》《中国共产党支部工作条例（试行）》（以下简称《支部工作条例》）和《组织工作条例》在内的众多党内法规的具体实施和执行。

基层党建的质量是制约影响党内法规制度执行的重要因素。[2]新时代党的建设在规范化、制度化的基础上提出了标准化的要求。习近平总书记强调，要加强支部标准化、规范化建设。[3]党建标准化即不断总结党建工作规律，提炼党建工作经验做法，并将相关工作要求、程序步骤和方式方法等固化成标准的形式，通过标准的制定、实施和监督来提高党建工作质量。[4]从标准化的角度来看，党建标准化与提高基层党规执行力有着深层次的相关性。提高基层党组织的党规执行力，其实质同样是注重运用标准化思维与方法，对重复性的概念、操作规则、具体做法和共性问题，通过制定统一标准的规则以获得基层党组织运行的规范效果和实践效果。[5]因此，基于二者的相互关系，分析高校基层党组织党建标准化建设进程中的执规现状，特别是"执规标准"的现状，并针对现实问题提出具体的解决措施和标准要求，是切实提高党内法规制度执行力、落实党内法规制度要求、提高执规效果的有效途径。

三、高校基层党建执规现状分析

（一）高校基层党组织党建标准化建设的现状与困境

关于高校基层党建标准化建设存在的问题，现有的研究成果所关注的主要有以下几个方面：一是工作运行机制的标准化问题。王桂玲、曾万明提出要推

---

[1] 赵乐际："全面理解和准确把握新时代党的建设总要求"，载《人民日报》2017年11月11日，第4版。

[2] 谢忠平："提高党内法规制度执行力"，载《中共天津市委党校学报》2019年第3期。

[3] "习近平在全国组织工作会议上强调 切实贯彻落实新时代党的组织路线 全党努力把党建设得更加坚强有力"，载《党建研究》2018年第8期。

[4] 王桂玲："高校基层党建工作标准化建设研究"，载《学校党建与思想教育》2018年第4期。

[5] 邓宏涛、黄建军："基层党组织执行党内法规的现实梗阻与逻辑进路"，载《延安大学学报（社会科学版）》2020年第6期。

进工作运行机制标准化规范化建设,规范支部运行机制、工作督导机制、党建考评机制,为基层党支部开展工作提供标准化运行机制。二是党员人才队伍建设标准化问题。孔令先、王少明认为要以提高发展党员质量为核心,加强教育培养为重点,以完善管理服务为基础,提高党员发展和管理工作的科学化水平。王桂玲也持类似观点,她认为要推进党员教育管理标准化建设,提出突出理想信念教育、丰富党员教育方式、严格党员日常管理等要求和建议。三是组织设置标准化问题。刘志兵提出传统模式设置的基层党组织不适应时代发展需求,高校基层党组织设置覆盖不到位。曾万明、孔令先、王少明也提出相同观点,认为要推进组织体系标准化建设,针对高校的特殊情况,把教师党支部设置与教学、科研、管理、服务等机构相对应,把学生党支部设置与学科、专业、年级、班级等相对应,对于符合组建党组织条件的,做到应建尽建。四是服务保障机制和活动载体建设标准化问题。覃爱平提出要配足人力物力资源,建立稳定的经费保障制度。刘志兵也提出基层党组织建设经费投入不足,缺乏党员宣传教育、学习交流的场所。孔令先、王少明还认为要加强网络阵地建设,逐步搭建"互联网+党建"平台等新载体。五是监督考核评价体系标准化问题。孔令先、王少明提出高校要建立责任落实机制和党建工作责任体系,从制度机制层面推动基层党建工作落到实处。刘志兵也提出要对高校设置更加科学、合理的"硬性"考核评价机制,解决目前考核评价内容"虚""软"导致评价结果失真的问题。[1]

(二)高校基层党建中存在的"执规标准"问题

如前所述,提高基层党组织党内法规制度执行力的实质就是注重运用标准化思维与方法,通过制定统一标准的规则以获得制度运行的规范效果和实践效果。高校基层党建是党规执行的重要方面,高校基层党组织标准化建设中的不足,从另一角度而言正是高校基层执规标准缺乏和未严格落实的表现和问题。

1. 高校基层执规工作缺乏执规标准。缺乏执规标准是高校基层执规不力的

---

[1] 参见王桂玲:"高校基层党建工作标准化建设探究",载《学校党建与思想研究》2018年第2期;曾万明:"大力推进基层党组织标准化规范化建设",载《党建研究》2018年第6期;孔令先、王少明:"新时代高校党建工作标准化建设的探索与实践",载《高教学刊》2020年第3期;刘志兵:"新形势下高校基层党组织标准化建设的探索与实践",载《理论观察》2019年第6期;覃爱平:"高校基层党组织标准化体系建设及诊断改进机制研究",载《智库时代》2020年第1期。

重要原因之一，其中尤其突出的是缺乏执规队伍建设的人才标准。高校基层党建缺乏标准化的党员发展和培养机制，从而导致了高校基层党组织缺乏一支政治坚定、数量充足、能力出众的基层党务工作队伍。在基层执规方面就体现在基层执规队伍建设的人才标准缺失，而这直接导致了基层执规主体的执规意愿和执规能力参差不齐。实践中，高等学校基层党务工作，也即具体的党规执行工作，往往由院党委工作人员担任专职骨干，各级辅导员担任兼职党务干部（兼职组织员），并配备一定数量的学生党员干部负责具体的党务工作（学生专职组织员）。由于人才标准的缺失，一方面，党务工作的从事人员要么数量不足要么质量不够，体现在辅导员面临着党务工作和辅导员工作双重压力，学生组织员也面临自身能力水平和学业的双重压力，基层党务工作队伍在繁杂的工作面前显得力不从心，工作起来缺乏主动性和积极性，容易形成应付了事的局面。另一方面，包括党支部书记在内的党支部班子成员和基层党务工作人员都普遍缺乏系统、标准的党内法规培训，大部分基层干部在工作时只按照上级文件行事，不知不看不学相关党内法规，也就未能深入领会党建工作内容和程序要求背后的党规内涵和意义。"上级不发文，下级不干事"的问题也普遍存在。

2. 党规规定过于原则，不适应高校基层党组织对执规标准的细化需要。以基层党组织设置覆盖不到位、设置不合理的问题为例。划分设置基层党支部是开展高校基层党建的基础，然而高校基层党组织的设置存在较大的差异。不同高校、学院、年级之间的设置标准不一，就会导致基层党建质量的参差不齐。《支部工作条例》对党支部人数设置的要求只规定在3～50人。实践中，学生党组织往往先按行政班级划分再按专业划分。研究生党支部往往人数较少，而有的博士生党支部按照一个年级划分为一个党支部，人数一般在20人以上。学生党员各自专业课程区别较大，不同专业的学生党员之间的沟通联系存在很大差异。再由于学生党员个人学业、课题任务压力较大等综合因素，人数过多的学生党支部往往组织力不强，党组织对党员学习教育、组织生活、组织建设等相关党规的执行，就大概率存在着降低标准、放低门槛等问题。

3. 执规标准应知而不知，或知而不执。有关调查显示，认为党员干部、党员领导干部"遇事想不起按法规制度办"的，分别占58.10%、45.86%。[1] 基

---

〔1〕 中组部研究室部刊处："党内法规制度执行力不强的主要表现"，载《党建文汇》2016年第2期。

层党组织能否发挥好桥头堡作用、带领党员发挥好先锋模范带头作用，基层党组织班子的建设和支部书记的能力十分关键。这要求基层选举要充分考虑实践需求，不仅要明确选举工作的程序标准，更要严格执行程序标准。实践中，本科生入学初多为团员，研究生党员则普遍纳入新成立的党支部。因此，研究生党支部在入学初就面临着书记和支委的选举工作，以及随之而来的班子建设问题。《中国共产党基层组织选举工作条例》第四章对基层党组织支委会和党支部书记、副书记的选举实施程序有着相对完善和详细的标准规定。然而由于基层党组织和党务工作人员对相关党内法规的程序标准应知而不知或知而不执，只遵照以往惯例或随意发挥主观意愿的情况并不少见。例如，部分新入学的学生支部按照一般的班级选举模式想当然地进行举手表决，在极短的时间内就确定了支部班子成员候选人和结果，未曾考虑候选人差额比例等要求，其他党员对候选人的了解也只停留在短短的自我介绍之中。更有甚者采用抓阄的方式确定支部书记和委员。这不仅导致党规的选举程序沦为一纸空文，也极大地损害了党的形象和威望，影响了党员和党外群众对党先进性和纯洁性的信任和看法。

4. 执规责任标准不明，问责监督流于形式。根据《执规责任制规定》，高校党委、党委办公室、党委职能部门、党委（党支部）书记、高校纪委在具体的执规实践中，都有对应的责任。但不同主体和不同工作内容的责任标准尚不明确，执规责任不明确、不严格、不落实，也就导致对执规工作的监督不会抓、不会管。以支部考核评价体系标准化建设为例，实践中，党组织和基层党务工作者面对上级的审查整改要求，往往能轻易地规避自身的执规责任，从而使《执规责任制规定》被束之高阁。这是因为，党支部审查整改和监督考核通常采取的是上级要求，下级自查自改的方式：通过形成自查整改台账，包括自我确定问题、自我限定整改期限和自我确定整改责任主体，以达到实现整改效果的目的。从相信党员同志的德行和素质的角度看，这样的责任主体确定方式和监督机制是必要且有一定效果的。但是，高校具有"小社会、大基层"的特点，校内权力集中、资源丰富，同学、同门、同乡等各种关系错综复杂，属于典型的"熟人社会"。[1]要实现监督传导压力、压力推动落实的目标，必须正视高校基层自身的特殊性。

---

[1] 王建芹、刘乃玮："新时代推进高校党务公开制度建设的思考"，载《浙江工业大学学报（社会科学版）》2020年第4期。

5. 执规资源配置标准不明，执规资源保障不充足。制度的执行落实离不开一定执行资源的保障，而高校基层党组织执规所需资源缺乏配置标准。以党建活动场所缺乏问题为例，高校基层党组织开展组织生活和学习教育活动普遍面临着缺乏党建活动室和活动经费等问题。开展党内法规制度的推介、宣传、教育和党规执行文化的培育也需要场所和一定经费的支持。目前，不同基层党组织对党规执行的重视程度不同，不同高校甚至高校内部不同学院党委对执规工作的重视程度亦有不同。重视程度的不同导致执行资源的配置存在巨大差异，也就导致执规效果不尽如人意的现象。

四、提高高校基层党组织党内法规制度执行力的对策建议

"徒善不足以为政，徒法不能以自行。"切实提高党内法规制度执行力，要重视执规标准的细化并严格落实。要以执规工作机制标准为基础，以人才队伍建设标准为关键，以执规责任标准为重点，以执行资源配置标准为保障，切实落实党内法规制度的要求，以"严格执规标准"实现"提高执规效果"。

（一）细化执规工作机制标准，形成"能上""能下"双向机制

结合各高校基层的实际情况，将以往成功的实践经验上升为党规执行的配套制度，固定为执规工作的配套机制标准，构建"能上"机制。各基层党组织都应该因地制宜，制定内容充分，覆盖全面，符合实际的具体执规工作细则和办法。例如，针对党组织设置不合理导致组织内部党员联系不足、执规不力的问题，部分高校将执规工作的经验方法总结提炼，将工作方法、流程上升为工作细则和办法等配套制度，探索出符合实际的划分标准，包括按照宿舍划分党支部，以及针对小专业、小方向的学生党员，按照专业跨年级设置党支部，这些划分标准在实践中取得了不错的效果。

细化党规执行标准，将党规要求具体落实在执规实践中，构建"能下"机制。掌握运用"smart"原则，细化高校基层党组织在具体实践中的执行标准。所谓"smart"原则，即标准是具体的（Specific）；标准是可衡量的（Measurable）；标准是可实现的（Attainable）；标准之间具有相关性（Relevant）；标准具

有明确的截止期限（Time based）。[1]对具体党规工作执行标准的制定必须满足上述五个要求，缺一不可。以落实《中国共产党发展党员工作细则》的工作实践为例，西藏大学对发展党员流程的相关党规要求进行标准化设计，探索出党员队伍建设标准化的模式，[2]成功用每个环节的高标准保证每个新发展党员的高质量，从而提高了党内法规执行力。

（二）明确基层执规队伍人才建设的标准

"为政之要，莫先于用人。"我们党历来重视选贤任能，始终把选人用人作为关系党和人民事业的关键性、根本性问题来抓。党的十八大以来，习近平总书记对"怎样是好干部"提出了一系列要求，总结起来就是"忠诚干净担当"。[3]《组织工作条例》第23条提出要"建设忠诚干净担当的高素质专业化干部队伍"。高校基层执规队伍人才的培养、选拔和考核要时刻围绕这一总的要求。

1. 保证"忠诚干净担当"的素质标准。

第一，强化执规主体的政治标准——忠诚。忠诚，指忠于党，忠于人民，始终在政治立场、政治方向、政治原则、政治道路上同党中央保持高度一致。政治属性是党内法规的根本属性，对执规队伍人才的选拔和培育必须立足于党内法规的属性特点上。脱离了政治属性，党规执行主体将很难形成与执政党相一致的价值认同，也就不可能从内心深处培育起制度认同感。高校基层党组织对这一情况必须加以重视，充分开展高质量的政治思想工作，防止广大党员和基层党务工作者成为两面派、作两面人，致使党规制度沦为稻草人、纸老虎。

第二，选拔执规主体的底线标准——干净。干净，指敬畏权力、管好权力、慎用权力，做到自重自省自警自励、慎独慎微慎始慎终。这要求基层党务和党规执行工作者要时刻守住自己的底线，对待执规工作不打折、不变通，不搞特

---

[1] 李拓："制度执行力是治理现代化的关键"，载《国家行政学院学报》2014年第6期。

[2] 西藏大学在党员发展过程中，大力实施"1574"工作法（一图：发展党员工作流程图；五段：申请入党阶段、入党积极分子确定和培养教育阶段、发展对象确定和考察阶段、预备党员接收阶段、预备党员教育考察和转正阶段；七制：入党积极分子推优制、发展党员公示制、政审制、票决制、党校集中培训制、发展党员材料送审制、责任追究制；四合格：政治合格、党校培训成绩合格、民主测评合格、作用发挥合格）。参见孔令先、王少明："新时代高校党建工作标准化建设的探索与实践"，载《高教学刊》2020年第3期。

[3] 中共中央宣传部编：《习近平新时代中国特色社会主义思想学习问答》，学习出版社、人民出版社2021年版，第203~204页。

殊、不开后门。高校党委要重视对基层执规主体底线标准的审查和考核，要将底线标准作为考核工作成绩的重要方面。通过宣讲、教育、表彰等形式树立"干净"的党员模范，通过监督执纪四种形态[1]对违反底线标准的党员进行惩处。

第三，培养执规主体的能力标准——担当。担当，指党员干部对待执规工作认真负责，面对大是大非敢于亮剑，面对矛盾困难敢于迎难而上。这要求基层执规干部不仅要思想上坚定，也要能力上出众。为此，必须重视党规的宣传和教育，对执规主体要进行标准化、系统化的党规教育和培训。必须将对党内法规制度的学习明确纳入到各基层党校的学习范围之中，纳入到基层党务工作队伍的培训要求之中，纳入到基层党组织三会一课制度和党日活动之中。此外，各高校有必要组织力量，深入开展党内法规制度的学习和研究，撰写高质量的党规汇编和党规教材。通过教育和培训，引导各执规主体和广大党员树立担当意识和党规意识，让崇尚制度、遵守制度、敬畏制度、捍卫制度、服从制度、执行制度成为每一位党员的价值追求、生活方式和行为习惯，在潜移默化中切实提高遵规、用规、守规的自觉意识，以及运用法规制度分析和解决现实问题的能力。[2]

2.保障基层执规队伍的数量标准。"数量充足"是建立高校基层执规队伍的基本要求。《组织工作条例》明确规定专职党务工作人员和思想政治工作人员要配足编制名额，总数不低于全校师生人数的1%，每个院（系）至少配备1~2名专职组织员，专职辅导员配备按照师生比不低于1∶200，专职思想政治理论课教师师生比不低于1∶350的标准。目前而言，高校基层专职的党务工作者，也即具体党规执行主体数量还不够充足，各高校党委应该严格按照数量标准，配足配强相对应的工作人员。

（三）明确责任标准，保障效力标准

习近平总书记强调，贯彻执行党内法规制度没有绝招，关键在真抓，靠的是严管。责任标准是落实制度要求的关键一环。一方面要贯彻落实《执规责任

---

[1] 监督执纪四种形态：①党内关系要正常化，批评和自我批评要经常开展，让咬耳扯袖、红脸出汗成为常态；②党纪轻处分和组织处理要成为大多数；③对严重违纪的重处分、作出重大职务调整应当是少数；④严重违纪涉嫌违法立案审查的只能是极少数。

[2] 谢忠平："提高党内法规制度执行力"，载《中共天津市委党校学报》2019年第3期。

制规定》,明确责任标准,对不同主体和不同执规工作内容开展针对性监督;另一方面要明确对党规执行的监督标准和形式,将上级监督、自我监督和党外监督相结合,重视发挥党员、群众和新闻媒体在监督执规责任的积极作用,形成监督合力。

第一,明确不同执规主体的执规责任标准,对不同执规主体的执规内容、监督考核、责任追究等提出标准化要求。高校党委承担本单位执行有关党内法规的主体责任,领导、组织、推进本单位党内法规执行工作,其责任标准主要包括:按照社会主义政治家、教育家的标准,选任和考核高校党委书记、校长,党委每年至少召开1次专题会议研究党内法规执行工作等;党委办公室承担统筹协调责任,其执规责任标准在于是否对执规工作进行系统部署和贯彻落实,是否对执规情况开展评估反馈;党委职能部门、办事机构等承担牵头执行责任,如各级党校执规责任标准在于是否定期开展学习宣传培训、开展业务指导、解答普遍性问题等;高校纪委是高校党内监督专责机关,履行监督执纪问责职责,其执规责任标准在于是否严格按照职责权限和工作程序处理违反党规党纪的线索和案件;各级党组织书记承担本单位党规执行第一责任人职责,其执规责任标准主要在于是否落实三会一课制度、是否按时开展党日活动和主题教育活动、是否定期召开组织生活会、是否带领支部成员发挥学生党员先锋模范作用等。

第二,要将基层党组织和各级党员领导干部履行执规责任标准的情况与班子和干部考核内容相结合,包括与党风廉政建设责任制、党建工作、法治建设等考核内容相结合。同时,高校基层党组织应当主动面向上级党委、全体党员和群众,对自身是否落实执规责任标准开展评估和反馈,认真对待上级监督、加强自我监督、接受群众监督。

(四)强化执行资源配置标准,合理规划分配执行资源

党内法规的执行是一个包括公开公布、教育培训、组织解释、监督评估等多个环节在内的系统工程,只有将各环节环环相扣,共同落实,才能切实提高执规效果,而各环节的落实必须要强化执行资源的配置标准,合理分配各种执行资源。

从执行资源的性质上看,执行资源可以分为硬性资源和软性资源。[1]硬性

---

[1] 邵从清:"论提高党内法规制度体系执行力",载《山东社会科学》2016年第12期。

资源主要包括人力、物力和财力。人力方面，主要是建立一支数量充足、政治素质过硬、执行能力较强的基层执规工作队伍。物力方面，要为工作队伍提供开展工作所必须的活动场所和活动资料，其标准包括以党规宣传栏为核心的党建活动阵地、以《高等院校重要党内法规学习汇编》为核心的党规党纪学习资料和相配套的办公设备。财力方面，要针对党建工作和党规执行的各阶段工作开展充分的调研和规划，建立合理的财政分配标准，实现专款专用。

软性资源主要包括政策支持和信息技术资源。其一，探索建立内容合理、力度合适的政策倾向标准和激励标准，时刻关注基层执规队伍的工作状态，充分关怀执规主体的心理状态。在实践中，要通过政策激励机制，将执规主体的执规表现，特别是执规成效与个人荣誉相挂钩，以提高基层执规主体的执行意愿。其二，把握信息技术资源标准。当前，人类社会处于信息时代，信息化和数字化是大趋势，是否建立数字化、信息化的党规信息系统是这一环节的重要标准。各高校要重视党建网站和党内法规资源信息库的资源投入和完善，将执规工作所需的一切制度规范和执规标准通过信息技术高效传达到每一位执规主体和党员手中。在具体实践中，各高校党委应当努力探索党建平台（如党员E先锋）和党规信息系统的共建共享，以标准化的方式高效传递党规执行信息，提高基层执规工作信息反馈的客观性、全面性和时效性。

附表 20：高校基层党组织党内法规执规标准

高校基层党组织执规标准	执规机制标准	工作配套制度标准	制定基层具体执规工作的配套制度，注重因地制宜、内容充分、覆盖全面。以入党积极分子接续培养机制为例，高校与用人单位以及中学阶段教育机构之间均应建立适当的、协调的接续培养机制，通过配套制度的建立，使得这项制度得以落实。
		具体执规工作的执行要求标准	针对各具体执规工作，运用"smart"原则将党规要求细化为具体的、可衡量的、可实现的、有相关性的、有明确截止时间的流程要求和工作要求。
	执规队伍人才建设标准	执规主体素质标准	忠诚标准：以政治标准为首位，注重对执规主体开展高质量、经常性政治思想工作。
			干净标准：以慎用权力为底线，注重对执规主体定期开展调研考核，表彰模范党员，惩处违规党员。
			担当标准：以执规能力为重点，注重开展标准化、系统化党规宣传和教育培训。
		执规主体数量标准	专职党务工作人员和思政工作人员不少于全校师生的1%；各院（系）专职组织员至少1~2名；专职辅导员配备师生比不低于1：200；专职思政教师配备师生比不低于1：350。
	执规责任标准	高校党委主体责任标准	以社会主义政治家、教育家标准，选拔考核高校党委书记、校长，党委每年至少召开1次专题会议研究执规工作。
		党委办公室统筹协调责任标准	对执规工作进行系统部署和贯彻落实，并对执规情况开展考核评估。
		党委职能部门、办事机构牵头执行责任标准	以党校为例，定期开展学习宣传培训、开展业务指导、解答普遍性问题等。
		高校纪委执纪问责职责标准	严格按照职责权限和工作程序处理违反党规党纪的线索和案件。
		党支部书记第一责任人职责标准	落实三会一课制度、按时开展党日活动和主题教育活动、定期召开组织生活会、带领支部成员发挥学生党员先锋模范作用等。

续表

高校基层党组织执规标准		履职监督考核标准	将各主体执规标准的履行情况纳入各种工作考核内容之中，包括党风廉政建设责任制、党建工作、法治建设等考核内容。
			对执行行为合乎执规标准开展评估和反馈，并面向全体党员和群众主动公开评估和考核结果。
	执规+资源配置标准	人力资源标准	同上述"执规队伍人才建设标准"。
		物力资源标准	配置以党规宣传栏为核心的党建活动阵地、以《高等院校重要党内法规学习汇编》为核心的党规党纪学习资料和相配套的办公设备等资源。
		财力资源标准	建立合理的财政分配标准，保障基层党规执行经费的专款专用。
		政策支持和激励机制标准	建立起内容合理、力度适当的政策倾向标准和激励标准，将执规主体的履职尽责情况与个人荣誉相挂钩。
		信息技术资源标准	建立数字化、信息化的党规信息系统，探索党建信息平台和党规信息系统的共建共享。

高校院系纪委职责探讨

王文英 *

为推进高等教育领域全面从严治党向基层延伸，不断深化党的纪律检查体制改革，2014年前后教育部加强引导、开展试点，推动不少高校在院系普遍设立了纪委。2021年新修订的《组织工作条例》（即《中国共产党普通高等学校基层组织工作条例》），在明确高校设立党的基层纪律检查委员会（高校纪委）及其5项职责的基础上，增加规定"高校党委视具体情况在院（系）级单位党委设立纪委或者纪律检查委员"，进一步将基层实践上升为制度规范，但对院系纪委的职责并未做具体规定。反观实践，有的职责不清、定位不准，有的将院系纪委职责与高校纪委职责简单画等号，有的突出党风廉政建设监督，不一而足。本文拟围绕高校院系纪委职责定位和履责方式作简要探讨，希冀廓清视野，推动做好新时代监督执纪问责工作。

一、找准定位

从设立背景看，突出监督属性。为贯彻中央《党的纪律检查体制改革实施方案》，2014年出台的《中共教育部党组关于深入推进高等学校惩治和预防腐败体系建设的意见》（教党〔2014〕38号）要求各高校党委"要增强二级单位的纪检监察力量"，"强化权力运行制约和监督"。同时，《中共教育部党组2015年党风廉政建设工作要点》明确要"大力支持直属高校在院、系设置纪委的探索"，并指定西南大学、华南理工大学、华中师范大学3所部属院校开展二级党组织设立纪委试点工作。从高校院系纪委当初设置背景不难看出，因应高校内

---

* 王文英，副研究员，法学博士，中国政法大学法学院党委副书记、纪委书记。

部治理结构变化,将监督的触角直接延伸至基层,直指院系人、财、物权力集中是其本意,这也是实现责任监督全覆盖,推动解决高校纪委监督"最后一公里"难题的必然要求。

从设立规范看,突出基层属性。《党章》第45条规定,党的基层委员会是设立纪律检查委员会,还是设立纪律检查委员,由它的上一级党组织根据具体情况决定。2021年新修订的《组织工作条例》规定,高校院系级单位根据工作需要和党员人数,经学校党委批准,设立党的基层委员会,进一步明确了院系级党委的基层委员会地位,同时具体承担着领导本单位思想政治工作、领导本单位群团组织、学术组织和教职工代表大会等6项职责。因此根据2021年发布的《中国共产党纪律检查委员会工作条例》可以理解,对应院系党委这一党的基层委员会所设立的纪委,应当被视为党的基层纪律检查委员会,并在同级党的委员会和上级纪律检查委员会双重领导下进行工作。

从组织优势看,突出政治属性。相对于高校纪委,院系纪委是更为基层的纪律检查机构,对于推进全面从严治党向纵深发展和实现"全面"与"从严"的有机统一有其自身的优势和重点。监督执纪四种形态中,"红红脸、出出汗"的第一种形态成为院系纪委职责的重点、常态和主要形态。通过开展日常谈心谈话、做好预防提醒谈话、扩大函询覆盖面、加大谈话力度,适时开展通报批评、召开民主生活会等方法,切实践行监督执纪的第一种形态。同时,坚持抓早抓小、防微杜渐也是院系纪委作为基层纪律检查组织的优势所在,把管和治更多体现在日常,把思想政治工作贯穿始终,高校院系纪委更易于对党员干部身上的问题早发现、早提醒、早教育、早纠正,防止小问题变成大问题。

由上可见,高校院系纪委,是高校党委在院系党委设置的党的基层纪律检查委员会,是党内监督专责机关,是党推进全面从严治党、开展党风廉政建设和反腐败斗争的专门力量。院系纪委在院系党委和高校纪委的双重领导下开展工作,主要任务是维护党的章程和其他党内法规、检查党的理论和路线方针政策和党中央决策部署执行情况,协助院系党委推进全面从严治党、加强党风建设和组织协调反腐败工作。院系纪委必须把坚决维护习近平总书记党中央的核心、全党的核心地位,维护党中央权威和集中统一领导作为最高政治原则和根本政治责任。

二、明确职责

根据中国共产党《党章》《中国共产党纪律检查委员会工作条例》《中国共产党党内监督条例》《中国共产党纪律处分条例》《中国共产党问责条例》《中国共产党党员权利保障条例》《中国共产党纪律检查机关监督执纪工作规则》（以下简称《监督执纪工作规则》）《组织工作条例》以及《中共中央关于加强对"一把手"和领导班子监督的意见》等相关规定，高校院系纪委履行监督执纪问责的具体职责可以概括为以下四个方面：

第一，突出预防。高校院系纪委负有通过多种形式协助院系党委以所属党员干部为重点开展廉政教育、警示教育，对全体党员开展党性党风党纪教育，对教师开展师德师风教育以及对学生开展廉洁教育和遵纪守法的教育等职责，并做好受党政纪处分的党员干部的教育工作。此外，加强新时代廉洁文化建设也是院系纪委教育职责的应有之义。还要运用好日常谈心谈话、专题民主生活会、述责述廉和廉洁档案制度等，突出强化院系纪委预防职责的履行。

第二，强化监督。这是高校院系纪委最为重要的一项职责，并应始终坚持信任不能代替监督的原则。包括监督院系执行党的路线方针政策和决议的执行情况、党章和其他党内法规的情况；监督院系党委党风廉政建设责任制的落实情况；监督院系"一把手"、领导班子和党员领导干部履行职责、行使权力和廉洁自律情况；监督院系贯彻落实"三重一大"事项集体决策制度情况；监督院系党政权力和学术权力在法治轨道上运行的情况，尤其是监督保障院系教授委员会或学术委员会有关学术规划、学科建设和学科资源配置、师资评聘以及教师奖惩、学术评价、学术道德规范以及人才培养质量评价和考核等学术事项决策权和相关咨询建议权的行使；[1]监督院系研究生招生复试、物资采购、科研经费和院系可支配的其他资金使用等财务收支规范，以及信息公开等重点领域、重点岗位和重点人员。按监督事项的类型划分，院系纪委的监督职责又可分为：政治监督、纪律监督、干部选拔任用监督（主要为科级领导干部）、权力监督、

---

[1] 也有研究认为"与学术密切相关的事情，明确规定由高校二级学院的教授委员会或者学术委员会讨论决定，党政联席会议不能插手和干涉。这样既能提高决策的科学性，同时也能从学术权力的角度对高校二级学院的行政权力起到监督与制衡作用"。参见廖爱民："高校二级纪委监督现状与对策"，载《法制与社会》2018年第15期。

作风监督等。其中政治监督应是其首要监督职责。

第三，规范执纪。依据《监督执纪工作规则》，院系纪委作为基层纪律检查机关负有依规依纪依法严格监督执纪的职责，具体体现为：按照校纪委的规范要求，协助处理群众信访检举举报相关工作，开展谈话提醒、约谈函询；查办处置党员违纪案件；检查和处理院系所属党组织和党员违反党章和其他党内法规情节比较简单轻微的案件等。但实践中，相对于高校纪委，院系纪委是否应承担受理、查处和处置的职责，目前实践中做法不一。其中四川大学、华南理工大学、西南交通大学等高校将"受理对本单位党组织和党员的检举、控告，受理被处理党员、干部不服党纪政纪处分的申诉"列入院系纪委职责范围。同时也有研究认为可根据本校实际情况将"受理对本单位党组织和党员的检举、控告，受理被处理党员、干部不服党纪政纪处分的申诉"的职责保留在校纪委。[1]实际上，《监督执纪工作规则》第7条第1款第3项规定，监督执纪工作实行分级负责制，高校纪委和院系纪委都是作为"基层纪委负责监督检查和审查同级党委管理的党员，同级党委下属的各级党组织的涉嫌违纪问题；未设立纪律检查委员会的党的基层委员会，由该委员会负责监督执纪工作"。根据该规定，院系纪委应承担受理、查处和处置的职责。同时笔者认为，既然设立了院系纪律检查机关，就应当充分发挥其作为一级基层纪律检查机关的组织功能，至于其相关人员的业务能力和专业素养也需要高校纪委加强指导培训，并在实际工作锻炼中不断提升。

第四，严肃问责。根据《中国共产党问责条例》，高校院系纪委还负有依规依纪、实事求是地按照失责必问、问责必严，权责一致、错责相当的原则协助院系党委进行问责或者提出责任追究的建议，追究在党的建设、党的事业中失职失责的党组织，包括院系下属师生党支部及其领导成员相应的主体责任、监督责任和领导责任。院系下属师生党支部如存在党的领导弱化、政治建设抓得不实、思想建设缺失、组织建设薄弱、作风建设松懈、纪律建设不严、推进党风廉政建设和反腐败斗争不坚决、不扎实，全面从严治党主体责任或监督责任落实不到位等不履行或不正确履行职责的行为，由院系纪委报院系党委主要负责人批准后启动问责调查程序，并由院系党委依管理权限对下属党支部根据危害程度和具体情况责令作出书面检查并整改、通报等问责决定，依管理权限对

---

[1] 参见许廉菲："论高校基层纪律检查组织的创新"，载《法制与社会》2015年第29期。

党的领导干部做出通报、诫勉等问责决定。[1]同时，要分清党组织领导班子的全面领导责任、领导班子成员的主要领导责任和重要领导责任。

三、理顺关系

高校院系纪委作为高校在院系设置的监督执纪问责的专责机关，要落实好党中央和上级党组织的决策部署，强化政治监督、做实日常监督、履行好管党治党责任，要确保和增强监督实效，还需要理顺和廓清与院系同级党委和高校纪委的关系，与其他监督或责任追究方式的关系，健全完善相关配套实体和程序制度的衔接。

第一，在院系党委和院系纪委的领导与被领导关系中，要建立起保证二者承担党风廉政建设主体责任和监督责任相互之间不缺位、不错位和不越位的衔接制度。根据《监督执纪工作规则》第5条第2款和第3条第2项的规定，院系党委对院系纪委的领导体现为：党委应当定期听取、审议同级纪律检查委员会的工作报告，加强对纪委工作的领导、管理和监督。院系党委作为院系党风廉政建设和反腐败工作的责任主体，全面领导、执行和推动院系党风廉政建设和反腐败工作。纪委作为党自我监督的专责机关，依照规定加强对院系党委履行职责、行使权力的情况进行监督。同时，院系纪委要按照中央纪委"三转"（转职能、转方式、转作风）要求，避免"协调变牵头、牵头变主抓、主抓变负责"的错位、越位现象，把监督重点聚焦到监督的再监督，检查的再检查上来，积极协助院系党委推进全面从严治党、加强党风廉政建设和组织协调反腐败工作。

第二，在高校纪委和院系纪委的领导与被领导关系中，要建立完善的通报、支持、配合和请示报告制度。根据《监督执纪工作规则》第3条第2项的规定，尽管院系纪委要同时接受院系党委和高校纪委的双重领导，但监督执纪工作以上级纪委领导为主，线索处置、立案审查等在向院系党委报告的同时应当向上级纪委报告。同时，院系纪委书记、副书记的提名和考察以高校纪委会同组织

---

[1] 依《中国共产党问责条例》第8条和第12条的规定，对党组织的问责除检查、通报外，还有改组；对党的领导干部的问责，除通报、诫勉外，还有组织调整或组织处理以及纪律处分的问责方式，其他问责方式需按照党章和有关党内法规规定的权限、程序执行。

部门为主。也就是高校纪委与院系纪委领导体制机制中的"两为主一报告"制度，其中一个重要功能就是破解同级党委尤其是"一把手"和领导班子的监督难题。既然在监督执纪工作方面，院系纪委以高校纪委领导为主，那么笔者认为无论是高校纪委还是院系纪委收到的涉及该院系党组织或党员干部的问题线索、信访或检举控告，都应以校院两级纪委为主建立完善相关审查处置必要的通报、支持、配合以及请示报告制度，这不同于只是设立纪检委员的院系党组织与高校纪委之间就审查处置建立相关制度的情形。

第三，健全完善院系纪委监督执纪问责的相关实体和程序配套制度。包括院系党委落实党风廉政建设主体责任、院系领导班子落实党风廉政建设集体责任、院系党组织主要负责人落实党风廉政建设第一责任人责任，院系领导班子成员根据工作分工，并按照"一岗双责"的要求，对分管单位和部门落实党风廉政建设主要领导责任等相关配套制度。同时，推动纪律检查、行政监察和业务监管有机结合，发挥组织协调作用。此外，院系纪委除了依规依纪强化自上而下的组织监督、自下而上的民主监督以及同级相互监督等党内监督外，还要支持和保证高校所在区县、地市的人大、政协以及民主党派、师生群众、审计和媒体监督等外部监督。院系纪委还应建立健全院系党员干部和师生的廉洁档案、督促院系"一把手"和领导班子完善落实民主集中制、"三重一大"决策制度、党委会会议、党政联席会会议和教授委员会会议或学术委员会会议制度以及党员领导干部和教师兼职管理制度等配套实体制度，完善履行监督执纪问责职责时对于线索处置、谈话函询、初步核实、立案审查调查、案件审理、处置执行等应当遵循的相关程序制度。

第四，高校院系纪委除党内监督执纪问责的职责外，并不承担为全面从严治党和反腐败重要措施的组织处理和政务处分等职责。根据《中国共产党组织处理规定（试行）》以及《中华人民共和国监察法》等相关规定，组织处理主要是党委（党组）等党组织及其组织（人事）部门按照干部管理权限履行组织处理职责，对违规违纪违法、失职失责失范的领导干部采取的岗位、职务、职级调整措施。同时，尽管按照中央纪检监察体制改革的要求，组建国家、省、市、县监委，中央和地方各级纪委监委实行合署办公，实现党内监督和国家监察监督有机统一。但目前高校尚未在院系设置、派驻或派出监察机构或监察专员，因此高校院系纪委并不承担监察机关的政务处分职责。高校纪委则与监察机构合署办公，实现纪法监督职责统一。当然，为取得良好的监督效果，高校院系纪委也应做好自身监督执纪问责与组织处理和法律责任追究的有机衔接，对院系所属党员领导干部存在违规违纪违法、失职失责失范行为，需要给予组织处理、政务处分等责任追究的，应当就相关情况向高校纪委和同级党委报告，并向相应职责单位提出纪检建议。

论高校教师与大学生的德育教育

罗智敏

一、大学生的德育教育是高校教师的重要职责

众所周知,国家的兴衰取决于教育,而教育的兴衰又取决于教师。在教育中,德育教育非常重要,可谓诸育之首。然而高校中存在这样一种观点,即德育教育是学校及辅导员的职责,高校教师的任务主要是授课,但实际上,德育教育是高校教师的职责所在。高校教师的责任不仅在于教书,更在于育人。众所周知,韩愈在《师说》中就已经指出:师者,所以传道授业解惑也,"传道"就是要求老师言传身教,不仅要教书,还要培养学生可贵的人格品质,这就要求高校教师本身要有高尚的道德修养,同时要将此传授于学生。正如教育家徐特立提出,教师有两种人格,一种是经师,一种是人师。人师就是教行为,就是怎样做人的问题;经师则是教学问的。我们的教学是要采取人师和经师二者合一的。[1]

德育教育在大学同样重要,虽然相比于中小学生,大学生心智较为成熟,大学生的主要精力在于学习专业知识,但是实际上大学生的人生观与价值观并没有完全形成,他们普遍处于心理转型与适应期,对某些事物的看法会发生变化甚至巨大变化。如今,中国高校就迎来了"00后"大学生,他们基本都是独生子女,一般家庭条件较好,衣食无忧,又生活在高速发展、急剧转型的时期,造就他们独特的心理特征,很多学生的确存在"浮躁""自私""脆弱""心理

---

[1] 参见徐启江等:"立德树人视域下高校'人师'与'经师'内涵及自我养成路径",载《高教学刊》2021年第6期。

承受能力差""依赖性强"的问题,但是另一方面,他们易于接受新鲜事物,敢于质疑传统权威。这些都向大学教育提出了新的挑战,同时也表明德育教育在今天的大学显得更为重要。高校教师在培养大学生发展正确的人生观与价值观的过程中承担着非常特殊的任务,对这样一个群体,如何改变以前的教育教学方式,加强对新一代大学生的德育教育成为摆在每一位教师面前的一项重要使命。

从国外高等学校的教育来看,大学教师对学生的德育教育也非常重要。美国高校实行的是全面主义德育教育模式,在家庭、学校和社会三位一体模式下进行全面德育教育。[1]英国大学不仅在教学内容方面对教师做出要求,而且要求每个教师在教学过程中以身作则,为人师表,用自己的人格品行对学生进行言传身教。日本文部省也规定,教师应承担起学校道德教育的任务,日本从1959年起,就把"道德教育研究"列为师资培养课中的必修科目。[2]联合国教科文组织在《21世纪的高等教育展望和行动世界宣言》中指出:高等教育的首要任务是培养高素质的毕业生与负责任的公民,这也体现了德育教育在高等教育中的重要性。可以看出,德育教育已经是各国高等教育的主要内容。

高校教师对大学生进行德育教育的职责也体现在我国《教师法》中,该法第3条规定:"教师是履行教育教学职责的专业人员,承担教书育人,培养社会主义事业建设者和接班人、提高民族素质的使命。教师应当忠诚于人民的教育事业。"可以说,我国以德育人是包括高校教师在内所有教师的神圣职责,是教师的一项法定义务。

二、高校教师对大学生进行德育教育存在的问题

近些年来,高校师生关系发生了一些变化,其中最为明显的就是师生关系冷漠疏远。教师与学生之间缺少了解与沟通,除了上课见面之外与学生几乎没有任何交往;学生也经常遇见老师不打招呼不说话,形同路人。造成这一局面的原因是多方面的:

第一,从教师角度而言,一方面学生数量太多,教学任务多而重的情况下

---

[1] 王艳:"美国高校德育教育路径及启示",载《柳州职业技术学院学报》2020年第4期。
[2] 王颖:"国外高校教师在学生德育中的作用及借鉴",载《黑龙江高教研究》2011年第8期。

很难认识与熟悉数以百计的学生;另一方面,教师科研任务重,没有时间与精力和学生进行很好的交流与沟通。还有的教师还处在旧的思想观念中,认为教师比学生地位高,不能以平等的身份和学生相处。此外,有些高校教师经济收入较低,不得不从事一些兼职工作,除了授课之外自然再没有时间思考如何对学生进行德育教育。当然,日益壮大的高校教师队伍,"导致师资队伍良莠不齐,其中难免混杂着一些个人修养不高、业务水平不精湛的人员"。[1]

第二,从学生角度来看,现在的学生是新生的一代,接触的新鲜事物广而杂,信息量大,自我意识较强,个性非常鲜明,与教师所处时代不同,二者之间的文化思想存在较大差异,"这种社会文化背景的差异导致师生的价值观、人生观产生巨大差异,使得教师与学生的交流沟通变得更加困难"。[2]正是因为知识信息传递渠道多元化,大学生自主意识较为强烈,故而不再像以前的学生那样对教师有强烈的依赖感,他们通过各种形式与同学或社会其他成员交往,与教师的联系减少。他们容易接受新观念,勇于进行新的尝试,一些多元价值的文化冲击也促使形成一种灰色的师生关系。[3]此外,学生不愿意与教师交往也常常是因为教师的教学方式单一,课堂气氛沉闷,缺乏吸引力。现在的大学课堂,学生迟到早退、上课睡觉、玩手机与平板电脑几乎成了一种常态。也有的学生认为高校老师功利心太重不关心学生,这是导致师生关系疏远的重要原因。[4]可见,如果教师本身在学生心中的地位不高,学生自然不愿意主动与老师联系,从而导致师生关系淡漠。

第三,从高校制度本身来看,很多高校对教师的科研水平要求很高,教师的科研压力太多,科研成果又与职称评定密切相关,高校教师不得不竭尽所有的精力在申请科研项目、写论文或参加学术会议上,无暇顾及育人职责。高校在教师与学生的联系方面又缺乏必要的制度支撑,造成教师与学生之间沟通方式单一,除了上课就再也没有见面机会。

---

[1] 丁广大、刘新玉:"当今高校师生关系出现的问题及对策分析",载《新课程研究》2013年第2期。

[2] 丁广大、刘新玉:"当今高校师生关系出现的问题及对策分析",载《新课程研究》2013年第2期。

[3] 吴正龙、齐敏华:"高校灰色师生关系现象及其成因分析",载《中国科教创新导刊》2013年第1期。

[4] "高校师生关系渐行渐远 因老师功利心太重",载搜狐网:http://learning.sohu.com/20071128/n253620921.shtml,最后访问时间:2018年3月5日。

第四，社会一些不良价值观的影响导致师生关系异化甚至出现扭曲的现象。如今多元文化与多元价值观冲击着大学校园。"利益至上""个人主义""拜金主义""享乐主义"等观念不但影响着学生，也冲击着大学教师的灵魂。在这个大环境中，一些高校教师忙于赚钱而不再将时间投入到学生身上；而一些学生也表现为读书功利化，甚至有的学生为了达到自己的目的向任课教师请客送礼等，还有些学生与老师角色迷失，出现不正当的师生恋等现象。这些社会环境都会使得师生关系渐行渐远。

上述师生关系的现状堪忧，而这恰恰体现出高校教师的德育教育方面存在着缺陷与不足。一方面，高校教师应该加强自身的德育教育；另一方面，高校教师应该加强对学生的德育教育，只有这样，才能够加强与学生的情感和思想交流，加强彼此之间的了解，改变师生间疏远与冷漠的现状。

三、高校教师在教学实践中加强对大学生德育教育的路径

高校教师应该坚持"学高为师、身正为范"的信念，在自己的教学科研工作中潜移默化地影响每一位学生。

（一）提高自身的师德修养是加强学生德育教育的基础

所谓"师也者，教之以事而喻诸德也"，然而一些教师只关心完成自己的教学任务，至于其他不是自己必须完成的或者没有一定利益收入的则不会去做，学校、学院组织一些集体活动也比较困难。教师这样的行为实际上都会间接地影响学生，不利于对大学生德育的开展。笔者认为，提高自身的师德修养是加强学生德育教育的基础。高校中教师的队伍最多，应该是学生获取知识、不断成长的引路人，虽然现在的师生关系有些变化，但是传统观念中教师的形象并没有消失，"儒家文化中遵从于教师的道德观念依然沉淀在人们的心中，而成为一种道德信仰，影响着学生的整个求学生活，大学阶段也是如此"。[1]教师应该以自己的敬业精神和人格力量感染学生，才能使他们树立正确的人生观与价值观，培养学生刻苦耐劳、不断进取、积极向上的精神，提高他们的道德修养。

现在大学生生长在新时代，很多学生自小就受到家长的溺爱，家庭依赖感

---

[1] 时伟："高校教师与德育现代化"，载《玉林师范学院学报》2001年第4期。

强，上大学之前几乎所有事情无不在家长的帮助下完成，因此部分学生往往考虑问题以自我为中心，不顾及别人的感受，自私自利，没有集体主义感，功利主义严重，缺乏团结协作能力与合作精神，有时候学习态度不认真。大学教师必须坚持该育人理念，只有自己严格遵守师德规范，思想作风端正，不计名利，工作勤恳敬业，有高度的事业心和责任心，才能通过自身的言行影响每一位学生，使他们树立正确的人生观与价值观，使他们知道，要坚守岗位，要有勤奋执着的精神，要有集体主义观念。只有教师对待学生负责，态度认真，才会使学生真正地受到德育教育！

（二）将德育教育贯穿于新的教学方式中是加强学生德育教育的关键

新一代的大学生实际上一出生就面临着各种竞争压力。他们生活在被家长、教师敦促与批评的环境中，尽管考上了大学，却又面临新的压力，久而久之在不易察觉的情况下，这些大学生都有程度不同的心理疾病，如焦虑、自卑、悲观等。大学教师在教学过程中，应该积极探索新颖的教学方式，针对本科生与研究生、不同专业的学生使用不同的教学方式，将德育教育贯穿于新的教学方式中，这是加强学生德育教育的关键，使学生在学习的过程中不知不觉地受到爱国主义、传统美德等教育，并能够培养他们积极向上的进取心。

第一，所谓"学高为师、身正为范"，要想将德育引入课堂，教师首先应该做到知识储备丰富。在信息化的今天，在信息不断更新，知识爆炸的时代，学生的知识来源不限于教师与书本，这就要求教师必须与时俱进，先自己学习再去教育学生。教师每一学期的教案都应该进行更新，每次上课之前都应该认真仔细地备课，悉心选择一些有教育意义的生动教学案例，从而使学生在探讨案例时受到教育。如果教师几年不更换教案，讲课枯燥无味，学生学习都没有兴趣，德育教育更是无从谈起。

第二，无论是多媒体教学、案例教学，还是启发式教学，都要激发学生的思考兴趣，特别注重与学生充分交流，启发学生的智慧。

第三，要充分利用现代多媒体教学方式、学习App、微信等方式布置思考题，培养他们独立思考的能力。

第四，在课堂上要想尽办法使同学们充分表现自己，少批评，多鼓励，多支持，多理解，要学会善于表扬学生，这些都能够使他们博学、审问、慎思、明辨，提高他们自信自强，积极进取，勇于挑战，勇于创新的能力。

（三）课后关心学生、支持与帮助他们参加各种实践活动是加强学生德育教育的重点

新生代很多是独生子女，成长环境使他们备受父母及社会关注，但是缺少与亲友情感上的沟通，不具备成熟的心理素质和承受能力，很难坚强地面对挫折与失败。有研究指出，大学生自杀率高于一般青年。很多教师认为上完课就完成了任务，下课与学生再无接触，实际上，这种做法有失偏颇。教师的任务并不仅仅在于授课，还应该在课后多关心学生，让他们时刻感觉到老师的关怀，要帮助他们积极参加各种社会实践活动，这也是加强学生德育教育的重点。

大学生与中小学生不同，他们不再有小学阶段的安全需求，也不会出现中学阶段的叛逆与躁动，在其独立意识加强的情况下，希望能与教师进行平等的交流与对话，并对某些问题发表独立见解，以此表达自己的学业成功，展现自己的成人化。[1]因此，教师在第一堂课上就要告诉同学们自己的联系方式，并表达可以随时帮助他们的愿望；课间休息时尽量与学生聊天，询问他们的学习生活情况；应该及时回答同学的各种问题，包括学习上的及生活中的，真正为学生排忧解难，成为学生的知心朋友，做到严中有亲、严中有信、严中有爱、严中有情，善待每一位同学的每一份情感。只有这样，才会充分与学生交流，才会赢得学生的信赖与尊敬，才会将德育教育贯彻在一言一行中，潜移默化地影响学生。用爱感染学生，从人的终极价值上去关怀学生、引导学生是德育工作的重要方式。

为了提高学生的心理承受能力，教师要鼓励同学们参加各类学生社团、志愿活动以及学术活动，帮助他们扩宽社会实践的渠道，使他们认识社会、认识自己、树立自信，使他们学会克服困难，并做到勤俭节约。笔者曾经在一个春节期间，收到政治与公共管理学院一名学生的信件，他虽然不是法学专业的学生，但想参加"学术十星"大赛撰写法学专业的论文，请求指导。时值春节，本人仍悉心指导，该学生的论文在150篇参赛论文中脱颖而出，荣获"学术十星"，这极大地树立了他的自信心，该生最后以优异的成绩通过了本校民商经济法学院的硕士考试。

---

[1] 时伟："高校教师与德育现代化"，载《玉林师范学院学报》2001年第4期。

总之，大学生的德育教育并非仅仅上几节德育课，或者辅导员老师的几次谈话或心理辅导，它需要所有老师都能够坚守"师也者，教之以事而喻诸德也"的信念，并付诸行动。只有这样，才能把我们的大学生培养成有责任感、积极进取、充满自信、敢于担当的新一代。

高校党团共建模式下青年党史学习机制研究

——以中国政法大学法学院为例

韩萌萌

青年是祖国的未来、民族的希望，而青年共产党员更应是其中的优秀分子。党的事业要蓬勃发展、后继有人，就必须培养更多优秀的后备力量。[1]在新形势下，党团共建成为高校党建工作的一个新的工作思路。习近平总书记指出，高校思想政治工作关系到高校培养什么样的人、如何培养人以及为谁培养人这个根本问题。在高校中开展好党史学习教育意义重大。恰逢共产党百年诞辰，党中央决定2021年在全党开展党史学习教育，用党的光荣传统和优良作风坚定信念、凝聚力量、牢记初心使命，推进中华民族伟大复兴历史伟业；坚定信仰信念，坚持和发展中国特色社会主义的必然要求；推进党的自我革命、永葆党的生机活力。[2]将党团共建与党史学习教育结合，有利于建立稳定的党史学习教育机制，推动党史学习教育常态化，促进党员在党史学习中增强党的意识，培养奋斗精神，推动法学院党支部建设。

一、党史学习教育在高校党团共建模式下开展的重要性

（一）党团共建模式的内涵及重要性

高校党团共建是指高校党组织组织计划、开展党建工作时，把所领导的共

---

[1] "用青春书写当代学生党员风采"，载人民网：http://opinion.people.com.cn/n1/2018/0705/c1003-30126567.html，最后访问时间：2021年4月20日。

[2] "习近平：在党史学习教育动员大会上的讲话"，载共产党员网：http://www.12371.cn/2021/03/31/ARTI1617174802044757.shtml，最后访问时间：2021年4月24日。

青团的组织建设工作纳入统一的规划安排之下，以实现党团组织建设共享共进的目的。《中共中央关于加强和改进党的群团工作的意见》指出，党组织要将群团工作纳入党的建设总体部署，十九大报告中强调，党要增强群团工作的能力，要高度重视和大力推进青年工作。加强党团共建工作就是贯彻落实党中央对于党的群团工作的要求。党团共建工作有助于从思想、组织、队伍等各方面对青年学生起到积极的导向作用，增强党团凝聚力，带动在校青年共同前进。

新形势下，中国共产党与中国共青团都面临着政治、思想、组织、队伍等多重考验。尤其是当下意识形态领域斗争愈加激烈，不良思潮往往不经意间渗透进青年队伍，极大地危害青年的成长。开展党团共建工作，就是利用优秀党员、党支部的引领作用，利用团的思想引领优势，宣传主流意识，引领青年学生成长，增强党在青年学生中的意识形态话语权，通过党团共建，创新话语体系，增强主流意识形态话语的感染力，引导青年始终保持马克思主义世界观、人生观、价值观，加强党对团组织的直接领导。

高校学生党建、团建工作实质上是落实高校"立德树人"任务的一个环节。高校党组织在人才培养中起到政治核心作用，是"立德树人"根本任务的设计者、组织者。[1]构建党团共建机制，要用党的先进理论武器指导党团共建的实践工作，并根据实践的不断发展，用党建的先进理论来指导共青团的组织建设，用团青年基础服务全党，扩大党团共建在青年学生中的影响力，提升党团组织的号召力和影响力。

（二）党团共建模式下党史学习教育的效益

在庆祝中国共产党成立 100 周年之际，借助党团共建模式开展党史学习教育活动，利用既有平台及组织，吸纳更多的党员、团员参与党史学习教育活动，有利于创新活动形式，提高活动参与度，增强党史学习教育活动的辐射力、传播力、影响力。

利用党团共建模式，以党支部为党史学习教育的活动中心，联合团支部，共同构建党史学习工作矩阵，在党委的组织与协调下，联合党支部骨干与团支部骨干，共同确定党史学习活动形式、活动主题、活动方案，群策群力，创新

---

〔1〕 高凯、静欣："高校党团组织带建共进策略研究"，载《沈阳工程学院学报（社会科学版）》2020 年第 3 期。

党史学习教育活动形式,推动党史学习教育深入学生之中,抓住青年学生需要的党史教育形式,策划符合学生党员需求的党史学习活动,聚焦党史学习活动对青年学生的引导,提高党史学习教育活动的趣味性。

借助党团共建模式,可扩大党史学习教育活动的覆盖面,提升党史学习教育活动的辐射力,通过党支部骨干的引导,指导团支部党史学习活动,提升党史学习的理论深度,讲清故事背后蕴含的深刻道理。力求将马克思主义的立场、观点、方法贯穿其中,辩证地把握历史的哲学和历史的细节,通过历史与理论的结合,加深青年学生对中国共产党为什么"能"的认识和理解。[1]引导学生党员及团员看到党历史发展的阶段性与连续性,让青年学生在党的故事中感受感动人心的精神力量,在理性与感性的激荡中坚定理想信念。

二、党团共建模式下党史学习教育工作思路

(一)以"三位一体"工作模式为依托进行党史学习

以法学院学生党支部政治堡垒为建设阵地,发挥党支部建设引领作用,利用团支部组织与参与活动的积极性,借助班级宣传作用,三位一体,统揽党史学习教育活动。利用纵向式的不同年级之间的沟通链条,形成党支部与团支部共同组织、共同参与的工作格局,实现跨支部、跨年级、跨校区、跨学校开展党史学习教育活动,提升活动参与度与影响力。

(二)以党团共建为路线开展党史学习活动

党团共建的模式最大的优势就在于建立党团共建小组,在纵向上形成不同年级间的沟通链条。党史学习教育方案紧扣"以党建带团建,以团建促团建",横向联通各年级班级团支部与党支部,纵向贯通高年级党支部与低年级团支部。以横纵汇通为视角,沟通各党团支部,构建学生党建工作,使法学院学生组织织成一张有机的大网,共同参与党史学习教育活动。以党支部为基点,形成党史学习教育活动开展的中心,将党史学习教育的受众从党支部内部,扩展至团支部,辐射至班级、学生组织,形成活动合力。

---

[1] 田杨:"推动党史学习教育要做到'三深入'",载《重庆日报》2021年4月29日,第10版。

(三) 以扩大党史学习教育受众覆盖面为导向

由于法学院研究生与本科生分属两个校区，两校区之间党支部沟通较少，"两边热，中间冷"的现象较为突出，党团共建模式可以有效密切两校区党组织之间的组织联系。以党团共建模式发挥高年级党支部经验优势，在党史学习教育活动的组织上对低年级团支部起到传帮带作用，积极性高的低年级共青团员积极参与活动，可有效提高活动出勤率、扩大活动参与度，提高党团活动覆盖面。同时利用党团分属宣传平台，扩大党史学习教育活动影响力。

三、党团共建模式下党史学习教育活动构建方向

(一) 联合院外校外党支部联动党史学习活动

积极推动院内党支部联系院外、校外党支部共同开展党史学习教育，加强对外交流，沟通党史学习教育活动经验，在与其他学院、学校沟通时，学习借鉴其他党支部党史学习教育形式，立足自身情况，学习优秀做法。通过与其他党支部的沟通，找准党史学习教育的优势立足点，发现党史学习教育活动现有的不足与缺陷，弥补既有不足，为继续优化院内党史学习教育形式与内容奠定基础。扩大学院党史学习教育的辐射影响，同时可以推动党史学习教育活动走出校园，共同开展联合活动，增强党史学习教育活动的影响力，提升学院党建活动品牌影响力。

(二) 将党史学习与法治建设进程相结合

我校是传统法科强校，将党史学习与法治中国建设结合起来，既能有效利用法学学科资源，又能将党史学习融入专业学习中，深化对习近平法治思想的认识，牢牢抓紧"立德树人，德法兼修"的育人目标。党史学习与中国特色社会主义法治思想的连结点在于法治中国的求索历程。从中国共产党成立当天起，民主法治就是其奋斗目标。从陕甘宁边区的"马锡五审判方式"到"以审判为中心"改革，从"新政协"的召开到全面依法治国，法治中国的建设历程和中国共产党的历史血脉相依，共同走过了一个世纪。把中国共产党百年党史和法治中国的求索历史结合起来，从法治的角度回顾中国共产党党史，有利于从法

治建设进程中感受中国共产党坚持勇于自我革命，不断自我净化、自我完善、自我革新、自我提高的先进性与生命力。

（三）立足红色资源，传承红色基因

鼓励党支部以及团支部充分利用红色资源，创新党史学习教育形式，将党史学习教育活动带到校园外，把党史学习教育开展在博物馆里，红色旧址上。利用红色资源，传承红色基因。红色资源承载着党和人民英勇奋斗的光荣历史，记载了中国革命的伟大历程和感人事迹，是党和国家的宝贵财富，利用沉浸式的实地教育讲好党的故事、革命的故事、英雄的故事，充分挖掘红色资源中的内涵，有利于青年学生深入学习党的理论，增强党的信念。在红色博物馆、革命旧址中开展党史学习教育活动，挖掘红色资源背后的党史故事，避免党史学习教育活动形式化、表面化，让青年学生在红色文化的熏陶下厚植爱党、爱国、爱社会主义的情感。让青年学生深入党史学习一线，加强党性自我教育，力求青年学生学深学透，真切将党的红色基因刻入骨子，激励青年学生砥砺自我，担当时代使命。

（四）以知识竞赛激励学习热情

积极通过党团共建的模式，推进党团组织开展党史知识竞赛。通过知识竞赛的形式检验党史学习教育成果，将知识性、趣味性融为一体，以赛促学、以赛促用，调动学生党员参与党史学习的积极性、主动性与自觉性。充分利用激励机制激发学生党员学习党史的热情，提高自觉学习党史的积极性，真正将党史知识内化于心，把学习成果外化于行。创新学习方式，提高理论水平，做到学用结合。

四、党团共建模式下党史学习教育常态化机制探索

（一）强化党团共建下党史学习意识

党团共建既是党组织建设的重要组成部分，日常工作中，加强党团组织思想引领，加强党团共建学习及宣传，以宣传带动活动，充分发挥党团共建工作对于党史学习教育的促进作用。在党团共建的模式下，学院党委强调党史学习

教育工作的重要性以及树立党史学习教育常态化的意识,将党史学习教育刻入党支部建设的骨子里,将红色基因融入青年的血脉里,确保党史学习教育取得扎实成效。[1]确保学生党员在党苦难而辉煌的历史中增强政治意识、提高政治能力,为面对当前和未来各种复杂艰巨的任务做好思想准备、政治准备。

(二)建立党团共建下党史学习教育宣传矩阵

党史学习教育活动不仅是法学院党委内部加强党史理论修养,提升党员综合素质,在党史学习教育中砥砺初心使命,汲取奋进力量的重要途径,更是对外彰显法学院党委工作作风,提升党委形象的重要契机。在党团共建模式下开展党史学习教育活动要注重展现党史学习教育活动的效果。要实现这一目标,就要抓牢宣传工作,筑牢法学院党委党史学习教育活动的传播阵地,夯实法学院党建风采的展示阵地,搭建党史学习教育凝聚人心的赋能平台,构建党员群众党史学习交流沟通的互动平台。

(三)落实党团共建下党史学习考核机制

首先,要建立党组织定期调研考察党史学习的工作制度,健全党建带团建党史学习教育的长效工作机制。要求党支部与团支部集体讨论和研究党史学习教育的具体活动,营造良好的沟通协调氛围,共同举办优质活动,吸引参与力度。其次,完善评议考核制度,坚持将党史学习教育活动纳入党团共建工作的整体部署,严格党团活动民主评议以及党组织考核,提升党史学习教育活动的质量。最后,建立工作联络会议,选派学习成绩优异、工作能力突出、热爱党团工作的学生党员到基层团支部担任联络站负责人,指导团支部组织党史学习教育活动,将红色基因注入青年人的血脉。

五、结语

党团共建是中国共产党建设发展中形成的一套重要工作方法,是党建工作的重要组成部分,党史学习教育互动以此为平台展开,有利于学生党员从规范

---

[1] "砥砺初心使命 汲取奋进力量——党史学习教育中央宣讲团宣讲活动综述",载共产党员网:http://www.12371.cn/2021/04/15/ARTI1618485835261694.shtml,最后访问时间:2021年4月29日。

化的党建工作中学习党的历史，通过常态化的党建活动，深入党史学习，利用创新型的活动形式，体会党史内涵。以先辈先烈为镜、以反面典型为戒，不断筑牢信仰之基、补足精神之钙、把稳思想之舵，自觉做共产主义远大理想和中国特色社会主义共同理想的坚定信仰者、有力传播者、忠实践行者。确保法学院学生党员在党史学习中汲取经验智慧，在实践中加强政治历练，不断增强政治意识，提高政治能力，坚定理想信念，不断砥砺前行。

中国共产党百年思想政治教育的启示探析

刘 澍

中国共产党成立百年来,思想政治教育一直是党的优良传统和政治优势,在中国的革命、建设、改革事业中起到了"生命线"作用,为党的政治建设、组织建设、作风建设、纪律建设、制度建设提供重要支撑。在马克思主义旗帜的指引下,党的思想政治教育形成了完整的学科和理论体系,探索了一系列科学的教育方法,助力中华民族和国家建设迎来胜利和辉煌,这对在新的历史时期继续做好思想政治教育有极强的启示作用。

一、坚持马克思主义的指导地位

思想政治教育能够在百年党史上发挥重要作用,根本原因在于始终有马克思主义这面旗帜的引领。马克思主义总结了社会历史的发展规律,并科学预测未来社会的走向,从诞生之日起就有科学性与实践性两大基本属性,基于这两大属性,先进的中国知识分子选取了马克思主义作为中国共产党的建党思想,并且把其基本原理应用于思想政治教育,推动中国实践的发展。

作为无产阶级专政的社会主义国家,马克思主义是中国思想政治教育不可动摇的根基。在革命战争时期,我们十分注意在农工运动和革命军队中开展以马克思主义为主要内容的思想政治教育,并且通过一系列卓有成效的思想政治教育活动,提升了党内理论水平,增强了整体战斗力,中国人民取得了抗日战争和解放战争的胜利。中华人民共和国成立后,通过马克思主义理论的灌输,人民群众在社会主义改造和建设中发挥了积极的作用,实现了国家发展建设的自主化。改革开放后,中国共产党以最新的中国化理论成果为指引,通过进行精神文明建设、加强高校思想政治教育课程建设等方式,帮助人民群众厘清思想，粉碎了西方资本主义思想进攻的企图，避免了社会主义建设误入歧途。党的十八大后，遵循着马克思主义与时俱进的精神，思想政治教育通过完善学科建设、宣传社会主义核心价值体系、开展党内党外教育实践活动、注重网络教育宣传等方法，凝聚了全体中国人民的力量。总的来说，是由于我们高举马克思主义旗帜，才能将中国社会从一盘散沙转变为团结向上，才能让中国的发展走上了快车道，并且没有迷失方向。

新时代背景下，马克思主义仍然是引领思想政治教育未来的旗帜，在百年未有之大变局中，坚守马克思主义的指导具有时代紧迫性。一是在冷战和零和博弈等错误思潮的影响下，部分国际敌对势力缺乏对中国发展的客观判断，通过传播所谓的"自由民主普世价值"的方式，企图在思想领域阻碍中国的发展。二是由于社会的发展，各种思潮呈现多样化的趋势，在一定程度上消解着主流思想的地位。三是随着网络时代的降临，一系列高新技术迅猛发展，社会舆论和生态有着巨大的变化，如何在网络环境下更好地驾驭新媒体为思想政治教育服务，是网络时代思想政治教育工作的重大课题。

要在思想政治教育中坚持马克思主义的指导地位，我们要从根本制度的构建入手，形成中国共产党领导的政治生态系统，把党的意识形态和宣传工作同思想政治教育工作有机融合，创新开展各类日常思想政治教育活动，把全体中国人民都纳入到马克思主义理论教育和形势政策教育中来，让中国人民理解中国为什么选择马克思主义，为什么选择中国共产党。

二、建构思政教育理论的体系化研究

中国共产党的百年进程，也是党的思想政治教育理论日益完善，体系化发展的过程。20世纪80年代，高校设立思想政治教育专业，利用高校自身优势和资源确立理论研究范式，同时立足党的历史，发展多学科交叉研究体系，推进学科发展。这一百年来，中国共产党思想政治教育的话语体系也经历了几个阶段的转换和创新，但其核心是为保持思想政治教育的现代性，以人为本，坚定"四个自信"。另外，通过研究党的思想政治教育史资源，发掘其在党的理论创新中的贡献，有利于持续推进中国共产党思想政治教育研究的体系化。

(一) 系统构建思想政治教育学科研究范式

中国共产党思想政治教育的发展经过了经验总结、体系化发展到范式研究的过程。研究范式是理论和学科规范发展和成熟的标志，从 1921 年中国共产党成立到改革开放前的长时间内，我党虽然进行了思想政治教育的大量实践工作，但多是经验总结，系统性和理论性不足。直到 20 世纪 80 年代，思想政治教育学科正式设立，学界针对思想政治教育理论和范式展开了系统研究，取得了一些理论成果，形成了学科共识，构建了学科体系。

随着思想政治教育学科的发展，思想政治教育的研究范式更多聚焦于社会哲学、人学、科学实践、文化等范式，既具有思想政治教育研究的普遍性，又具有党的思想政治教育史研究的特殊性。中国共产党百年思想政治教育要求学科在接下来的发展中，需要在总结和积累已有成果的基础上，继续优化思想政治教育学科的体系建构，打造专业研究队伍、培养专业人才。同时，思想政治教育具有交叉学科的属性，除了夯实马克思主义理论，还要打通与其他学科和理论的交叉研究，多角度、多维度地打造思想政治教育学科的新范式。

(二) 思想政治教育话语体系的转型和创新

思想政治教育话语体系是受社会的统治阶级或主流意识形态的支配，为维护国家利益及其统治地位的话语体系，也是"以人为本"、维护人民群众根本利益的话语体系。百年来，中国共产党思想政治教育话语体系经历了 6 次大的转型："五四"时期马克思主义话语体系、战争时期革命话语体系、中华人民共和国成立初期建设话语体系、"文革"时期政治话语体系、新时期发展话语体系和新时代复兴话语体系。随着思想政治教育话语体系的不断变化，从最初简单的标语和口号，慢慢地演绎成科学、系统的马克思主义话语体系。中国共产党在不同时期根据当时的政治环境和历史背景，进行话语体系的建构，不断巩固和加强马克思主义的价值引领和思想政治教育"生命线"的政治定位，通过话语体系的建构和转型，适应外部环境和内部环境的不断变化。党的思想政治教育话语体系转型的过程，就是立足中国基本国情，借鉴人类优秀文明成果，完善马克思主义话语体系的过程。概括来说，党的思想政治教育话语体系转型的核心使命是建立思想政治教育的现代性；内在动力是"以人为本"，实现人的全面发展,"始终全心全意为人民服务,始终为人民利益和幸福而努力工作";[1]主要难点是协调一元政治主导和多元价值之间的冲突关系,实现二者的辩证统一。新时代下,中国共产党思想政治教育话语体系建设也面临了国际和国内不断变化带来的一系列新情况,面对这些问题与挑战,党的思想政治教育话语体系也要不断创新和发展,推动中国特色社会主义伟大实践。

首先,党的思想政治教育话语体系发展和创新不能简单照搬西方文化,而是要立足中国国情,建构"以我为主"、具有中国特色的话语体系,这也是"理论自信"和"文化自信"的体现。其次,党的思想政治教育话语体系创新,要处理好现实和历史的关系,遵循客观发展规律、尊重历史,在传统与现代的碰撞中汲取经验和教训,这样更有利于增强党在思想政治教育话语体系中的感召力、影响力。最后,要始终秉持"以人为本",注重人文关怀。党的思想政治教育应该始终坚持以人民为中心,实现人的全面发展。要多从人民的利益和角度出发,满足人民群众对美好生活的需要。就像马克思说的:"理论在一个国家实现的程度,总是取决于理论满足这个国家的需要的程度。"[2]

(三) 深入挖掘思想政治教育史研究成果

中国共产党思想政治教育产生和发展的历史演进过程,以及在此基础上总结出党的思想政治教育规律,即为党的思想政治教育史的主要内容。在中国共产党的百年历史中,积累了内容丰富多样的思想政治教育史资源,这些资源既是史料,也有结论和规律性的总结,"史""论"并举是其应有之义,为研究党的思想政治教育启示提供了重要价值。一方面,通过梳理中国共产党的百年思想政治教育进程,能够明晰和深入了解党的历史发展,客观地分析党在思想政治教育过程中取得的成绩和经验教训,以史明鉴,利用鲜明的事例和人物对当前的思想政治教育起到示范或者警示的作用,具有现实意义。另一方面,中国共产党的思想政治教育史能够推动党的理论创新。党的思想政治教育史既有理论发展史又有实践发展史。思想政治教育的实践推动理论的形成和发展,同时思想政治教育理论又能指导实践的深入。挖掘思想政治教育史,能够推动党的

---

[1] 《习近平谈治国理政》第3卷,人民出版社2020年版,第139页。
[2] 中共中央马克思恩格斯列宁斯大林著作编译局编译:《马克思恩格斯选集》第1卷,人民出版社2012年版,第11页。

理论创新研究的深入,理解党的思想政治教育理论的科学内涵,总结思想政治教育理论发展及规律。进一步巩固马克思主义中国化的成果,推动中国的建设和改革实践。

三、秉持科学的思想政治教育方法

思想政治教育的方式、方法很大程度上决定了思想政治教育的效果。党在长期思想政治教育工作实践中,积累了丰富的经验,形成了一系列行之有效的方法和基本原则,对于提高思想政治教育的实际效果具有重要的意义。

(一) 贯彻实事求是的原则

思想政治教育的重要原则就是实事求是,在《改造我们的学习》一文中,毛泽东指出,"'实事'就是客观存在着的一切事物,'是'就是客观事物的内部联系,即规律性,'求'就是我们去研究"。[1]从本质上看,坚持实事求是就是要在尊重客观规律的基础上,充分发挥思想政治教育的能动性。比如在土地革命时期,党内反复出现的"左""右"倾错误的思想认识根源,就是全党上下没有形成统一的实事求是观念和共识。实事求是是马克思主义中国化的先进成果和经验,在习近平新时代中国特色社会主义思想的正确指引下,党的思想政治教育应继续贯彻实事求是的基本原则。

(二) 坚持以人为本的工作导向

党在思想政治教育工作中始终坚持以人为本的基本原则,实现人的全面进步与发展是思想政治教育的终极追求。党的十八大以来,以习近平同志为核心的党中央坚持以民为本、以人为本的执政理念,习近平总书记也多次强调高等教育立德树人这个根本任务。党的思想政治教育工作更加离不开人民群众的支持,在实践过程中,要坚持以人民为中心、为人民服务的理念。其一,党在思想政治教育中要坚持以人为本的工作导向,时刻将人民的利益摆在首位,用实际行动赢得民心。其二,要善于听取人民群众的意见,争取人民群众的理解和支持,用接地气、平和的方式与人民群众交流。

---

[1]《毛泽东选集》第3卷,人民出版社2003年版,第801页。

（三）践行群众路线的工作方法

群众路线是思想政治教育的根本工作方法，"一切依靠群众，一切为了群众，从群众中来，到群众中去"清楚描述了党的工作的对象和方法。人民群众是推动国家和社会进步的决定性力量，发挥其自主性和能动性不仅能提高自身素质，也是社会物质与精神财富增长的重要前提与条件。因此，在思想政治教育的具体实践中，要始终将人民群众放在首位，坚持实事求是，践行群众路线。

中国共产党自成立之时，就时刻将人民群众的利益放在首位，重视人民群众的力量，基于对客观规律的研究和把握，围绕群众的需求开展，并将这一认识贯穿于思想政治教育的全过程。具体表现为要围绕中心工作和中心任务，注意采取不同的方式方法开展工作。一是立足现实问题。思想政治教育在任何时期都是注重实践性的，如果不能解决实际问题，一切都无从谈起。党的百年思想政治教育进程中，一直坚持充分听取民意，以解决实际问题为目标，为人民谋福祉。二是坚持共性和个性问题相统一。针对不同的情况和时代背景，党的思想政治教育往往因人而异，因时而变。土地革命时期，针对队伍素质整体偏低的现状，利用条幅、口号等形式开展宣传教育活动，中华人民共和国成立以后，又针对不同的阶级和知识水平的群众运用不同的方法进行区别教育。三是建立平等和民主的秩序。党在思想政治教育中一直反对用粗暴和打压的方法，而是提倡"团结—批评—团结"的方式，通过春风化雨般的方式将思想政治教育的内容深入人心。但从思想政治教育的历史实践来看，思想政治教育工作也经历了一些曲折和弯路，比如在"文化大革命"期间的群众性大型批判运动。但在改革开放后，由"大辩论"到"大讨论"再到"据实讲解、透彻说理、从容讨论"；进入中国特色社会主义新时代后，党的宣传工作、思想政治教育工作、思想政治教育方法又实现了整体性系统提升，更加现代化、信息化和科学化。通过历史实践，我们不难发现，如果脱离了实事求是，脱离了群众基础，思想政治教育就不会取得应有效果。

追根究底，思想政治教育的方法都是为了达到终极诉求，即实现人的全面进步与发展。为此，思想政治教育工作要坚持以人为本，践行群众路线，同时还要贴近实际、贴近生活、贴近群众，适应新时代的话语体系和传播方法，用信息化、科学化、大众化的方法传递接地气、通人心的话语。

疫情防控常态化下的高校学生组织党员骨干人才培养研究

管晓立

自 2020 年初新冠肺炎疫情发生以来，全球感染人数目前已超过八千万例，因病致死人数也接近六百万人。对于这一疫情，我们国家经历了初期的认识不足、被动防御，但随着疫情防控的有序开展，手段不断增多，经验逐渐丰富，当下，我国的疫情防控已经从应急性防控阶段进入常态性防控阶段。国内各高校伴随着疫情的发展经历了近两年的防疫工作特殊时期，从各高校整体平稳的运行状态来说，防疫成效是良好的。现在随着整个国家的防疫政策及措施的变化，高校也务必做出相应的调整，因为高校不仅要做好防疫，更要在疫情中做好学生日常生活的维护、教学组织与管理工作的开展、实习实践的推进、毕业就业的完善等一系列工作，不只是被动地做好疫情防控就可以。所以，高校要清晰地认识到疫情防控阶段性变化的重要性，在常态化防控阶段全面优质地开展好各项人才培养工作。

一、疫情防控常态化的特征

高校要做好常态化防疫，首先要了解何为常态化防疫，常态化防疫的特征是什么。2020 年 7 月 30 日中共中央政治局召开会议，对于疫情防控提出明确要求，"要毫不放松抓好常态化疫情防控，健全常态化疫情防控机制"。2021 年 8 月 19 日，北京市疾控中心发布了《机场周边社区（村庄）常态化封闭管控防疫工作指引》，对机场周边居住区、药店、相关机构的防控提出 12 项要求，以控制境外输入、内部反弹风险。[1]

根据以上两项有关疫情防控的信息,从国家政策层面以及地方具体执行措施上看,"常态化"是现阶段疫情防控的关键词,常态化防控在思想认识上是主动防控,在防控要求上是长效防控,在防控定位上是常规防控。[2] 这一定义较为准确地抓住了常态化防控的特征,于高校疫情防控也有很好的借鉴指导意义。一方面,作为高校疫情防控当然要充分认识到国家层面常态化防控的内容和特点,中共中央政治局会议有关防疫的专门论述从防控思路层面给出了指引;另一方面,要严格遵照执行所在地方的具体措施,从北京市疾控中心发布的《机场周边社区(村庄)常态化封闭管控防疫工作指引》看,虽然针对的是机场周边,但其提出的常态化管控防疫方案,如常态化封闭管理,建立信息共享机制,重点地区和人员单列管控机制,设立疫情防控信息反馈哨点,常态化核酸检测和宣传防疫知识等多种手段,体现了管控防疫的"常态化思维",除了对疫情传播有较高风险区域具有很强的指导意义外,同时也厘清了与机场环境有相似之处的人群集中、流动性强的高校防疫工作的具体思路。[3]

如上所述,常态化防控也表现为高校贯彻落实国家防疫政策和地方具体措施的指引,但高校疫情防控有其自身的特征,高校的使命是培养党和国家信任的人才,两年来疫情防控已然给学校一系列人才工作的开展带来了重大的影响,进入常态化防疫状态后,高校务必要拿出一套行之有效的机制,一手抓防疫,一手抓党的人才培养,防疫和人才培养两手都要硬。

二、高校疫情防控常态化下的学生党组织骨干人才培养

常态化疫情防控下,高校一方面推进防疫工作,一方面开展人才培养工作,是否有可能将两者紧密结合,形成互相促进的积极局面呢?个人认为,从高校学生工作的角度看防疫和人才培养,这两者有必要且可以汇集至一点,这个基

---

[1]《机场周边社区(村庄)常态化封闭管控防疫工作指引》,载北京市人民政府门户网站-首都之窗:http://www.beijing.gov.cn/ywdt/zwzt/yqfk/kpzs/202108/t20210819_2471449.html,最后访问时间:2021年8月19日。

[2]"科学把握常态化 疫情防控新特征",载南方网:https://theory.southcn.com/node_4274ee5d35/5f41968ada.shtml,最后访问时间:2020年8月11日。

[3]"常态化疫情防控要有'常态化思维'",载搜狐网-北青网:https://www.sohu.com/a/484541597_255783,最后访问时间:2021年8月20日。

点就是学生各级组织，两者结合就是学生组织党员骨干人才培养好、运用好的问题。

(一) 常态化疫情防控与高校人才培养的结合点

为什么说高校学生组织党员骨干人才培养可以贯通当下常态化疫情防控工作和高校人才培养工作？原因在于，一方面，就人才培养而言，工作最终是要落实到人的，如果被培养人成为主动自我优化的人，自我学习、自我管理、自我提升，这应该就是抓住了人才培养的初衷和归宿；另一方面，常态化疫情防控，是思想上的主动防控，是要求上的长效防控，是定位上的常规防控，要有一批思想上靠得住、工作中上得去的骨干防疫人员。在疫情这样一个巨大的社会突发事件处理的过程中，对于高校而言，大危机处理的优质逻辑方案也是锻造出一支防疫工作的骨干队伍，而学生组织党员骨干人员齐整，组织机制健全，又勇于担当，是学生们的先锋模范。党员骨干队伍作为学生基层组织的一员，他们的积极参与是防疫常态化工作能够顺利推动并取得良好效果的关键。同时，从高校培养党和国家信任的接班人方面，主动发动和引领学生组织党员骨干参与到常态化疫情防控的危机处理工作中去，也是对他们自我管理能力、敢于战斗能力、组织领导力提升的磨砺，更是对他们对忠于党和人民的品行的洗礼。常态化疫情防控之下，通过现实重大突发危局的考验，锻炼出一批党和国家信任的青年才俊，不但是高校人才培养的重点，更是党和国家在高校遴选接班人、培养接班人、考核接班人的最佳方法，真钢不怕火炼，火炼才出真钢！

(二) 常态化疫情防控下高校学生组织党员骨干人才培养与国家治理

高校在常态化疫情防控下积极开展学生组织党员骨干人才培养，是符合国家治理体系建设和治理能力现代化的战略要求的。党的十九届四中全会就国家治理体系建设和治理能力现代化做了重大部署，有关国家治理能力建设是我党一直以来关注的核心能力建设之一，所以，基层党组织的战斗堡垒只能更加强化，基层治理的微血管畅通，党和国家的整体机能才能运行无碍。但是，基层治理事无巨细，于治理能力提级跃升难有重压之下的锻造机会，高校亦是如此，学生组织中党员骨干缺乏重大、突发危机的应对实践力，能力不足，威信难立；也难以在关键时间、地点、情势下发现谁才是党和国家可信赖的人才。

而目前在疫情防控常态化的情形下，党的基层组织领导机制得以充分激发，党的政治优势、组织优势、密切联系群众优势快速并顺畅地转化为治理优势。[1] 在组织机构健全的高校，学生组织党员骨干将来是党和国家治理体系的一颗颗螺丝钉，他们经历常态化疫情防控管理的锻炼，对于自身国家治理能力素养提升是大有裨益的。同时，党和国家治理体系建设和治理能力现代化能否不断完善，与高校学生组织党员骨干的成长息息相关，要早布局，早磨炼，早养成。

（三）高校疫情防控常态化下学生组织党员骨干培养的关键点

基层党组织是党的主张的宣传者、党的决定的贯彻者、基层治理的领导者、团结群众的动员者、改革发展的推动者，[2] 高校作为培养人才的重镇，它的疫情防控工作的外在表现就是其管理能力的体现，如果高校各级学生组织在党组织和团组织的领导下，其党员骨干能够成为其核心，在此次重大疫情防控中表现出凝聚力、领导力、执行力，常态化防控可以事半功倍，于党和国家未来基层人才培养也将大有裨益。

常态化疫情防控下如何培养学生组织党员骨干，务必清晰化两个问题。其一，高校管理和人才培养中以学生为本的"本"是什么？以学生为本，更深层次的概念是以学生成长成才为本，现在很多高校将以学生为本僵化为学校大小事以学生的意见和感受为准。常态化的疫情防控，客观上会造成学生情绪化，焦躁，对学校防疫工作的不满，扩大化为对学生管理、教务、保卫、后勤等一系列日常工作的不满，对学校其他部门及相关工作的不满；又通过对疫情防控中出现的漏洞，如信息传达不及时，学习生活不方便，课程安排临时调整，线上课程网络不稳定等一系列问题点而突发并扩大化。处处以学生意见和感受为导向的管理，结果是学生管不得，学生惹不得，这种懒政思维其实是对高校管理初衷的违背，不以人才培养为导向的以学生为本的管理是没有灵魂的管理。以成长成才为本培养学生，就是要培养忠于党、忠于人民，敢当重任，一切为了人民利益而奋斗的人。在常态化疫情防控下，学生组织中党员骨干关键时站出来、顶上去，是对一名党员先锋的基本要求。其二，培养学生主体意识是什

---

[1] "增强党的基层组织政治功能和组织力"，载共产党员网：https://www.12371.cn/2020/04/10/ARTI1586497104998546.shtml，最后访问时间：2020年4月10日。

[2] "切实发挥基层党组织'领头雁'作用"，载人民网：http://theory.people.com.cn/n1/2018/0704/c40531-30124809.html，最后访问时间：2018年7月4日。

么形态的主体意识？学生主体意识的培养首先是学生责任承担意识和能力的培养，只讲主体意识，以自我为中心，却不能对其行为自负其责，这样的主体意识是自私自利的，也是没有担当的，根本上违背人才培养的初衷。一名党员始终要坚持自律性培养，时刻注意防范自由化意识的冲击，学生主体意识培养的是以"为人民服务"形态的主体意识。

不以学生成长成才为本的以学生为本，培养的是伪民主实骄横的学生，特权思想必然泛滥；不以责任承担为本的学生主体意识培养，是放任学生假自由真跋扈意识的滋长，脱离群众，站到群众对立面是其归宿。疫情防控常态化的当下，在高校学生组织党员骨干的培养中，给了克服以上两个不足的最佳机会。

高校的疫情防控常态化，是一场疫情防控"持久战"，要有坚定的信心。[1]要坚持"精神不松懈，预案早安排，计划要长远，心态需平和"。高校防疫工作常态化方案要达到效果，务必要构建并发挥学生组织党员骨干的作用。高校学生组织范围广泛，从党支部系统、团学系统、学生会系统、社团系统，本身就具备机制完善、运行规范、人员齐整的特点，在如此重大的疫情防控面前，常态化防疫工作的开展唯有发挥各级组织的作用，防疫才能落到实处，而学生组织能够发挥这样的作用，党员骨干责无旁贷地要成为领导核心。高校学生组织党员骨干培养能取得成效，在这次常态化疫情防控时，学校在人才培养意识形态中，敢给党员骨干学生信任，敢给党员骨干学生压力，敢给党员骨干学生支持，学生组织党员骨干必须主动承担疫情相关责任，全力参与，积极引领，安抚学生，配合防疫，通过高校常态化疫情防控，打造一批有威信、有担当的治国理政人才。既能取得防疫效果，又培养了学生组织党员骨干人才，常态化疫情防控下的高校就真正打了一个大胜仗。

---

[1] "以常态化思维打好疫情防控'持久战'"，载共产党员网：https://tougao.12371.cn/gaojian.php?tid=3269808，最后访问时间：2020年4月9日。

突发公共卫生事件下
大学生心理危机干预机制研究

杨婷婷

2019年12月，新型冠状病毒感染肺炎暴发后，为防止疫情进一步扩散，全国多省市停运城际交通，禁止居民群体性活动、减少出门，做好居家防护持久战的工作。与此同时，为了防止开学后学校发生群体性学生感染事件，切实保护好学生，教育部发布延迟开学通知，各省继而推出高校、中、小学等延迟开学的通知，高校大学生的寒假也开始"无限期"延长。

高校大学生作为现代社会的重要组成部分，担负着祖国发展、民族复兴的希望，虽处"象牙塔"，但是大学生的心理状态仍然特别容易受到社会环境的影响，尤其是"新冠肺炎"的传播，严重影响了大学生的心理健康。

面对诸如新冠疫情这样的突发公共卫生事件，如何正确有效地对学生进行心理危机干预，如何在学校建立有效持久的心理危机干预机制，成为引导学生快速走出负面情绪，积极面对学习生活的重要着力点。

一、大学生心理健康基本情况

心理健康是随着人的成长而时刻发生着改变的，同时它和人的心理发展有着密不可分的关系。大学生在心理发展阶段属于青年中期，其心理发展并没有真正成熟。他们的年龄一般在18~25岁之间，生理及心理发展还处于发展和逐渐成熟的阶段，由于一直作为学生生活在学校，所以他们对于各种社会问题的认知都不是很准确。虽然他们还处于学习时期，但已经脱离了父母的束缚，老师也仅仅起着引导作用。因而，在这段时期内大学生的生活是随意及自由的，并已经向社会生活过渡。但由于他们对他人的思想还不够了解，对社会准则还没有切实体会，很容易推己及人，与周边及学校要求相去甚远。

有资料显示，在大学时期人体各器官的生理功能已经接近成熟，可以独立生活。在心理发育真正成熟前，还需要经历一些心理变化。其主要表现为：独立意识强、充满自信、丰富的自我暗示、情绪化倾向严重、渴望与人之间真诚地交流、性意识强。心理危机概念由 Gilliland 和 James 提出，即危机是一个难以忍耐的事件或者处境，而这种事件或处境远超过一个人的应对能力或者应对机制。[1]

细化心理危机的概念可以看到，心理危机就是当个体遭遇某些重大事件或问题的时候，心理上形成的严重失衡状态。个体出现心理危机之后倘若长时间无法获得缓解，极有可能会诱发心理疾病，导致产生极为恶劣的后果。[2]

而现代高校大学生在产生心理危机的时候，通常会有这样的表现：情绪紧张、恐慌或焦虑等，在认知层面上会表现为记忆力下降、注意力比较涣散、思维方面较为混乱、行为方面会比较抗拒社交。他们更加沉默，并且非常容易情绪失控，行为习惯会产生非常大的变化，进行过度活动，会没有食欲或暴饮暴食，逃避或疏离人群，容易产生自责或推卸责任、怪罪他人，会对其他人失去信任等。[3]

二、突发公共卫生事件对大学生心理健康的影响

《突发公共卫生事件应急条例》第 2 条规定："本条例所称突发公共卫生事件（以下简称突发事件），是指突然发生，造成或者可能造成社会公众健康严重损害的重大传染病疫情、群体性不明原因疾病、重大食物和职业中毒以及其他严重影响公众健康的事件。"只要涉及的人员伤亡需要启动医疗救援的，都属于突发公共卫生事件范畴。[4]

2019 年年底，突发的新型冠状病毒肺炎在全国各地开始蔓延。2020 年 1 月

---

[1] 焦建英等："突发公共卫生事件心理危机干预研究进展"，载《医学与社会》2014 年第 3 期。
[2] 唐志红："大数据背景下大学生心理危机的干预"，载《西部素质教育》2019 年第 24 期。
[3] 唐志红："大数据背景下大学生心理危机的干预"，载《西部素质教育》2019 年第 24 期。
[4] 参见焦建英等："突发公共卫生事件心理危机干预研究进展"，载《医学与社会》2014 年第 3 期。

20日，国家宣布将新型冠状病毒感染的肺炎纳入乙类传染病并按甲类进行管理。1月26日，国家卫健委发布了《新型冠状病毒感染的肺炎疫情紧急心理危机干预指导原则》，指导各地科学、规范地开展新型冠状病毒感染的肺炎疫情相关心理危机干预工作。1月28日，教育部发出通知，要求发挥教育系统学科和人才优势，面向广大高校师生和人民群众开展疫情相关心理危机干预工作。2月2日，国务院发布《国务院应对新型冠状病毒感染的肺炎疫情联防联控机制关于设立应对疫情心理援助热线的通知》，要求各地在原有心理援助热线的基础上设立应对疫情心理援助热线。世界卫生组织也将新型冠状病毒感染的肺炎定为国际关注的突发公共卫生事件。[1]

虽然有了这些相关的政策，但是仍然有一些同学处在焦虑、迷茫、恐慌、侥幸等心理状态中。因为本次新冠肺炎疫情，延长了大学生的假期，打乱了学生全面发展过程中的节奏，学生可能会长期游离于自身建设和发展之外，喜欢网络的学生有了充足的时间沉迷于虚拟世界，必然会产生懈怠心理。在新冠肺炎疫情防治中，有些同学对病毒的认知不足，对新型冠状病毒的传染性、传播方式、防治措施等认识不足，存在侥幸心理。而对学生自身心理影响最大，从而可能导致心理危机的是焦虑心理以及恐惧心理。

随着社会的快速变化和发展，我国大学生出现抑郁症和焦虑的状况逐渐上升，社会环境的变化和社会事件的产生都会对大学生的心理带来冲击。本次疫情发生以来，居家隔离的政策使得很多常年在外求学的大学生增加了与父母的相处时间，增进家庭感情的同时也可能导致一些家庭问题的产生。并且自我封闭时间久、防治压力大、疫情程度严重以及对假期期待的落差都会困扰大学生的心理，时间久了也会导致焦虑产生。

而随着新冠疫情的暴发和蔓延，大学生每天在家中"自我封闭"，每天凭借网络媒介接收消息，观察每天的确诊病例、新增病例、死亡病例，加上一些媒介上的不良信息，大家很容易对这个看不见摸不着的"瘟神"产生惧怕和恐慌的心理。

而这些心理问题如果没有得到及时的治疗，将会转化为心理危机，带来种种不良的影响。通过新冠疫情对高校大学生心理的影响，可以以小见大，具体地看到面对这样突发公共卫生事件时，大学生可能产生的心理危机。只有建立完善

---

[1] 陈建甫："重大疫情期间大学生心理危机干预机制研究"，载《科技视界》2020年第33期。

的心理干预机制，才能尽快缓解学生们的心理压力，保障同学们的心理健康。

三、心理危机干预的建立与完善

心理危机干预就是对处于心理危机状态的人或群体进行干预，使之通过发挥自身的潜能，来恢复到其危机前的心理平衡状态。

我国正处于发展阶段，人才的培养显得尤为重要，大学作为学生从学生转向社会这一重要过渡阶段的成长基地，对于学生的心理辅导显得尤为重要。尤其大学生正处于青春期成长的后期和成年的初期，由于大学生从小的生活环境和个体素质差异，每个人对于新的环境的适应能力不尽相同，他们有共同的困惑，也有个别的问题，面对比起中学学习阶段更为宽松的学习环境和不尽相同的发展要求，为应对学习，更需要锻炼大学生的自我管理能力。很多学生在自我管理上存在疏忽导致最终引发其他问题。另外，大学生的人际交往问题成为大多数学生的困惑所在，寝室矛盾、利益冲突、性格摩擦等都是日常生活中常见的问题。[1]

除了这些可能存在的共性问题，我们还需要更加关注特殊群体，即自恋自恃、自以为是、嫉妒攻击之人，或是平日里情绪不稳定、容易冲动的人，甚至是那些性格内向、少言寡语、孤独安静、喜好独处、很少引起他人注意的"老实人"，我们要帮其打破情感压抑、适当发泄情绪、关心体贴帮助、体会群体关怀、避免强烈刺激。[2]

基于上述内容，学校和老师在重大事件当中对大学生开展心理干预便显得极为必要，通过该项措施可以有效降低重大突发状况对于大学生心理健康状态的影响，有效防止由于重大突发事件而导致的学生心理健康状态失衡问题，避免大学生由于面对突发状况而产生的生理、情绪、认知和行为等方面的不良反应，充分保证大学生健康的心理状态。从本质上来说，通过心理干预的方式能够使大学生及时排除重大突发事件的影响，使学生的心理得到安慰，获得安全感，从而有效达到帮助学生舒缓心理负面情绪的效果，令学生的心理恢复平衡，

---

[1] 鲍红霞："心理健康教育在预防和处理高校大学生突发事件中的应用研究"，载《湖北经济学院学报（人文社会科学版）》2012年第2期。

[2] 鲍红霞："心理健康教育在预防和处理高校大学生突发事件中的应用研究"，载《湖北经济学院学报（人文社会科学版）》2012年第2期。

促使大学生能够在后续的学习过程当中展现出良好的状态。[1]

虽然我国教育中开始越来越重视高校学生的心理健康问题，如出台了很多有关政策方法，逐渐通过心理干预的方式引导学生，使大学生可以保持良好的心理状态，以及在重大突发事件发生时也会有一些相应的心理咨询安排。但是在实际当中仍然存在大学生心理危机干预机制并不完善的问题，而由于该项问题的存在导致大学生心理健康疏导工作实效性不足、效率较差等方面问题的出现。[2]

总结来说，从突发事件发生的顺序来看，其中问题主要表现在三个方面：一是在突发事件发生前并没有针对学生的心理健康备案，二是在突发事件发生时没有及时的心理疏导制度，三是在突发事件发生后回访制度缺失。而就干预机制整体而言，存在机制内部制度不完善、心理干预人员数量不足，内部资料整合不够等问题。

以上问题使得高校的心理干预机制并不能达到长期有效的目标。完善建议如下：

1. 建立灵活的危机预警系统。首先，在学生入校后就应该建立他们的心理健康档案，了解学生个体变化的特点，内容包括心理咨询中心的调研问卷、深度访谈的具体内容等材料。其次，学习心理健康教育方法。最后，落实预案计划。根据不同突发事件的类型组建学校心理咨询中心，并以此为基础，组建起"学校—心理咨询中心—院系—辅导员—家长—个人"的干预体系，形成横向互动、纵向到底的高校突发事件干预体系。

2. 成立专门危机干预小组，健全组织机构。建立健全组织机构，成立专门的突发事件危机小组，作为大学的一个常设组织。平时危机小组做一些日常性的工作来预防突发事件的发生，一旦出现突发事件发生或可能发生的情况，学校危机小组应立即进入现场进行干预。

3. 制定科学的善后恢复机制。首先要积极构建事后评估模式。事后评估的建立能够帮助检查突发事件中心理危机干预的效果。大学生心理危机干预是一个连续性、长期性的工作，所以危机善后恢复机制必不可少。突发事件后的事后干预工作比突发事件中的即时干预工作更为重要。突发事件对学生产生的心

---

[1] 尹宝静："重大突发事件中大学生心理健康状况浅析"，载《财富时代》2021年第3期。
[2] 尹宝静："重大突发事件中大学生心理健康状况浅析"，载《财富时代》2021年第3期。

理影响在即时干预下可能会恢复到原有的正常水平。但更多情况是，突发事件后的影响会给学生留下一定的心理阴影，给学生的心理造成严重的创伤。通过对不同类型的危机个体进行事后评估，可以有效地进行后续的恢复计划。其次是要开展善后恢复计划。在突发事件后，必须强化善后恢复机制。最后要制定具体的反应追踪机制，保证学生真的能够安全并完全地从心理危机中解除出来，而不是有始无终。

4. 增加专业的心理干预人员。在大学生心理干预的过程当中，也存在缺乏专业心理干预人员的问题，导致在重大突发状况发生之后学生并未在第一时间接受专业且科学的心理干预措施，致使部分大学生仍然存在一部分的心理问题。产生该项问题的主要因素便是相关工作人员专业性不足，同时并未掌握良好的专业技能，在对于大学生进行心理干预的过程当中也并不明确心理干预的方向，而最后的结果便是对大学生心理干预的效果不佳，甚至还有可能起到相反的效果，从而致使大学生无法得到及时且有效的心理疏导，降低了该项工作的实效性。

因此对于学生心理危机的疏导不仅仅应该只是辅导员加上学校心理老师的配置，更应该增加专业的心理干预人员，保障需要帮助的同学都能够得到很好的干预疏导。

大学生心理问题是各高校一直以来关注的重点，尤其是近年来高校学生出现越来越多的焦虑、抑郁问题。而突发的公共卫生事件更有可能加剧这样的问题产生，并有可能加重同学们的心理问题以至于导致心理危机，产生各种不良后果。

因此，建立健全完善的心理危机干预机制就显得尤为重要，只有建立了这样一个完备的、体系性的机制，才能够更好地保障高校学生的心理健康，从而为他们未来的发展建立良好的心理根基。